Mehr Lebens-freude

Norbert Gerold

Mehr Lebens-freude

durch Strategien gegen Lebensangst

F. Englisch Verlag

CIP-Kurztitelaufnahme der Deutschen Bibliothek

Gerold, Norbert:
Mehr Lebensfreude: Strategien gegen Lebensangst /
von Norbert Gerold. – Wiesbaden:
Englisch, 1982.
ISBN 3-88140-130-X

ISBN 3-88140-130-X

Titelfoto: Art Reference / Matthes
Printed in Germany

9283 7465 43 201

Inhalt

Vorwort

Gegensätzliche Kräfte erfüllen unseren Lebensraum und bringen alles Sein hervor. Die chinesische Naturphilosophie spricht von Yin und Yang, aber auch die modernen westlichen Naturwissenschaften bestätigen dieses Gesetz der Bipolarität. Es wirkt bereits im Atom, das aus einem positiven Kern und der negativen Elektronenhülle besteht, und setzt sich fort über Pflanze und Tier bis zum Menschen. Viele unserer Körperfunktionen unterliegen einem Biorhythmus, also dem ständig wiederkehrenden Wechsel zwischen höchster Leistung und nahezu völliger Ruhe. Augenfälligster Ausdruck dieser Schwingung zwischen zwei Extremen ist der Schlaf-Wach-Rhythmus. Im weiteren Sinne bedeutet aber unser ganzes Leben eine einzige große Schwingung, die mit der Geburt beginnt und sich im Tod vollendet.
Auch im seelischen Bereich gilt diese Bipolarität. Erst aus der Spannung, die zwischen zwei Polen entsteht, gewinnt der Mensch seine Spannkraft und seelische Energie. Ohne Spannung verläuft das Leben langweilig, gibt es keine Freude und keine Trauer, keinen Ehrgeiz und keine Kreativität. Ein Leben ohne Spannung führt ähnlich wie übermäßige Spannungen bald zur Krankheit, die das ereignislose Leben vorzeitig beenden kann.
Das Gesetz der Bipolarität kann niemand dauernd außer Kraft setzen, weder im Makrokosmos des Weltalls noch im Mikrokosmos der Seele. Deshalb gehören Angst, Schwermut und Trauer ebenso selbstverständlich wie Mut, Freude und Hoffnung zum menschlichen Leben. Dauernde Hochstimmung deutet ebenso wie ständige Niedergeschlagenheit darauf hin, daß ein Extrem die Oberhand gewonnen hat und die Spannung nicht mehr stimmt.
Der heutige Mensch lebt körperlich wie seelisch naturfern. Er ernährt sich falsch und bewegt sich zu wenig. Daraus resultieren die Zivilisationsseuchen Herzinfarkt, Zuckerkrankheit und viele andere. Negativen Lebenserfahrungen weicht er nach Möglichkeit aus oder verdrängt sie so rasch wie möglich aus seinem Bewußtsein. Ein Blick in die Todesanzeigen der Tageszeitungen bestätigt das. Da ist die Rede vom „Heimgegangenen", vom „Verblichenen" oder „Dahingeschiedenen", aber nur selten vom Tod und Sterben. Sprache spiegelt das Bewußtsein der Menschen einer Epoche wider. Dieser Sprachgebrauch offenbart also eine Flucht vor der Wirklichkeit des Todes, der einzigen unausweichlichen Lebenserfahrung, die allen Lebewesen gemeinsam ist. Aus diesen Ver-

drängungsmechanismen, die für die zweite Hälfte des 20. Jahrhunderts symptomatisch sind, erklären sich viele seelische „Zivilisationsseuchen", man denke an Angst, Depressionen, Neurosen oder die erschreckend zunehmenden psychosomatischen Krankheiten.

Nicht nur der Gedanke an den Tod wird heute so stark verdrängt, daß es sich bis in die Sprache fortsetzt. Einsamkeit und Kontaktarmut überwindet man scheinbar durch Alkohol, Drogen oder die Flucht in die Anonymität der Masse. Symptomatisch dafür sind die lauten Diskotheken, in denen jeder für sich allein tanzt, oder die Peep-Shows, wo Sexualität völlig jedes zwischenmenschlichen Kontakts beraubt auf einseitige, anonyme Triebbefriedigung reduziert wird. Diese Anonymität blockiert vollends jede Möglichkeit, der quälenden Vereinsamung durch aktives Handeln zu entkommen. Das gleiche gilt für die bequemen „Glückspillen" gegen Lebensangst und Depressionen, die kritiklos in hohen Dosen verabreicht werden. Zwar hellen sie die Stimmung bald auf, beruhigen und schenken synthetischen Lebensmut. Aber sie vereiteln auch die Persönlichkeitsreifung an einer seelischen Krise, die für die Weiterentwicklung eines Menschen so wichtig sein kann. Sie versklaven den Menschen sogar, denn er verliert die Motivierung und die Fähigkeit, die Ursachen seelischer Krisen zu erkennen und zu verarbeiten, weil die bequeme Tablette ihm diese unangenehme Arbeit an sich selbst scheinbar erspart. Aber für diese Bequemlichkeit zahlt er einen hohen Preis.

Es gibt keine bequemen Patentrezepte und keine einfachen „Tricks", um die Natur zu überlisten. Das gilt für die Zivilisationskrankheiten des Körpers wie für die der Seele. Auf Dauer verspricht nur die unbequeme Einsicht in falsche Lebenserwartungen und -einstellungen Erfolg, der die manchmal schmerzliche Reform solcher Gewohnheiten folgen muß. Das schließt medikamentöse Behandlung akuter seelischer Störungen nicht aus – aber damit allein ist es in der Regel nicht getan. Hygiene im psychischen und körperlichen Bereich ist notwendig, die sich im Sinne der antiken Medizin nicht auf Körperpflege beschränkt, sondern ganzheitlich alle Maßnahmen zur Gesundheitspflege von Körper und Seele umfaßt.

Psychohygiene bedeutet in erster Linie ständige Arbeit an sich selbst. Am Anfang steht die Einsicht, daß man unangenehmen Lebenserfahrungen auf Dauer nicht ausweichen kann. Sie machen den unentbehrlichen einen Pol im natürlichen Spannungsfeld des Lebens aus. Ohne sie gibt es auch keine positiven Erfahrungen, keine Lebensfreude. Was uns ängstigt, Trauer erzeugt oder Schwermut hervorruft, kann und muß „verdaut" werden. Nur so entsteht Raum für neue Erfahrungen. Wenn man das nicht aus eigener Kraft schafft, sollte man ohne falsche Scheu den fachkundigen Therapeuten aufsuchen. Oft genügt aber schon ein offenes Gespräch mit dem Lebenspartner oder guten Freunden, um die Dinge wieder ins rechte Lot zu bringen.

Auch dieses Buch weist keinen bequemen Weg zur Unterdrückung oder Verdrängung von Angst und Depressionen. Es informiert über ihre Ursachen und Warnzeichen und zeigt dann auf, wie man aus eigener Kraft damit fertig werden kann. Allerdings setzt das voraus, daß der Betroffene nur seelisch „verstimmt" ist, also noch nicht krank im eigentlichen Sinn. Der ernst Erkrankte und seine Angehörigen, die meist wesentlich mit zur Heilung beitragen können, lernen die verschiedenen Möglichkeiten der Psychotherapie kennen, damit sie die verbreitete, unberechtigte Scheu vor einer solchen Behandlung ablegen. Später hilft das Buch dann, die während der Psychotherapie eingeleitete Persönlichkeitsentwicklung fortzusetzen und sich so aktiv vor Rückfällen im weiteren Leben zu schützen. Diese lebenslange Arbeit kann keine Tablette und keine Psychotherapie beim Fachmann dem erholten seelischen Kranken ersparen. Wer sich ihr – aus welchen Gründen auch immer – zu entziehen versucht, verfehlt den Sinn, der in jeder seelischen Krise verborgen ist, und kann für sein weiteres Leben keinen Gewinn daraus ziehen.

Die Wurzeln der Angst

Allein in der Bundesrepublik müssen sich jährlich etwa 600000 Menschen erstmals in psychotherapeutische Behandlung begeben. Die Zahl der Patienten, die mit körperlichen Beschwerden zum Hausarzt kommen, denen seelische Ursachen zugrunde liegen, ist Legion. Fachleute schätzen, daß 50 bis 70 Prozent aller Kranken, die zum Allgemeinmediziner oder Internisten gehen, unter solchen psychosomatischen Krankheiten leiden. In den anderen Industrienationen sieht es nicht anders aus.

Im Vordergrund der seelischen Störungen stehen Angstzustände und Depressionen. Nach Angaben der Weltgesundheitsorganisation in Genf liegt die Zahl der depressiv Kranken bei drei bis fünf Prozent der Weltbevölkerung, das entspricht 120 bis 200 Millionen Menschen. Allein in der Bundesrepublik müßten demnach zwei bis drei Millionen unter Depressionen leiden. Allerdings ergeben diese statistischen Untersuchungen ein verzerrtes Bild. Tatsächlich treten Angst und Depressionen nämlich nicht gleichmäßig verteilt in allen Staaten der Erde auf, sondern bevorzugt in den Industrienationen. In manchen Wohngebieten oder Betrieben erreicht die Zahl depressiver Menschen in der Bundesrepublik 20 bis 40 Prozent.

Es kommt nicht von ungefähr, wenn Angst und Depression in der zweiten Hälfte des 20. Jahrhunderts so sprunghaft zugenommen haben. Die Wurzeln der Angst und ihrer „Schwester" Depression sind allerdings zu vielschichtig, als daß sie hier auch nur annähernd vollständig dargestellt werden könnten. Wir müssen uns darauf beschränken, Schlaglichter auf die wichtigsten Ursachen zu werfen, die in unseren während der letzten Jahrzehnte tiefgreifend veränderten sozialen Verhältnissen zu suchen sind.

Zu allen Zeiten plagten Ängste den Menschen. Philosophen und Psychologen erklären sie aus einem gemeinsamen Ursprung – der Angst vor dem Tod. Sie ist eine „Grundbefindlichkeit" der menschlichen Existenz, mit der wir sechs, sieben, vielleicht auch acht Jahrzehnte lang leben müssen. Im Gegensatz zum Tier bleibt uns zeitlebens bewußt, daß wir aus dem Nichts in die Welt „geworfen werden" (Martin Heidegger) und wieder im Nichts verschwinden. Nichts bedeutet hier, daß weder die Zeit vor noch nach dem Tod unseren bewußten Erfahrungen zugänglich ist. Deshalb fragen wir auch ein Leben lang nach dem Woher und Wohin – nach dem Sinn unseres Lebens. Diese Sinnfrage spielt in allen vergangenen und gegenwärtigen Kulturen eine zentrale Rolle. Aus ihr

entspringen alle kulturellen Leistungen der Menschheit: Kunst, Religion, Technik und Wissenschaft. Sie sollen dem Leben Sinn verleihen und zugleich das Geheimnis von Geburt und Tod entschleiern.
Rationale Antworten, wie die Wissenschaften sie anbieten, genügen dem fragenden Menschen nicht. Sie sprechen nur den Verstand an. Die „Sprache der Seele" aber sind die Bilder und Mythen. Den Hunger der Seele nach bildhaften Antworten können Kunst und Religion, aber nie die Wissenschaften befriedigen. Aber gerade die exakten Naturwissenschaften nahmen in unserem Jahrhundert einen triumphalen Aufschwung, während die Religion in den Industrienationen zunehmend an Einfluß verliert. Den Menschen des Mittelalters ängstigten noch die Vorstellungen von der Hölle und einem persönlichen Teufel – der heutige Mensch ängstigt sich vor dem Nichts. Die Aufklärung bezahlte er mit dem Verlust der Geborgenheit, die der naive Glauben schenkt.
Die zur Ersatzreligion hochstilisierte Psychologie kann das Glaubensvakuum nicht ausfüllen. Seit sie sich im 18. und 19. Jahrhundert von Philosophie und Theologie löste und zur exakten Naturwissenschaft „mauserte", verliert sie zunehmend die Fähigkeit, die Seele in der ihr gemäßen Sprache der Bilder zu beeinflussen. Deshalb steht die moderne Schul-Psychologie dem Heer seelisch Kranker oft recht hilflos gegenüber, obwohl sie zahlreiche neue Erkenntnisse gewann und über ein umfangreiches Instrumentarium zur Behandlung verfügt. Die Außenseiter unter den Psychotherapeuten dagegen, die nicht nur mit dem Verstand analysieren, sondern Märchen und Mythen in die Behandlung einführten, erzielten in jüngster Zeit erstaunliche Ergebnisse.
Überbewertung des Verstands und Verlust des Glaubens, beides schon im 19. Jahrhundert angebahnt, aber erst Mitte des 20. Jahrhunderts voll zur Wirkung gekommen, sind also zwei Hauptursachen der verbreiteten Lebensangst.
Mit dem Aufschwung der Technik in den vergangenen beiden Jahrhunderten ging auch eine allmähliche Zerstörung der traditionellen Familienstrukturen einher. Immer mehr Menschen siedelten vom Dorf mit den in Jahrhunderten gewachsenen, bewährten Lebensverhältnissen in die Stadt über, wo die neu errichteten Fabriken Arbeit und besseren Lohn versprachen. Die räumliche Enge in den rasch wachsenden Städten bewirkte zweierlei. Der knappe, teure Wohnraum zwang zu kleinen Wohnungen, die der traditionellen dörflichen Großfamilie keinen Platz mehr boten. Mit der räumlichen Trennung der Generationen lockerten sich zugleich die zwischenmenschlichen Beziehungen – ein weiteres Stück sozialer Geborgenheit ging verloren. Außerdem führte die erzwungene Nähe zwischen fremden Menschen am Arbeitsplatz, in den Mietskasernen und auf den Straßen der Städte zur Kontaktscheu, die ursprünglich nur der Erhaltung des „persönlichen Raums" diente, im Lauf der Zeit aber bis zur heute verbreiteten Kontaktarmut und Vereinsamung gesteigert wurde. Als persönlichen Raum bezeichnet die Sozialpsychologie ein Gebiet um den eigenen Körper, das andere nicht ohne Erlaubnis verletzen dürfen, vergleichbar dem Revier in der Tierwelt. Wenn jemand in diese Zone eindringt, was sich bei der Enge in den Städten nicht vermeiden läßt und erst recht am Arbeitsplatz üblich ist, erzeugt er dadurch ein Gefühl der Unzufriedenheit, das sich bis zur Flucht steigern kann.

Die modernen Arbeits- und Wohnverhältnisse begünstigen also trotz räumlicher Nähe zum Mitmenschen die Vereinsamung, die zusammen mit dem Verlust der Geborgenheit in der Großfamilie als weiterer wichtiger Angstauslöser gelten muß.

Das 20. Jahrhundert wurde nicht allein von Wissenschaft, Technik und einem tiefgreifenden Wandel traditioneller Sozialstrukturen geprägt, sondern ganz entscheidend von den zwei Kriegen. Erstmals in der uns bekannten Geschichte der Menschheit trug sie den Krieg durch Einsatz von Massenvernichtungsmitteln unmittelbar in die Zivilbevölkerung hinein. Seither beschränkt sich das Risiko eines Kriegs nicht mehr auf die Gruppe derer, die ihn als Handwerk betreiben; es betrifft jeden einzelnen. Zwar leben wir in Europa seit 1945 ohne bewaffnete Konflikte – echter Frieden bedeuet aber mehr als die bloße Abwesenheit von kriegerischen Handlungen. Ob Frieden in diesem Sinn jemals verwirklicht werden kann, bezweifeln heute immer mehr Menschen. Insbesondere die Entwicklung der umstrittenen Neutronenwaffe trug dazu viel bei, denn sie läßt einen begrenzten Nuklearkrieg wieder möglich erscheinen.

Abgesehen davon fanden seit dem Ende des Zweiten Weltkriegs auf der ganzen Erde über 100 begrenzte kriegerische Auseinandersetzungen statt. Viele Menschen konnten daran durch die Berichterstattung in Presse und Fernsehen hautnah teilnehmen. Auch das trägt – zusammen mit den Waffenarsenalen der Supermächte, die in Sekunden alles Leben auf der Erde vielfach auslöschen können – zu Lebensangst und Depressionen bei. Solange die Politiker nicht den Mut finden (oder von den Völkern dazu gezwungen werden), diesem wahnwitzigen Wettrüsten Einhalt zu gebieten, wird die Angst unser ständiger Begleiter bleiben.

Der Friedlosigkeit im politischen Raum entspricht die Gewalt, die Menschen immer häufiger gegeneinander ausüben. Ein zentrales Problem bildet die wachsende Kriminalität in allen Industriestaaten. Auch daran nehmen wir heute oft durch ausführliche, zum Teil reißerische Berichterstattung in Presse und Fernsehen viel direkter teil, als dies dem Menschen noch Mitte unseres Jahrhunderts möglich war. Allerdings ist diese Gewalt zum Teil das Produkt der vorne beschriebenen sozialen Veränderungen der vergangenen 150 Jahre. Innere Leere erzeugt nicht nur Angst und Depressionen, sie kann sich auch in Gewalt entladen. Erst wenn es gelingt, die innere Leere zu überwinden, wird auch die Gewalt merklich abnehmen und dadurch zusätzlich Angst abgebaut werden.

Schließlich darf man die materialistische Lebenseinstellung vieler Menschen nicht vergessen, die in den letzten drei Jahrzehnten immer weiter um sich griff. Die augenblickliche weltweite Wirtschaftskrise und Verteuerung vieler Rohstoffe versetzte der Wachstumsideologie zwar einen schweren Schlag, aber noch immer ist das Besitzstreben weit verbreitet. Die Ursachen dafür sind sehr vielschichtig und können nur vereinfacht dargestellt werden. Das Wertvakuum, das der soziale Wandel der Vergangenheit im Menschen hinterließ, trug ebenso wie die Entbehrungen der Kriegs- und Nachkriegsjahre und der Mißbrauch von Idealen und Vertrauen durch die NS-Diktatur dazu bei. Vor allem spielt aber die zunehmende Arbeitsteilung in der spätkapitalistischen Industriegesellschaft

eine Rolle. Der Begriff spätkapitalistisch darf hier nicht mißverstanden werden. Er hat nichts mit Sozialismus oder Kommunismus zu tun, sondern umschreibt in der Sprache der Gesellschaftswissenschaften den historisch gewachsenen Zustand der Industrienationen Ende des 20. Jahrhunderts. Arbeitsteilung bedeutet Zerlegung von Produktionsprozessen in viele Einzelschritte. Daraus resultiert, daß der Arbeitnehmer immer wieder den gleichen Teilarbeitsvorgang ausführt. Dem Endprodukt der Arbeit wird er aber entfremdet. Die Arbeit kann ihm nicht mehr zur Selbstverwirklichung dienen, sondern wird Mittel zum Geldverdienen. Die Selbstverwirklichung dagegen spielt sich in anderen Lebensbereichen ab und wird dort häufig durch Geld erkauft – man denke an die Statussymbole, mit denen der einzelne zum Ausdruck bringt, wie die Mitwelt ihn sehen soll. Typisches Beispiel für die Entfremdung des Menschen in der arbeitsteiligen, automatisierten Industriegesellschaft im letzten Drittel unseres Jahrhunderts ist der Fließbandarbeiter, der zum „Sklaven" einer Maschine degradiert wurde.
Da die Arbeit einerseits unser Bewußtsein entscheidend prägt, andererseits aber keine Selbstverwirklichung mehr bieten kann, sondern nur noch dem Gelderwerb dient, erklärt sich aus der Entfremdung der verbreitete Materialismus vieler Menschen. Natürlich kann die Scheinbefriedigung durch Lohn oder Gehalt das Gefühl der Unzufriedenheit mit den Lebens- und Arbeitsbedingungen auf Dauer nicht verhindern. Nur wenige Menschen sind aber in der Lage, diese Umstände zu verändern. Die Mehrzahl reagiert darauf schließlich mit seelischen Störungen. Depressionen und psychosomatische Krankheiten stehen dabei im Vordergrund. Seit einigen Jahren kommt oft noch die Angst vor dem Verlust des Arbeitsplatzes hinzu, die zugleich auch Angst vor dem Verlust der scheinbaren Selbstverwirklichung durch materielle Güter bedeutet.
Die augenblickliche Wirtschaftskrise könnte zur Chance für eine Neuordnung in unserer Gesellschaft werden. Angst, falsche Erwartungen und Einstellungen stehen dem leider in den meisten Fällen im Weg. Lediglich eine Minderheit junger Menschen sucht nach neuen Idealen. Aber sie ersticken den Ansatz allzuoft in bürgerkriegsähnlichen Ausschreitungen. Das verstärkt die Angst, die in unserem Land umgeht, und verhindert von vornherein den Dialog zwischen den verschiedenen Gruppen unserer Gesellschaft.
Es war die Absicht dieser kurzen Einleitung, die Wurzeln der Angst aus sozialpsychologischer Sicht – also eingebettet in die bewußtseinsprägenden sozialen Verhältnisse – in großen Zügen zu umreißen und Ansatzpunkte für eine Reform krankmachender gesellschaftlicher Zustände aufzuzeigen. Dieser Versuch mußte Fragment bleiben und vieles aussparen, was gleichfalls mit zu Angst und Depressionen beiträgt. Insbesondere die zahllosen individuellen Ursachen konnten an dieser Stelle noch nicht berücksichtigt werden. Das wird in den späteren Kapiteln ausführlich nachgeholt. Einstweilen mag die Erkenntnis genügen, daß die Lebensangst dem Zeitgeist unterworfen ist und in jeder Epoche unter einem anderen Gesicht auftritt.

Angst und Depressionen – ihre Ursachen und Erscheinungsformen

Gegenstandslose Angst – begründete Furcht

Im alltäglichen Sprachgebrauch verwendet man die Worte Angst und Furcht im gleichen Sinn. Für den Psychologen besteht zwischen beiden aber ein erheblicher Unterschied.
Die Furcht bezieht sich immer auf einen konkreten Vorgang. Das Kind fürchtet sich zum Beispiel vor Strafe, wenn es mit dem Fußball eine Fensterscheibe eingeworfen hat. Der Erwachsene empfindet Furcht, wenn ihm bei der Arbeit ein gravierender Fehler unterlaufen ist. Die Beispiele könnten noch seitenlang fortgeführt werden. Wesentlich bleibt immer, daß auch Außenstehende die Furcht verstehen, ihre Ursachen verstandesmäßig nachvollziehen können.
Im Gegensatz dazu ist die Angst logisch nicht zu erklären. Das gegenstandslose, qualvolle Gefühl bezieht sich auf nichts Konkretes. Für den Außenstehenden erscheint es völlig sinnlos. Vielleicht kann er sich aus eigener Lebenserfahrung noch in den Zustand gefühlsmäßig hineinversetzen, verstehen kann er die Angst aber nicht. Deshalb appelliert die Umwelt oft an den Verstand des ängstlichen Menschen – ein von vornherein fruchtloser Versuch. Er weiß ja selbst um die Sinnlosigkeit seiner Ängste, aber er kann sich nicht „zusammenreißen", um sie zu überwinden.
Ein Beispiel mag veranschaulichen, wie schwer Angst und Furcht zu unterscheiden sind. Ein Examenskandidat, der sich nur unzureichend auf seine Prüfung vorbereitet hat, empfindet berechtigte Furcht davor, die jeder verstehen kann. Anders der Prüfling, der sich bestens vorbereitet hat, aber trotzdem mit Angst in die Prüfung geht. Er leidet unter einer sachlich unberechtigten Angst, die im ungünstigsten Fall so stark wird, daß er die Prüfung tatsächlich nicht besteht. Wenn wir beurteilen wollen, ob ein Mensch unter Angst oder Furcht leidet, müssen wir also zunächst seine Situation kennen und mehr über die Hintergründe seiner Gefühle erfahren. Das gilt für den Laien, der einem ängstlichen Freund Mut zusprechen will, ebenso wie für den Therapeuten.

Trauer und Schwermut als Zeichen der Depression

Hinter dem Sammelbegriff verbergen sich verschiedene Stimmungen und Gefühlszustände. Die Depressionen schlechthin gibt es also nicht. Jeder erlebt

seine depressive Verstimmung individuell verschieden. Der eine fühlt sich mutlos, schwermütig und niedergeschlagen, der andere traurig und weinerlich, ein dritter ist verbittert, trost- und hoffnungslos und des Lebens überdrüssig. Es gibt aber auch Depressionen, die ohne Schwermut und Trauer verlaufen. Sie äußern sich durch unerklärliche körperliche Störungen, etwa Erschöpfung, Schlafstörungen oder Funktionsstörungen an inneren Organen.
Getreu ihrem lateinischen Wortstamm deprimere (=herabdrücken) wird die Depression also in der Regel durch Trauer und Schwermut gekennzeichnet. Damit ist nichts ausgesagt über die Schwere, Dauer und Ursachen der Depression. Das Wort umfaßt die vorübergehende depressive Verstimmung als Reaktion auf Enttäuschungen ebenso wie eine schwere, aus bisher noch nicht genau geklärten Ursachen entstehende manisch-depressive Krankheit, die zu den Psychosen (Geisteskrankheiten) zählt.
Trauer und Schwermut als allgemeine Lebenserfahrungen bedürfen keiner weiteren Erklärungen. Auch ihre Folgen sind allgemein bekannt. Im Vordergrund steht eine gewisse Apathie mit Antriebs- und Leistungsschwäche, Konzentrationsstörungen, Gehemmtheit in allen Lebensbereichen, mangelnder Lebensfreude und Begeisterungsfähigkeit, unter Umständen begleitet von Selbstvorwürfen, Schuldgefühlen, Angstzuständen, innerer Unruhe, Schlafstörungen, Appetitmangel (es hat einem den Appetit verschlagen) und chronischer Stuhlverstopfung. Alle diese Zustände können, müssen aber nicht krankhaft sein. Wenn sie nur vorübergehend als verständliche Reaktion auf äußere Umstände oder als Ausdruck der Schwingung unserer Stimmungslage in ein Tief in Erscheinung treten, kommt ihnen im allgemeinen kein Krankheitswert zu. Die Betroffenen erholen sich dann bald wieder davon. Krankheiten signalisieren depressive Verstimmungen dann, wenn sie häufig aus unerklärlichen Gründen auftreten oder dauernd bestehen und die Lebenskräfte – insbesondere Lebensfreude und Lebensmut – nachhaltiger beeinträchtigen. Dann können körperliche Veränderungen, geistig-seelische Erschöpfungszustände, Neurosen oder Geisteskrankheiten vorliegen, die nur der Fachmann zu erkennen vermag.

Angst und Depressionen bei Gesunden

Ängste und Depressionen müssen nicht unbedingt auf eine körperliche oder seelische Krankheit hinweisen. Auch der völlig gesunde Mensch leidet gelegentlich darunter. Häufigste Ursachen sind – neben den periodischen Schwingungen unserer Stimmung – ängstliche Erwartungen, Dauerstreß und negative äußere Einflüsse.

Die ängstliche Erwartung

Wohl jeder von uns kennt Situationen, denen er mit gemischten Gefühlen entgegenblickt. Der eine überwindet sie, indem er sich vorher selbst Mut macht. „Es wird schon nicht so schlimm kommen", tröstet er sich. Und tatsächlich führt seine positive Erwartung in der konkreten Situation dann oft dazu, daß alles eher positiv abläuft, auch wenn die Aussichten denkbar ungünstig erschienen. Die gleiche Situation kann bei einem anderen Menschen aber zu einer völlig entgegengesetzten Reaktion führen. Er ängstigt sich schon Tage oder Wochen vorher, spielt im Geist alle möglichen schlimmen Zwischenfälle und Folgen durch und versetzt sich in eine negative, pessimistische und ängstliche Erwartung. In der konkreten Situation beeinflußt sie sein Verhalten oft derart stark, daß seine Befürchtungen tatsächlich Wirklichkeit werden. Ein Beispiel aus der Praxis soll das veranschaulichen.

Fall 1

Der junge Mann fand nach längerer Arbeitslosigkeit eine neue, gut bezahlte Stelle im Außendienst. Auf Grund seiner Ehrlichkeit und seiner Gewissenhaftigkeit erschienen ihm allerdings manche Verkaufstricks der Firma, die er während der Schulung erlernte, als unseriös. Da er aber auch die Arbeitslosigkeit nicht länger ertragen konnte, verdrängte er diese Abneigung, anstatt sich mit ihr auseinanderzusetzen und entweder wieder zu kündigen oder seine Vorstellungen zu korrigieren. Dafür bildete sich bei ihm die Erwartung aus: Ich schaffe das nie!

In der Tat wurde die Arbeit für ihn bald zur Qual. Er ging schon mit der Erwartung zu seinen Kunden, daß diese nichts bei ihm bestellen. Diese negative Erwartung blockierte seine Beredsamkeit und Überzeugungsfähigkeit vollständig, obwohl er im Privatleben ein charmanter, einfallsreicher und schlagfertiger Unterhalter war. Beim Kunden überfiel ihn schlagartig eine unerklärliche Angst, die seine Zunge lähmte und im Kopf ein Gefühl der Leere erzeugte. Mit jeder Enttäuschung im Beruf wurde diese Angst mächtiger und die ängstlich-negative Erwartung vor den Kundenbesuchen noch verstärkt.

Die Behandlung war in diesem Fall denkbar unkompliziert. Zunächst wurden dem Patienten die tieferen Ursachen seiner ängstlichen Erwartungen – die Ablehnung gewisser Verkaufstechniken seiner Firma – wieder ins Bewußtsein gerufen. Erst danach konnte er eine Entscheidung treffen. Er entschied sich dafür, seine durch ein sehr strenges Elternhaus geprägte, zum Teil übersteigerte Ehrlichkeit und Gewissenhaftigkeit zu überdenken und zu korrigieren und erkannte bald, daß die Verkaufsmethoden im Grunde überhaupt nicht unseriös waren. Damit war sein Konflikt gelöst, und er konnte neue, positive Erwartungen in sich wecken. Sie führten prompt nach kurzer Zeit zu ersten beruflichen Erfolgen. Autogenes Training half ihm, sich vor Kundengesprächen in die richtige, positive Erwartung zu versetzen. Seine Ängste verschwanden, und mit Hilfe seiner im Privatleben gewohnten Überzeugungskraft und Schlagfertigkeit gelang es ihm bald, in die Spitzengruppe der erfolgreichen Verkäufer seiner Firma vorzurücken.

Dieses Beispiel veranschaulicht, wie stark unsere Erwartungen unbewußt Einfluß auf unseren Alltag nehmen. Wer sich immer das Schlimmste vorstellt und in seiner Phantasie in grellen Farben ausmalt, erlebt häufig, daß es fast gesetzmäßig genauso eintritt. Das bestätigt ihn in seinen ängstlich-pessimistischen Erwartungen. Ein Teufelskreis kommt in Gang, dem man aus eigener Kraft nur schwer wieder entfliehen kann. Wer es dagegen versteht, sich auch vor unangenehmen Situationen in eine einigermaßen optimistische Erwartung zu versetzen, wird oft selbst in scheinbar ausweglosen Lagen noch eine unerwartet günstige Lösung finden können.

Ängstlich-pessimistische Erwartungen erklären sich zum Teil aus der Persönlichkeit eines Menschen, die maßgeblich von der Erziehung in den ersten Lebensjahren geprägt wird. Wenn die Eltern dem Kind eine ängstlich-überbeschützende Erziehung angedeihen lassen, ihm vielleicht gar noch ängstliche Erwartungen vorleben, dann ist die Wahrscheinlichkeit groß, daß es sich später im Erwachsenenalter selbst immer noch an diesem Verhaltensmuster orientiert. Die unausbleiblichen Enttäuschungen im Laufe des Lebens verstärken diese Neigung noch.

Manche der Betroffenen erklären auch, daß ängstlich-pessimistische Erwartungen sie vor Enttäuschungen schützen. Auf den ersten Blick erscheint das logisch. Wer sich stets das Schlimmste ausmalt, kann eigentlich nur noch angenehm enttäuscht werden. Diese Überlegung berücksichtigt aber nicht, daß die negativen Erwartungen das Verhalten beeinflussen und so von vorneherein wenig Chancen für eine angenehme Enttäuschung bestehen. Alle unsere Vorstellungen und Erwartungen besitzen eben eine sehr starke Tendenz zur Verwirklichung – das gilt für die negativen wie für die positiven.

Was man in der Kindheit durch Erziehung und Vorbilder und im weiteren Verlauf des Lebens durch Erfahrungen erlernt hat, kann man auch wieder verlernen und durch neue, sinnvollere und zweckmäßigere Verhaltensweisen ersetzen. Das gilt ebenso für die Neigung, sich immer das Schlimmste auszumalen. Durch konsequentes Training kann man sich zunächst bewußt und absichtlich in positivere Erwartungen versetzen. Nach einiger Übung erlebt man dann später, wie positive Einstellungen ganz automatisch aus dem Unterbewußtsein entstehen. Eine ausgezeichnete Unterstützung bei diesem Verlernen falscher Gewohnheiten bildet das autogene Training, das wir später noch ausführlich kennenlernen werden. Unter diesen Umständen müssen vorher aber unbewußte Konflikte gelöst werden, wie unser Beispiel zu Anfang es veranschaulichte, ehe der Weg für positive Erwartungen frei wird. Wenn nötig sollte man sich nicht scheuen, in diesen Fällen eine psychotherapeutische, die Konflikte aufhellende Aussprache in Anspruch zu nehmen.

Angst durch Dauerstreß

Viele Menschen sehnen sich ab und zu nach dem einfachen Leben auf einer einsamen Insel ohne jeden Streß. Glücklicherweise bleibt diese paradiesische Vorstellung ein unerreichbarer Traum. Nach dem Gesetz der Bipolarität, das Untersuchungen der Streßforscher bestätigen, muß fehlender Streß nämlich ebenso wie ein Übermaß an Streß als Krankheitsursache angesehen werden. Der Streßmangel wird selbst zur dauernden, unerträglichen Streßsituation.

Streß ist lebenswichtig, auch wenn es heute modern geworden ist, über ihn zu klagen. Im richtigen Maße mobilisiert er ungeahnte Kräfte und Fähigkeiten in uns. Die Betonung liegt allerdings ausdrücklich auf dem richtigen Maß, das bedeutet einen rhythmischen Wechsel zwischen Anspannung und Erholung. Übermäßigen oder andauernd hohen Streß (Di-Streß, abgeleitet vom griechischen di = doppelt, sinngemäß für übermäßig gebraucht) dagegen kann kein Mensch längere Zeit ohne körperliche und/oder seelische Störungen ertragen.

Unser Alltag ist so reich an Streßfaktoren (Stressoren), daß sich heute niemand mehr einem gewissen Maß an Streß entziehen kann. Das beginnt mit allgemeinen Stressoren, denen wir alle mehr oder weniger unterliegen. Dazu gehören Lärm, Reizüberflutung durch Rundfunk, Fernsehen und Werbung, die räumliche Enge durch Überbevölkerung in Großstädten und Ballungszentren und indirekter „Katastrophenstreß“, den die Massenmedien uns durch ausführliche Berichterstattung über Krieg und Unglücksfälle aus aller Welt ins Haus liefern. Hinzu kommen die individuellen Stressoren, denen wir in Beruf, Haushalt, Schule, Familie und Freizeit ausgesetzt sind. Selbstverständlich bedeuten auch scheinbar streßarme Situationen wie Arbeitslosigkeit, Pensionierung oder Hauptgewinn im Lotto Streß. Schließlich seien noch Vereinsamung, private Konflikte, Todesfälle in der Familie oder finanzielle Schwierigkeiten als individuelle Stressoren ersten Ranges genannt. Es ist unmöglich, die Vielzahl möglicher individueller Streßfaktoren auch nur annähernd vollständig aufzuzählen.

Streß bewirkt bei jedem Menschen körperliche und seelische Veränderungen. Vereinfacht ausgedrückt reagieren wir heute auf Streß immer noch so primitiv wie der Steinzeitjäger. Entweder schaltet der Organismus auf Angriff oder auf Flucht um. Gewöhnlich bilden sich diese Veränderungen nach Beseitigung der Streßursache wieder zurück. Besteht der Streß aber dauernd (Überarbeitung, dauernder Unzufriedenheit mit der Arbeit), wirken zu viele Stressoren gleichzeitig auf einen Menschen ein (etwa Arbeitslosigkeit, Schulden und private Konflikte) oder kommt es in kurzen Abständen immer wieder zu übermäßigem Streß, dann gelingt diese Normalisierung der Streßreaktionen nicht mehr. Typische organische Folgen sind vor allem Bluthochdruck, Herzinfarkt und Magengeschwüre. Im seelischen Bereich kann Di-Streß Angstzustände und depressive Verstimmungen als Reaktion provozieren, ohne daß deshalb eine seelische Erkrankung besteht. Dazu ein Beispiel aus der Praxis.

Fall 2

Die junge Frau, berufstätig und Mutter von zwei Kindern, kam ursprünglich wegen ihrer unerklärlichen Abgespanntheit und Erschöpfung in die Praxis. Im Verlauf der Therapie stellte sich heraus, daß sie unter schweren Versagensängsten gegenüber ihrer Familie litt. Eine ihrer Ängste bestand darin, bei jedem Krankenwagen, den sie sah oder hörte, sofort daran zu denken, daß einem ihrer Kinder ein Unfall zugestoßen sei. Diese Angst steigerte sich oft bis zur wahnartigen Gewißheit, und sie brach dann mit einem Kreislaufkollaps zusammen. Dadurch erreichte sie unbewußt, daß ihr Chef sie nach Hause brachte, wo sie sich von der Unversehrtheit ihrer

Kinder überzeugen konnte. Diese waren keineswegs vernachlässigt oder gar verwahrlost, wie die Patientin meinte, sondern gediehen dank guter Versorgung während des Tages prächtig.
Da eine ursächliche Behandlung durch Abbau der übermäßigen Streßbelastungen der Patientin nicht möglich war – die Familie hatte kurz zuvor ein Eigenheim gebaut und konnte die Belastungen nur dank der Mitarbeit der Frau verkraften –, erlernte sie in der Therapie eine Technik der Streßbewältigung. Gleichzeitig ging sie daran, Aufgaben im Haushalt an ihre Kinder zu delegieren und die ihr verbleibende Hausarbeit durch sorgfältige Planung zu rationalisieren. Auf diese Weise gelang es im Verlauf einiger Monate, die im Grunde lebensfrohe, optimistische Frau von allen ihren Ängsten zu befreien, obwohl sich der verursachende Streß nicht nennenswert verringert hatte. Sie lernte einfach, ihn besser zu bewältigen.(Techniken zum „Überleben" im Alltagsstreß stellen wir in einem späteren Kapitel ausführlich vor.)

Wir wissen heute noch nicht genau, wie Streß Angstzustände hervorrufen kann. Manche Untersuchungen sprechen dafür, daß sie sich aus streßbedingten hormonellen Veränderungen der beiden Großhirnhälften und untergeordneter Hirnteile erklären. Mit nachlassender Streßbelastung regulieren sie sich von selbst oder werden medikamentös normalisiert. Das ist bereits in vielen Fällen möglich. Jedenfalls muß Angst als Streßfolge immer als Warnzeichen verstanden werden, das vor der völligen Erschöpfung schützen soll. Wer sich trotzdem weiterhin zuviel zumutet, muß mit ernsteren organischen und seelischen Schäden rechnen, die schließlich doch zum Abbau der Stressoren und zur sinnvollen Änderung falscher Lebensgewohnheiten zwingen.

Depression als Reaktion auf äußere Ursachen

Jeder seelisch gesunde Mensch reagiert auf bestimmte äußere Einflüsse mit Depressionen. Das ist normal und für die seelische Gesundheit sogar unentbehrlich, denn erst in der Krise der Depression können Enttäuschungen, Rückschläge und Verluste im privaten oder beruflichen Bereich verarbeitet werden.
Häufigste Ursachen solcher reaktiven (exogenen = von außen verursacht) Depressionen sind Todesfälle in der Familie oder im Verwandten- und Freundeskreis, ernste eigene Erkrankungen oder Krankheiten nahestehender Menschen, Scheidung oder andere familiäre Konflikte, finanzielle Verluste, Verlust des Arbeitsplatzes und ähnliche berufliche Rückschläge. Alle diese Schicksalsschläge kann der seelisch Gesunde verkraften, wenn die Mitwelt ihm Zeit für die Verarbeitung läßt. Zunächst erscheint ihm alles „Grau in Grau". Er hadert mit dem Schicksal, verliert das Interesse an den Vorgängen in seiner Umgebung, kann sich an nichts mehr freuen, vernachlässigt soziale Kontakte und gibt vielleicht sogar liebgewordene Gewohnheiten (Hobby) auf. Wer ihn jetzt auffordert, sich nicht so „gehen zu lassen", die „Haltung zu bewahren" oder sich „zusammenzureißen", begeht trotz gutgemeinter Absicht einen schweren

Fehler. Vielleicht schafft der Betroffene es wirkich, sich zusammenzureißen. Aber er wird dadurch innerlich zum „Zerrissenen", weil er die Ursachen seiner Depressionen nicht verarbeiten kann. Er muß sie verdrängen, um den Erwartungen einer verständnisarmen Umwelt gerecht zu werden, die sich sonst bald von dem „unbelehrbaren Trauerkloß" distanziert. Diese Verdrängung blockiert die Selbstheilungskräfte der Seele und führt später oft zu Veränderungen der Persönlichkeit, abnormen Verhaltensweisen, Haßgefühlen gegen die „wohlmeinenden" Freunde, die zur Bewältigung der Krise nichts weiter beitrugen, als dem Betroffenen ihre eigenen Ansichten aufzudrängen, und anderen seelischen Schäden.

Nicht zu verwechseln mit diesem immer falschen Aufdrängen eigener Strategien ist der vorsichtige Versuch der Angehörigen und Freunde, den depressiven Menschen zeitweise abzulenken. Die Ablenkungen müssen aber seiner Gemütsverfassung angepaßt sein. Ein tief depressiver Mensch wird sich auf einer fröhlichen Party kaum wohlfühlen. Er braucht verständnisvolle Gesellschaft ohne ausgelassene Fröhlichkeit, sonst fühlt er sich fehl am Platz und zieht sich noch tiefer in sein Schneckenhaus zurück. Es erfordert viel Fingerspitzengefühl, die Ablenkung richtig zu „dosieren". Falsch durchgeführt kann sie die Verarbeitung der Ursachen einer Depression empfindlich stören.

Ebenso sinnlos ist aber das übertriebene Mitleid mit einem depressiven Menschen. Wenn die Umwelt ihm ständig versichert, wie leid er ihr tut und wie schmerzlich der Schicksalsschlag ihn treffen muß, überwindet er ihn unter Umständen überhaupt nicht mehr. Die Erwartungen seiner Mitmenschen zwingen ihn ja geradezu, Trauer und Schwermut zu zeigen und sich zunehmend selbst zu bemitleiden. Allerdings honoriert die Mitwelt das nur eine gewisse Zeit durch erhöhte Zuneigung. Irgendwann kühlt sie dann merklich ab, weil das Leben weitergeht und neue, interessantere Anlässe für Mitleid auftauchen. Wer jetzt die Rolle nicht schnell genug wechselt und wieder am normalen sozialen Leben teilnimmt, findet sich unversehens allein mit seiner Lebensuntüchtigkeit. An einem Beispiel soll das veranschaulicht werden.

Fall 3

Die besten Jahre ihres Lebens „opferte" die Patientin, um ihren erheblich älteren, schwerkranken Mann zu pflegen. Sein Tod ging ihr zwar nahe und führte zur reaktiven, natürlichen Depression, bedeutete andererseits aber auch eine Erlösung für sie und bot ihr die Chance, materiell gut abgesichert nochmals von vorne anzufangen. Aber es sollte anders kommen. Die Angehörigen ihres verstorbenen Mannes ließen keine Gelegenheit aus, den „unersetzlichen Verlust" zu bejammern, der ihr widerfahren war – obwohl die Ehe in den letzten Jahren wegen der verletzenden, herrischen Art des Ehemannes praktisch nur noch auf dem Papier bestand. Diese ständige Berieselung erzeugte in der Patientin bald die Vorstellung, jetzt nutzlos und hilflos geworden zu sein. Die früher selbstbewußte, selbständige Frau wurde zunehmend gehemmt und unsicher, brach alle sozialen Kontakte zu ihren Freundinnen und früheren Bekannten ab und bot bald wirklich das Bild eines lebensuntüchtigen, „gebrochenen" Menschen,

der des Lebens überdrüssig geworden war und an Selbstmord dachte, also genau den Erwartungen der Verwandten entsprach. Diese waren „rührend besorgt" um sie und nahmen ihr jede Arbeit ab, was der Unselbständigkeit natürlich noch Vorschub leistete.
In diesem traurigen Zustand kam die Patientin in die Praxis. Es dauerte annähernd zwei Jahre, bis sie ihr Selbstbewußtsein wieder erlangte und dem fortgesetzten Lamento der Verwandtschaft dadurch ein Ende setzte, daß sie diese kurzerhand aus dem Haus wies. Erst danach gelang es ihr, sich einen neuen Freundeskreis aufzubauen und einen Lebenspartner zu finden.

Dieser Fall zeigt deutlich, wie wichtig die ungestörte Verarbeitung von Schicksalsschlägen für die weitere Lebensentwicklung werden kann. Niemand kann uns diese Arbeit abnehmen, jeder muß auf seine ganz persönliche, ihm angemessene Art damit fertig werden, um die reaktive Depression zu überwinden und gereift stärker aus der Krise hervorzugehen.
Anleitungen zur Verarbeitung von Schicksalsschlägen und zum richtigen Verhalten der Angehörigen und Freunde finden Sie im Kapitel über die Trauerarbeit im zweiten Teil dieses Buchs.

Körperliche Ursachen von Angst und Depressionen

Nicht alle Angstzustände und Depressionen erklären sich aus seelischen Ursachen. Körper und Seele stehen miteinander auf vielerlei Art in Verbindung, bilden eine untrennbare funktionelle Einheit. Das erklärt, weshalb sich seelische Störungen als Funktionsstörungen innerer Organe und psychosomatische Krankheiten auswirken können. Umgekehrt gilt aber das gleiche. Auch Erkrankungen des Körpers können unser Seelenleben beeinflussen und zahlreiche Mißstimmungen bis hin zu regelrechten Angstzuständen und Depressionen verursachen. Ein alltägliches Beispiel ist die banale Erkältung, die sich bei den meisten Menschen deutlich auf die Stimmung auswirkt. Chronische Schmerzzustände können einen Menschen in tiefe Verzweiflung und Hoffnungslosigkeit stürzen, manchmal sogar in den Freitod treiben. Sicher bekannt sind auch Zusammenhänge zwischen Seelenleben und Rheuma, Kreislaufstörungen, Herz- und Lungenleiden oder Krebs, wobei die Diagnose „unheilbar" bei Krebs merkwürdigerweise nicht (wie zu erwarten wäre) zu vermehrten Selbstmordversuchen führt.
Die wichtigsten körperlichen Ursachen von Ängsten und Depressionen wollen wir nun genauer untersuchen.

Die Herzangst

Bei der vom Herzen ausgehenden Angst müssen wir zwei Formen unterscheiden: Den echten Angina-pectoris-Anfall und das „nervöse Herz".

Schon sprachlich besteht zwischen Angst und Angina ein Zusammenhang. Die Wurzel „ang" des althochdeutschen Wortes Angst bedeutet „eng" und ist mit dem lateinischen „angustiae" (= Enge, Engherzigkeit) verwandt. Dem entspricht, daß der Angina-pectoris-Anfall (wörtlich: Brustenge) durch eine Verengung der Herzkranzgefäße entsteht. Das führt zur Minderdurchblutung des Herzmuskels mit mangelhafter Sauerstoffversorgung. Dieser Zustand kann durch seelisch-nervöse Verkrampfungen der Herzkranzgefäße oder durch Einlagerung von Kalk und Cholesterin in den Gefäßwänden entstehen. Eine sichere Unterscheidung in nervös und organisch verursachte Herzanfälle bleibt dem Fachmann vorbehalten. Die Symptome sind in beiden Fällen gleichwertig. Kennzeichnend für Angina pectoris sind anfallsweise, sehr heftige Schmerzen in der Brust, die in den linken Arm ausstrahlen und von Atemnot und Todesangst begleitet werden. Beim Herzinfarkt, Folge der völligen Verlegung der Blutversorgung eines begrenzten Herzabschnitts, steigert sich die zum Teil berechtigte Todesangst bis zum Gefühl der Vernichtung.

Nächtliche Angina-pectoris-Anfälle sind meist verbunden mit Angstträumen und plötzlichem Aufschrecken aus dem Schlaf. Vermutlich werden sie durch das normale Absinken des Blutdrucks im Schlaf hervorgerufen, das zur Mangeldurchblutung des Gehirns (Ursache der Angstträume) und Herzmuskels (Angina-pectoris-Anfall) führt.

Die Angst beim Angina-pectoris-Anfall scheint für die meisten Patienten aus der Herzgegend zu kommen und kann nur schwer beschrieben werden. Nach dem Anfall verschwindet auch die Angst wieder. Häufige Anfälle können allerdings zur ängstlichen Erwartung der Patienten führen und in einer Art Teufelskreis die Häufigkeit der Herzanfälle erhöhen. Die ängstliche Erwartung, aus der Erfahrung mehrerer Angina-pectoris-Anfälle entstanden, bewirkt nämlich eine vermehrte Neigung zur krampfhaften Verengung der Herzkranzgefäße.

In der Vorstellungswelt der Völker nimmt das Herz seit alters als „Sitz der Gefühle" eine zentrale Stellung ein. Daran konnte auch die medizinische Erkenntnis nichts ändern, daß unser Herz ein Hohlmuskel ist, der wie eine Pumpe das Blut durch unser Gefäßsystem treibt. Ängste, Konflikte, Sorgen und innere Spannnungen werden immer noch bevorzugt auf das Herz verlagert – der alte Mythos siegt mit seiner bilderrreichen Sprache über die nackte naturwissenschaftliche Vernunft.

Aus dieser unbewußten Sonderstellung des Herzens, die wir an Redensarten wie „Das Herz schlägt bis zum Hals" oder „an gebrochenem Herzen sterben" ablesen können, erklärt sich das „nervöse Herz". Verursacht wird die Herzneurose durch ungelöste seelische Konflikte und andere neurotische Störungen. Symptomatisch sind Mißempfindungen in der Herzgegend, wie Enge, Kribbeln, Hitzegefühl, Beklemmung, Herzjagen, fühlbares Herzklopfen und die auch beim Angina-pectoris-Anfall typische, scheinbar direkt aus dem Herzen kommende Angst. Daneben bestehen meist noch andere Zeichen einer Regulationsstörung des vegetativen Nervensystems und Verhaltensstörungen als Symptom der Neurose. Viele Herzneurotiker leiden unter panischer Angst vor einem plötzlichen Herzstillstand, die medizinisch zwar immer unberechtigt ist, aber durch rationale Erklärungen nicht abgebaut werden kann.

Im Gegensatz zur Herzangst bei Angina pectoris entwickelt sich die Angst beim nervösen Herzen also auf Umwegen. Am Anfang steht die neurotische Störung. Sie wird aus dem Bewußtsein unverarbeitet verdrängt und auf das Herz verlagert. Daraus resultiert zunächst die Funktionsstörung des Herzens und erst daraus – indirekte Folge einer bereits vorhandenen seelischen Störung – schließlich die Herzangst. Sie darf trotz fehlender organischer Befunde nie auf die leichte Schulter genommen werden, denn abgesehen davon, daß die Angst das seelische Grundleiden verschlimmert, kann sich aus der dauernden Fehlfunktion im Lauf der Zeit eine organische Herzmuskelschädigung entwickeln.

Fall 4

Die Patientin litt seit der Pubertät unter Herzbeschwerden, für die keine organischen Ursachen nachweisbar waren. Mit dem Ende der Schulzeit verstärkten sich die Funktionsstörungen derart, daß sie in ständiger Angst vor einem plötzlichen Herzstillstand lebte, jede körperliche Anstrengung vermied und manchmal wochenlang das Bett nur verließ, um sich im anderen Zimmer sofort auf die Couch zu legen.

Die anfangs verständnisvollen Eltern, die ihre Tochter insgeheim aber ablehnten und ihr deshalb zur Beruhigung ihres schlechten Gewissens eine besonders beschützende Erziehung „antaten", auch die ausgefallensten Wünsche sofort zu erfüllen suchten und sich schon früh von den Launen des kleinen Mädchens tyrannisieren ließen, drängten seit einiger Zeit aber immer häufiger auf den Beginn einer Lehre. Dabei ließen sie die Drohung einfließen, daß sie andernfalls die Patientin in ein Heim oder eine „Irrenanstalt" einweisen würden. Allerdings erzielten sie dadurch nur eine Verschlimmerung der Herzbeschwerden und Angstzustände.

In diesem Fall wurzelte die Angst in einer falschen Einstellung der Eltern zu einem unerwünschten Kind. Gewissermaßen litten sie doppelt, einmal unter dem Kind selbst, zum zweiten unter ihren Gewissensbissen, die ihre Ablehnung in ihnen erzeugte. Sie versuchten, diese Selbstvorwürfe und Schuldgefühle zu beschwichtigen, indem sie das Mädchen verwöhnten und zur Lebensuntüchtigkeit und Unselbständigkeit verzogen. In der Pubertät, dem Übergang vom Kind zur Frau, machte sich das dann erstmals durch Herzangst bemerkbar. Zu Recht fühlte sich die Patientin dem Erwachsenenleben nicht gewachsen und strebte zurück in die Kind-Rolle mit allen Vorteilen. Die Wahl des Herzens als „Signal-Organ" ergab sich dabei aus dem Familienschicksal. Beide Großeltern litten und starben an Herzkrankheiten, und die Patientin hatte in früher Kindheit deren Sterben miterlebt.

Als das Ende der Schulzeit unwiderruflich das Ende der Kindheit für die Patientin markierte, zog sie sich in ihrer Lebensuntüchtigkeit vollends vor den Ansprüchen der Umwelt in die Krankheit zurück. Dadurch konnte sie einerseits vor sich selbst und der Umwelt verbergen, daß sie nach ihrer persönlichen Reife noch ein Kind war („Kinder leiden doch noch nicht unter schweren Herzkrankheiten"). Andererseits sicherte sie sich

dadurch gegen die Ansprüche der Erwachsenenwelt ab, ohne Sanktionen der Umwelt für ihre Unselbständigkeit befürchten zu müssen („Wer so schwer herzkrank ist, hat Anspruch auf besondere Zuneigung").
Die Eltern spielten dieses unbewußt ablaufende Spiel einige Zeit mit. Dann drohten sie aber mit Sanktionen, die nie ernsthaft verwirklicht werden sollten. Eine „Schuld" an der Krankheit des Mädchens darf man den Eltern deshalb aber nicht geben. Der Gedanke der Schuld ist bei seelischen Krankheiten immer unangebracht (wenn auch recht verbreitet) und hilft nie weiter. Man darf nicht vergessen, daß auch das Verhalten der Eltern durch Erziehung und Lebenserfahrungen maßgeblich geprägt wurde, sie also selbst unter Fehlern ihrer eigenen Eltern litten, was ihr Verhalten gegenüber der Tochter mit erklärte.
Zur Therapie war in diesem Fall eine Behandlung der ganzen, in ihren Beziehungen tiefgreifend gestörten Familie erforderlich. Sie scheiterte schließlich an der mangelnden Fähigkeit und Bereitschaft aller Beteiligten, daran mitzuarbeiten und eingefleischte Gewohnheiten im Umgang miteinander auch nur ansatzweise in Frage zu stellen. Vielmehr verbündeten sich die Eltern mit ihrer kranken Tochter gegen den Therapeuten und machten damit jeden Fortschritt der Therapie zunichte. Die Behandlung wurde schließlich erfolglos abgebrochen, obwohl die Aussichten auf völlige Heilung der Patientin und Sanierung der gestörten innerfamiliären Beziehungen durchaus gegeben waren.

Angst und Alkoholismus

Die meisten Menschen können wohl aus eigener Lebenserfahrung bestätigen, daß Alkohol das Seelenleben beeinflußt. Schon gelegentlicher mäßiger Alkoholkonsum in geselliger Runde verändert Stimmung und Verhalten mehr oder minder deutlich. Manche Menschen werden erst durch Alkohol gesprächig, kommen in Stimmung, weil das Genußgift Hemmungen abbaut. Andere geraten durch Alkohol in eine weinerliche Stimmung oder werden gereizt bis aggressiv. Zum Teil hängt das auch von der Stimmungslage vor dem Alkoholkonsum ab. Beim gelegentlichen Alkoholgenuß bilden sich diese psychischen Veränderungen mit dem Abbau des Giftstoffs in der Leber bald wieder zurück, bleibende Folgen sind nicht zu erwarten. Erst chronischer Alkoholmißbrauch kann – abgesehen von den körperlichen Schäden – auch dauernde Persönlichkeitsveränderungen nach sich ziehen. Dazu gehören auch Angstzustände, die unter Umständen mit Sinnestäuschungen (Halluzinationen) und Verfolgungsideen ohne Bewußtseinsstörungen verbunden sind. Man bezeichnet diesen Verfall der Persönlichkeit als Folge chronischer Alkoholvergiftung auch als Alkoholpsychose. Gegen andere Geisteskrankheiten (vor allem Schizophrenie) ist sie nicht immer sicher abzugrenzen.
Besonders ausgeprägt treten Angstzustände beim Delirium tremens („Säuferwahnsinn") auf. Es entsteht häufig durch plötzlichen mehrtägigen Entzug des Alkohols. Diese stets lebensgefährliche Folge des Alkoholismus wird gekennzeichnet durch massive Angst- und Verwirrtheitszustände, starke Bewußtseins-

trübungen, Bewegungsunruhe, meist optische Halluzinationen (die bekannten „weißen Mäuse"), erhebliche Beeinträchtigung der Kreislauffunktionen und häufig auch Fieber. Das Delirium dauert zwei bis fünf Tage und erfordert klinische Intensivbehandlung. Für jeden siebten der Betroffenen endet es tödlich, in vielen anderen Fällen hinterläßt es bleibende Hirnschäden.

Depressionen bei Leberleiden

Zwischen Erkrankungen der Leber und Depressionen besteht zweifellos ein doppelter Zusammenhang. Leberleiden gehen in vielen Fällen mit depressiven Verstimmungen einher, umgekehrt erzeugen Depressionen wahrscheinlich auch Funktionsstörungen bis hin zur organischen Erkrankung der Leber.
An eine Beteiligung der Leber muß bei depressiven Menschen vor allem dann gedacht werden, wenn Erschöpfungszustände, allgemeine Mattigkeit und Schwäche, Druckgefühle im Oberbauch und chronische Verdauungsbeschwerden bestehen. Zwar können sich diese Beschwerden alle auch aus anderer Ursache erklären, aber nur gründliche Untersuchung vermag in solchen Fällen Klarheit zu verschaffen.
Gewöhnlich klingen leberbedingte Depressionen ab, wenn die Lebertherapie wirkt. Unter Umständen verselbständigen sie sich aber, dauern also auch nach Heilung der Leberkrankheit unvermindert an. Dann spielen immer seelische Ursachen mit eine Rolle, und der Verdacht liegt nahe, daß die Leberstörung durch diese zumindest begünstigt, möglicherweise aber auch ausgelöst wurde.
Der Zusammenhang zwischen Leberfunktion und Depressionen wurde in der Schulmedizin oft übersehen und konnte deshalb bislang auch nicht genau geklärt werden. Vermutlich ergibt sich die Abhängigkeit unserer Stimmung von der Leber aus deren zentraler Stellung im Stoffwechselgeschehen. An zahlreichen biochemischen Prozessen ist die Leber maßgeblich beteiligt, unter anderem auch am Hirnstoffwechsel und der Produktion von chemischen Überträgerstoffen (biogenen Aminen) mit hormonartiger Wirkung. Diese verbinden die Nervenzellen im Gehirn untereinander und stellen als „chemische Brücke" auch die Einheit von Körper und Seele her. Als wichtigste biogene Amine gelten bisher Dopamin, Noradrenalin und Serotonin.
Die moderne Hirnforschung wies nach, daß bei Depressionen im Gehirn vieler (vielleicht aller) Patienten ein Mangel an biogenen Aminen besteht. Dopaminmangel erzeugt die bekannte Antriebsschwäche des depressiv Kranken, Noradrenalinmangel scheint für seine Entschlußlosigkeit verantwortlich zu sein und Serotoninmangel führt zu den häufigen Schlafstörungen. Ob auch noch andere biochemische Wirkstoffe an der Entstehung einer Depression beteiligt sind, ist bislang ungeklärt. Auch über die Ursachen der Mangelzustände im Gehirn wissen wir wenig. Streß scheint auf noch nicht genau geklärte Weise zum vermehrten Verbrauch biogener Amine beizutragen. Und wahrscheinlich stört auch ungenügende Funktion der Leber die ausreichende Produktion biogener Amine und trägt so zur Depression bei. Ob umgekehrt ein Mangel an solchen Überträgersubstanzen (also Depression) auch zu Lebererkrankungen führt, ist noch völlig offen.

Die Erforschung biochemischer Abläufe im Gehirn und Nervensystem steckt heute noch in den Kinderschuhen. Für die Zukunft darf man von ihr sicher manchen wichtigen Beitrag zur Klärung der Ursachen seelischer Krankheiten erwarten. Über den körperlichen Aspekten sollte man aber die individuellen Lebensumstände nicht vergessen, die das Seelenleben nachteilig beeinflussen. Arzneimittel zur Normalisierung gestörter biochemischer Funktionen sind heute bereits vorhanden und sicher in manchen Fällen sehr wertvoll. Aber sie dürfen den Patienten nie der aktiven Arbeit an seiner Persönlichkeitsreifung entheben, auch wenn das für den depressiven Kranken wie für seinen Therapeuten der bequemste Weg ist.

Hormonelle Ursachen der Depression

Neben den hormonartig wirkenden biogenen Aminen des Gehirns tragen auch andere Hormone mit zu unserer Stimmung bei. Auch ihr „biochemisches Schicksal" im Körper wird zum Teil von der Leber beeinflußt, so daß sich hier ein weiterer Ansatzpunkt für leberbedingte Depressionen bietet.
Nach heutigem Wissen beeinflussen vor allem die Schilddrüsen- und Geschlechtshormone das Seelenleben mit. Im Volksmund nennt man die beidseits der Luftröhre befindlichen Schilddrüsen mit einiger Berechtigung auch „Temperamentsdrüsen". Unter Beteiligung des Spurenelements Jod produzieren sie die Hormone Trijodthyronin und Tetrajodthyronin (auch als Thyroxin bekannt). Überfunktionen der Schilddrüsen führen zu Erregtheit, Schweißausbrüchen, innerer Unruhe, Verwirrtheitszuständen, Zittern, krankhafter Stoffwechselsteigerung, beschleunigtem Herzschlag, Neigung zu Durchfällen, vorquellenden Augen und Schlafstörungen. Unterfunktionen bewirken (vereinfacht ausgedrückt) das Gegenteil, also Verlangsamung des Stoffwechsels, der Bewegungen und der Mimik, allgemeine Müdigkeit, Lustlosigkeit, Antriebsschwäche, depressive Zustände, Pulsverlangsamung, verdickte, trockene Haut und sprödes Haar, manchmal sogar Schwachsinn (Kretinismus).
In beiden Fällen kann nur fachmännische Behandlung Hilfe bringen. Die Depressionen bei Schilddrüsenunterfunktion lassen sich nur dann vollständig beseitigen, wenn das Hormon selbst oder (in leichteren Fällen) zumindest Jod medikamentös zugeführt wird. Infolge unserer falschen Ernährungsgewohnheiten ist eine leichte Schilddrüsenunterfunktion heute weit verbreitet. Ganz besonders betrifft sie die Bewohner gebirgiger Gegenden mit extrem jodarmem Trinkwasser (Süddeutschland, Schweiz).
Die Geschlechts-(Sexual-)hormone der Frau entstehen vorwiegend in den Eierstöcken und regulieren hauptsächlich die Menstruation der gebärfähigen Frau von der Pubertät bis zum Abschluß der Wechseljahre. Das männliche Sexualhormon wird in den Hoden gebildet und steuert ab der Pubertät bis ins hohe Alter hinein unter anderem die Erregung der männlichen Geschlechtsorgane. Bei beiden Geschlechtern entstehen Sexualhormone in kleinen Mengen auch in anderen Drüsen und beeinflussen eine Reihe anderer Körperfunktionen außerhalb der Sexualorgane mit. Unter anderem wirken sie aufbauend auf den Stoffwechsel der Gewebe, tragen zur Kreislaufregulation bei und verändern die Stimmungslage.

Nachlassende Produktion von Geschlechtshormonen in den Wechseljahren führt deshalb unter anderem zu Kreislaufschwäche, verminderter Muskelkraft (auch des Herzmuskels), Erschlaffung der Haut und Schleimhäute sowie allgemeinem Nachlassen vieler anderer Organfunktionen und depressiven Stimmungsveränderungen. Auch unabhängig von den Wechseljahren entstehende krankhafte Störungen der Hormonproduktion bewirken derartige Ausfallerscheinungen, die dann auch beim Mann ausgeprägt auftreten. Gewöhnlich erlebt der Mann aber keine Wechseljahre im eigentlichen Sinn, weil seine Hormonproduktion mit zunehmendem Alter nur langsam nachläßt.
Hormonell bedingte depressive Verstimmungen, die sich nicht aus krankhaften organischen Störungen der Hormondrüsen erklären, treten bevorzugt in der Pubertät und während der Wechseljahre auf. Die Zeit der Geschlechtsreife des Jugendlichen führt fast immer zu einer vorübergehenden Disharmonie im Konzert der inneren Drüsen. Erst nach beendeter körperlicher Reife normalisieren sich die Drüsenfunktionen wieder. Wenn man außerdem noch berücksichtigt, daß die Pubertät gleichzeitig eine Zeit seelischer Krisen bedeutet, dann wird verständlich, weshalb aus dem Zusammenwirken dieser beiden Faktoren leicht eine depressive Verstimmung hervorgehen kann.
Wie alle seelischen Konflikte an der Schwelle zum Erwachsenenalter vergehen auch solche Pubertätskrisen meist von selbst. Unter Umständen muß ein zu lange gestörtes Zusammenspiel der Hormondrüsen aber auch einmal medikamentös harmonisiert oder eine psychotherapeutische Behandlung durchgeführt werden, um bleibende neurotische Störungen zu vermeiden. Manchmal deuten Pubertätskrisen auf eine beginnende Schizophrenie hin.
Eine Hauptursache der Pubertätskrisen, die mehr oder minder deutlich bei fast allen Jugendlichen auftreten, bilden neben den hormonellen Veränderungen die ängstlich-negativen Erwartungen, die viele Pubertierende mit dem neuen Lebensabschnitt verbinden. Manche dieser Ängste und depressiven Vorstellungen sind heute leider mehr denn je berechtigt – man denke an die Jugendarbeitslosigkeit, die Hürde des Numerus clausus und die materialistische Lebenseinstellung, die dem verunsicherten, fragenden Jugendlichen keine Werte mehr bieten kann, die ihn befriedigen.
Ähnliche negative Erwartungen wirken neben den hormonellen Veränderungen auch an den Depressionen während der Wechseljahre mit. Für die Frau bedeutet das Klimakterium tatsächlich einen tiefen Einschnitt in ihr Leben. Unter dem Einfluß der hormonellen Umstellung verliert sie die Fähigkeit zur Schwangerschaft. Sichtbares Zeichen dafür ist das Ausbleiben der Monatsblutung. Im Grunde bedeutet das für viele Frauen aber eher eine Entlastung. Wie oft klagen sie doch über die lästige Menstruation oder den Zwang zur ständigen Einnahme schwangerschaftsverhütender Arzneimittel. Andererseits stellt das Ende der Gebärfähigkeit aber auch den Verlust einer natürlichen weiblichen Fähigkeit dar und markiert den Eintritt in die vorletzte Phase des Lebens, das Altwerden. Falsch verarbeitet führen diese unabänderlichen biologischen Tatsachen zu dem subjektiven Gefühl, nicht mehr weiblich, attraktiv und begehrenswert zu sein, dem Lebenspartner nicht mehr genügen zu können. Objektiv besteht natürlich kein Zusammmenhang zwischen der Attraktivität als Frau und

den Wechseljahren. Die negative Erwartung kann allerdings dazu führen, daß sich die Frau gehen läßt und vernachlässigt, dadurch an Attraktivität einbüßt und vielleicht sogar den Ehemann „vergrault". Das ist dann aber keine Folge der Menopause, sondern der falschen Reaktionen darauf. Ein typisches Beispiel soll das verdeutlichen.

Fall 5

Die Patientin, eine attraktive, gepflegte Mittfünfzigerin, kam wegen einer Lichtallergie in die Praxis. Sonnenlicht oder künstliche UV-Strahlen des Solariums erzeugten bei ihr heftige Hautausschläge. Trotzdem setzte sie sich immer wieder den Strahlen aus, um „ansehnlicher" zu wirken.

Diese offenkundige Unvernunft und die weinerlich-depressive Grundstimmung der Patientin legten den Verdacht nahe, daß nicht die Überempfindlichkeit gegen UV-Strahlung ihr Hauptproblem war, sondern eine innere Fehlhaltung bestand. Die behutsame Befragung brachte denn auch zutage, daß sich vor einigen Monaten bei ihr die Menopause (= völliges Ausbleiben der Monatsblutung) eingestellt hatte. Schon in den Jahren zuvor, als sich die ersten Anzeichen des Klimakteriums bemerkbar machten, war sie von Arzt zu Arzt gewandert in der vergeblichen Hoffnung, durch Hormonspritzen die Wechseljahre aufhalten oder – noch besser – ganz verhindern zu können.

Ihre Depressionen führte sie allerdings nicht auf die Wechseljahre zurück, sondern auf Eheprobleme. Ihr Mann betrog sie seit geraumer Zeit, gab das aber nicht zu. Um wieder begehrenswert für ihn zu werden und die Ehe zu retten, setzte sie sich immer häufiger intensiver UV-Bestrahlung aus, die wegen der Lichtallergie aber genau das Gegenteil bewirkte. Trotzdem klammerte sie sich beharrlich an die Vorstellung, ihr „unansehnliches" äußeres Erscheinungsbild nur durch Sonnenbräune aufwerten zu können.

In Gesprächen mit den Eheleuten stellte sich bald heraus, daß der Mann keineswegs „fremdging", sondern treu, aber besorgt und ein wenig verstört die Wesensänderung seiner Frau beobachtete. Die gesamten negativen Vorstellungen und Befürchtungen der Patientin mit den daraus resultierenden abnormen Verhaltensweisen beruhten ausschließlich auf ihrer falschen Einstellung zu den Wechseljahren. Im weiteren Verlauf der Therapie ergab sich, daß die Patientin im Kindesalter (bald nachdem sie zur Welt kam, begann bei ihrer Mutter das Klimakterium) ungünstige Erfahrungen mit ihren eigenen Eltern machte, die ihr eigenes Verhalten während der Wechseljahre dann entscheidend prägten. Wie stark auch die hormonellen Veränderungen an den Depressionen beteiligt waren, läßt sich schlecht abschätzen. Durch Kombination von Psychotherapie mit bewährten homöopathischen Mitteln gegen Wechseljahrbeschwerden konnte die Patientin bald wieder vollständig rehabilitiert werden und führt heute eine glückliche Ehe und ein durch neuentdeckte geistige Interessen erfüllteres Leben als je zuvor.

Der Mann kennt auf Grund seiner anatomischen Besonderheiten keine Wechseljahre im eigentlichen Sinn, wenn die Funktionen der Hoden nicht vorzeitig durch Krankheit gestört werden. Trotzdem müssen auch die meisten Männer in der Lebensmitte eine mehr oder minder schwere seelische Krise durchstehen, deren Ursachen normalerweise aber ausschließlich im seelischen Bereich liegen. Seit einiger Zeit kennen wir dafür das Modewort „midlife-crisis".

Am Beginn der Krise steht meistens die Erfahrung eines vermeintlichen oder tatsächlichen Versagens. Es kann in einem beruflichen Rückschlag, der Einsicht in die verminderte körperliche Leistungsfähigkeit (zum Beispiel beim Sport), einer Erkrankung (nicht selten bei Herzinfarkt) oder sexuellem „Versagen" bestehen. Daraus resultiert für den Betroffenen die Erkenntnis des Altwerdens, vor der sich nicht nur Frauen, sondern mindestens ebenso viele Männer fürchten. Die Betroffenen beginnen nun, sich selbst zu beobachten und ängstlich auf jedes mögliche Zeichen des Alters zu achten. Dadurch treten bald neue Störungen auf, wie Herzklopfen, Potenzschwäche bis hin zur Impotenz, Schlafstörungen, Hitzewallungen, Angstzustände und depressive Verstimmungen. Bei einigen Männern wird die Angst vor dem Älterwerden so intensiv, daß sie sich selbst und der Mitwelt beweisen müssen, daß sie noch nicht zum alten Eisen gehören. Sie brechen aus den (meist) wohlgeordneten und gesicherten Lebensverhältnissen aus. In harmlosen Fällen entschließen sie sich vielleicht dazu, sportliche Leistungen anzustreben, die sie mangels Training in den vergangenen 20 oder 30 Jahren überhaupt nicht mehr erbringen können. Schlimmstenfalls landen sie nach solchen unvernünftigen Kraftakten auf der Intensivstation. Andere verlassen ihre Familie und versuchen ihr Glück bei einer oft erheblich jüngeren Partnerin oder hängen den Beruf an den Nagel.

Die Mehrzahl der Männer überwindet die midlife-crisis ohne solche schwerwiegenden Veränderungen der gewohnten Lebensweise. Dazu kann die Partnerin viel beitragen, indem sie Verständnis und Toleranz beweist und neue Wege zur gemeinsamen Selbstverwirklichung in der Beziehung für beide Partner aufzeigt. (Umgekehrt gilt das natürlich auch für den Mann, wenn sich seine Lebensgefährtin in den Wechseljahren befindet.) Von diesen rund 80 Prozent der Männer, die mit der Krise der Lebensmitte in Monaten bis (seltener) Jahren ohne verhängnisvolle Fehlentscheidungen fertig werden, redet leider kaum jemand. Die Berichterstattung in den Massenmedien erweckt vielmehr den Eindruck, als müßte nahezu jeder Mann während der midlife-crisis sich eine blutjunge Geliebte zulegen, ein Motorrad als Sexualsymbol zwischen die Schenkel klemmen und – befreit vom beruflichen Alltagstrott – auf Jagd nach einem großen Abenteuer gehen. Das steigert zwar die Auflagen, denn der „normale Mann" in der Mitte des Lebens bietet eben keine reißerischen Überschriften, verzerrt aber auch die Realität und bringt manchen Mann erst „auf den Geschmack".

Die Lebensmitte ist zweifellos für beide Geschlechter eine Krisenzeit, das gilt individuell wie für die Partnerschaft. Aber diese Krise hat einen Sinn. Sie leitet die Wende zum Altwerden ein (obwohl das eigentliche Alter noch in weiter Ferne liegt) und mahnt dazu, sich jetzt schon rechtzeitig darauf einzustellen. Die folgenden Jahre sollten eigentlich dazu genutzt werden, neue Lebensinhalte zu finden, die das Alter dann erfüllen. Wer diese Aufforderung und Chance der

Wechseljahre versäumt oder nicht wahrnehmen will, erlebt die Folgen spätestens nach der Pensionierung.

Ängste und Depressionen im Alter

Im Alter häufen sich Ängste und Depressionen aus vielerlei Gründen. Die körperliche und geistige Leistungsfähigkeit läßt nach, Altersbeschwerden oder echte Alterskrankheiten stellen sich ein, der Tod lichtet unerbittlich die Reihe der Freunde und Bekannten und man spürt immer deutlicher, daß man nicht mehr gebraucht wird. Angst vor dem Tod dagegen ist bei vielen alten Menschen nicht mehr so ausgeprägt wie früher vorhanden – Ausnahmen bestätigen die Regel. Im Einzelfall können noch materielle Notlagen (geringe Rente, Sozialhilfe) hinzutreten. Zwar muß im bundesdeutschen Sozialstaat kaum jemand verhungern, aber viele Renten reichen doch nicht aus, um sich eine altersgerechte Wohnung, vollwertige biologische Ernährung und einige Annehmlichkeiten – Reisen, kulturelle Veranstaltungen und vieles mehr – leisten zu können.
Ängste und Depressionen des alten Menschen entstehen in der Regel immer aus mehreren ungünstigen Faktoren, die teils körperlichen, teils psychischen und sozialen Ursprungs sind. An dieser Stelle können nur die häufigsten untersucht werden; auf die Vielzahl individueller Ursachen können wir aus naheliegenden Gründen nicht eingehen.
Zu den wichtigsten körperlichen Ursachen der Altersdepression und Angst gehören Arterienverkalkung und Gehirnschrumpfung. Das Gewicht unseres Gehirns nimmt mit dem Ende der körperlichen Entwicklung – das heißt jenseits des 20. Lebensjahrs – langsam, aber stetig ab. Das ist normal und entspricht der Schrumpfung anderer Organe, insbesondere der Muskulatur. Da selbst Geistesarbeiter die Kapazität ihres Gehirns allenfalls bis zu 25 Prozent ausnutzen, führt das auch nicht zu nennenswerten Ausfallerscheinungen oder Intelligenzdefekten. Im Vergleich zur körperlichen Leistungsfähigkeit bleibt die des Gehirns sogar wesentlich länger erhalten. In einem altersgeschwächten Körper kann durchaus noch ein wacher, heller, scharfer Geist wirken, der regen Anteil an der Umwelt nimmt. Dazu gibt es viele Beispiele aus Philosophie, Literatur, Kunst und Politik, aber auch im Alltag.
Bedenklich wird die Gehirnschrumpfung erst, wenn sie vorzeitig eintritt (Alzheimersche Krankheit, meist zwischen dem 50. und 55. Lebensjahr beginnend) oder die Gehirnsubstanz teilweise zu Fett und Bindegewebe entartet. Die Folgen richten sich in solchen Fällen hauptsächlich danach, welche Hirnareale bevorzugt betroffen sind. In schweren Fällen führen die Degenerationen zum Greisenwahn mit Gedächtnis- und Denkstörungen, Verlust des sozialen Kontakts zur Mitwelt und abnormen Verhaltensweisen, zum Beispiel krankhaften Verfolgungsideen, Angstzuständen, Depressionen oder unüberwindlichem Mißtrauen selbst gegen die nächsten Angehörigen. Diese Wahnvorstellungen können nicht mehr beseitigt werden, denn sie entstehen durch den Ausfall eines Hirnbezirks, der nicht mehr regeneriert werden kann. Lediglich einige Symptome lassen sich medikamentös lindern. Für den Rest ihres Lebens bleiben viele dieser Kranken dauernd pflegebedürftig wie kleine Kinder, so daß sich die Unterbringung in einer Pflegeanstalt oft nicht umgehen läßt.

Die Arterienverkalkung verschont heute so gut wie keinen Menschen mehr, der in einem Industriestaat lebt. Schon um das 30. Lebensjahr können Verengungen an Arterien durch Ablagerungen bestehen, jenseits des 65. Lebensjahres leidet fast jeder unter einer Verkalkung zumindest der Körperhauptschlagader (Aorta), meist aber auch vieler anderer Blutgefäße. Betrifft die Arteriosklerose bestimmte Zentren des Gehirns, dann kommt es dort zur ungenügenden Durchblutung mit Sauerstoffmangel der Hirnzellen. Häufigste Folge sind depressive Verstimmungen.
Die Verkalkung der Hirngefäße betrifft meist nicht nur einen begrenzten Hirnabschnitt. Deshalb werden die Depressionen von anderen Ausfallerscheinungen begleitet. Insbesondere sind Gedächtnisschwäche, Verlangsamung des Denkvermögens, Schlafstörungen, Reizbarkeit und Kopfschmerzen zu nennen. In der Regel bestehen außerdem arteriosklerotische Gefäßveränderungen in anderen Körpergebieten, oft in den Beinen und an den Herzkranzgefäßen. Sie führen zu Kälte, Taubheit oder Kribbeln in den betroffenen Gliedmaßen, Herzanfällen und verschiedenen anderen Allgemeinsymptomen. Der Blutdruck ist meist erhöht. Dadurch versucht der Organismus, die Folgen der Gefäßverengung auszugleichen. Die Medizin bezeichnet diesen Zustand auch als „Erfordernis-Hochdruck". Zwar kann er durch blutdrucksenkende Arzneimittel leicht normalisiert werden, als Folgen stellen sich dann aber sehr häufig depressive und angstbeladene Verstimmungen ein. Mit dem sinkenden Blutdruck erhält das Gehirn ja erst recht nicht mehr ausreichend Sauerstoff. Ähnlich wie blutdrucksenkende Medikamente können auch Psychopharmaka wirken, die gegen bereits bestehende depressive und andere seelische Störungen verabreicht wurden und wegen der Blutdrucksenkung paradoxerweise die psychischen Symptome verschlimmern.
In manchen Fällen kann es deshalb sinnvoller sein, altersbedingte depressive Verstimmungen nicht durch Psychopharmaka, sondern durch durchblutungsfördernde Arzneimittel zu behandeln und den erhöhten Blutdruck überhaupt nicht zu normalisieren, solange der Patient sich dabei wohlfühlt. Auch mit hohem Blutdruck kann man ein hohes Alter erreichen, das lehrt die Erfahrung immer wieder. Eine dem Einzelfall angemessene Entscheidung kann nur der Fachmann treffen.
Natürlich gelten die Einschränkungen für die Behandlung des Bluthochdrucks nur für alte Menschen mit Erfordernis-Hochdruck. In jüngeren Jahren muß der Hochdruck unbedingt konsequent behandelt werden, sonst drohen ernste Folgekrankheiten. Dazu kommen nicht nur Arzneimittel in Frage; die Grundbehandlung muß vielmehr fast immer in der Reform falscher Ernährungs- und Lebensgewohnheiten bestehen.
Ähnliche Bedeutung bei der Entwicklung einer Altersdepression kommt den verschiedenen psychischen Besonderheiten dieses Lebensabschnitts zu. An erster Stelle ist die Vereinsamung vieler alter Menschen zu nennen. Die Verdrängungsmechanismen, die wir weiter vorne bereits für das Sterben beschrieben, erstrecken sich in unserer Gesellschaft auch auf die Erfahrung des Alterns. Bei uns zählen vor allem Jugend, Erfolg, gutes Aussehen und Statussymbole. Weisheit und Lebenserfahrung, die man zwangsläufig (wenn überhaupt) erst ab einem

gewissen Lebensalter erreichen kann, gelten daneben wenig. Deshalb verdrängen die noch voll im Erwerbsleben stehenden, am gesellschaftlichen Leben teilnehmenden Erwachsenen den Gedanken an ihr eigenes Altern solange wie möglich. Da alte Menschen aber immer wieder an das unausbleibliche eigene Altern erinnern, beschränkt sich der Kontakt mit ihnen auf das unumgängliche Mindestmaß. Sie werden in die Ghettos trister Altbauwohnungen oder moderner, aber anonymer Neubausiedlungen abgeschoben, wo auch junge Menschen unter Kontaktarmut leiden, oder in mehr oder minder komfortablen Altenheimen untergebracht, wo sie unter sich bleiben müssen und kaum mehr am gesamtgesellschaftlichen Leben teilhaben können. Zu Recht lehnen viele alte Menschen das Altenheim als „Abstellgleis" solange wie möglich ab.

Nur wenige weichen bisher von diesem in leistungsorientierten Industriegesellschaften beinahe vorgezeichneten Schicksal ab, weil sie sich auf Grund ihrer körperlichen und geistigen Frische und Lebenskraft oder ihrer Lebensentwicklung auch in widrigen Verhältnissen zu behaupten wissen.

Sprache spiegelt, wie wir schon feststellten, immer das Bewußtsein einer Gesellschaft wider. Das gilt nicht nur für die verbale Verdrängung des Wortes Tod, sondern auch für das Alter. Es ist modern geworden und symptomatisch für unsere Gesellschaft, daß sie bevorzugt von „Senioren" spricht. Das klingt angenehmer als „Alte" und bewahrt – freilich in selbstbetrügerischer Weise – davor, dem eigenen Altwerden unmittelbar ins Auge zu sehen.

Erste Ansätze zur Veränderung der ungünstigen Lebensbedingungen alter Menschen werden heute schon sichtbar. Zum Teil gehen sie aus den Reihen der Alten selbst hervor, die sich zu organisieren beginnen, um gemeinsam gegen die unwürdige „Abschiebepraxis" zu protestieren und bessere Lebensumstände aus eigener Kraft zu schaffen. Andere Initiativen kommen erfreulicherweise aus der alternativen Jugendbewegung. Man mag Hausbesetzungen durch junge Menschen aus vielerlei Gründen ablehnen, eines muß man den Jugendlichen bei aller Kritik zweifellos zugute halten: Sie versuchen nicht, die störenden Alten aus ihrem gewohnten Lebensraum und der oft in Jahrzehnten gewachsenen sozialen Bindung herauszureißen, um sie in die modernen Ghettos umzusetzen, deren höherer Komfort meist mit der völligen Vereinsamung und Entwurzelung des alten Menschen bezahlt werden muß. Sie scheuen sich nicht, der Tatsache ihres eigenen Alters ins Auge zu sehen, indem sie das Gespräch, das partnerschaftliche Miteinander mit den Alten suchen. Dadurch werden Gräben zwischen den Generationen zugeschüttet, die mit dem Aufbruch ins Industriezeitalter und seinen leeren, vorwiegend materialistischen Idealen aufbrachen und viel sozialen Zündstoff enthielten. Was damals als Folge sozialen Wandels – nicht durch Naturgesetz – geschaffen wurde, führte zur Unmenschlichkeit und Intoleranz in der modernen Leistungsgesellschaft. Vielleicht kann es jetzt dank eines neuen sozialen Wandels wieder überwunden werden. Diese Erwartungen rechtfertigen zwar keine Gewalt, lassen aber doch Raum für die zaghafte Hoffnung, daß am Ende des Umbruchs eine menschengerechtere, tolerantere Gesellschaft steht, die den partnerschaftlichen Dialog zwischen allen Generationen, allen sozialen Gruppen wieder ermöglicht.

Aus der zu einseitig an materiellen Werten und Leistung orientierten Lebenseinstellung des Menschen in der spätkapitalistischen Industriegesellschaft erklärt sich auch der *Pensionierungsschock,* eine weitere verbreitete Ursache von Altersdepressionen. Durch den bei uns üblichen Zwangsruhestand, der so pauschal nicht gerechtfertigt ist, werden Jahr für Jahr zigtausende arbeitswilliger und arbeitsfähiger Menschen aus dem Berufsleben und damit aus einer sozialen Gemeinschaft ausgeschlossen, der viele ein halbes Jahrhundert lang angehörten.
Für manche bedeutet die Pensionierung die langersehnte Befreiung von lästigen Pflichten. Sie planen schon frühzeitig, was sie mit der Freiheit anfangen werden, bahnen neue soziale Kontakte für den Ruhestand an und können schließlich den Tag der Pensionierung kaum noch erwarten. Diese positiven Erwartungen, unterstützt durch die wohlüberlegte, rechtzeitige Vorbereitung auf die Zeit nach der Pensionierung, bieten den besten Schutz vor Pensionierungsschock und Altersdepressionen. Der Übergang gelingt problemlos, der neue Lebensabschnitt wird durch neue Inhalte und Aufgaben erfüllt.
Andere sehen der Pensionierung dagegen mit eher gemischten Gefühlen entgegen. Natürlich verkennen auch sie nicht die Vorteile des Ruhestands. Im Laufe eines langen Arbeitslebens hängt ja wohl jedem irgendwann die „Tretmühle" aus dem Hals heraus. Trotzdem blicken sie dem Tag mit negativ-depressiv gefärbten Erwartungen entgegen und verschließen solange wie möglich beharrlich die Augen davor. Schlagartig stehen sie dann aber vor dem Nichts. Durch einen Verwaltungsakt wird aus dem Abteilungsleiter, Meister oder Vorarbeiter plötzlich ein alter Mann mit Rheuma, Hämorrhoiden und Prostatavergrößerung, der im Betrieb nicht mehr gebraucht wird. Der Nachfolger hockt ja schon in den Startlöchern und will alles viel besser machen. Und der immer hilfsbereite Angestellte oder Arbeiter fühlt sich plötzlich ausgeschlossen von der Gemeinschaft seiner „Kumpel". Verlust an Einfluß, Ansehen und sozialen Kontakten ist also immer der Preis für die Befreiung aus dem Trott des Arbeitsalltags.
Problemlos verkraften kann das nur, wer das eigene Alter akzeptiert und die gewonnene Freiheit als Ersatz für die Einbuße an Bedeutung innerhalb einer Betriebshierarchie und Gruppe sinnvoll nutzt. Andernfalls langweilt er sich rasch im Ruhestand, weiß mit der Freiheit nichts anzufangen und vereinsamt. Depressive Verstimmungen und körperliche Beschwerden stellen sich ein, schlimmstenfalls führt der Pensionierungsschock in kurzer Zeit zum Pensionierungstod.
Frauen trifft die Pensionierung gewöhnlich nicht so hart wie Männer. Mangelnde Chancengleichheit hindert sie ohnehin immer noch daran, interessantere und verantwortungsvolle Positionen einzunehmen, also eine Arbeit auszuüben, der man nachtrauern kann. Der Ruhestand bedeutet für sie viel eher eine Befreiung von ungeliebten Zwängen. Ausnahmen bestätigen hier die Regel. Problematischer kann für die Frau viel eher der materielle Verlust werden, denn die Durchschnittseinkommen berufstätiger Frauen – und damit auch die Renten – liegen noch immer deutlich unter denen der Männer. Entsprechend der traditionellen, noch lange nicht überwundenen Rollenverteilung zwischen Mann und Frau in unserer Gesellschaftsordnung bleibt ihnen immer noch eine gewisse Befriedigung durch die Betätigungen zu Hause. Für manche Frauen kann der Ruhestand allerdings doch zum Problem werden, wie das folgende Beispiel zeigt.

Fall 6
Ihre angegriffene Gesundheit zwang die Patientin, nach 36 Berufsjahren vorzeitig in den Ruhestand zu gehen. Anfangs freute sie sich sogar darüber und plante, all das endlich nachzuholen, was in der Vergangenheit wegen der angespannten Berufstätigkeit beider Eheleute zu kurz gekommen war. Ihr Mann allerdings, 17 Jahre älter und gesundheitlich auch nicht mehr ganz auf der Höhe, konnte diesen Plänen keinen Geschmack abgewinnen. Er stellte sich vor, daß sie vor allem zu einer innigeren Zweisamkeit zurückfinden könnten, die der Ehrgeiz der Frau in den letzten Jahren immer stärker abgebaut hatte.
Die Patientin beging den Kardinalfehler vieler Pensionäre: Immer wieder suchte sie den Kontakt mit ihren früheren Kollegen. Aber je häufiger sie sich mit ihnen traf, desto isolierter fühlte sie sich. Deren maßgeblich vom Beruf mitbestimmter Alltag war nicht mehr ihr Alltag. Und sie, die sich früher für so unentbehrlich gehalten hatte, daß sie selbst mit hohem Fieber noch ins Büro kam, mußte durch diese Kontakte immer wieder erfahren, daß auch ohne sie alles reibungslos funktionierte.
Diese schmerzlichen Einsichten bewirkten zusammen mit der altersbedingten Antriebsschwäche ihres Ehemanns, der sich für ihre ermüdenden Unternehmungen nur schwer begeistern konnte, bald schwere Minderwertigkeitsgefühle und Depressionen. Sie vernachlässigte ihre Alltagspflichten im Haushalt, und ihr Mann förderte das noch dadurch, daß er ihr in guter (aber falscher) Absicht alle diese Aufgaben ohne Klagen abnahm. Stattdessen stürzte sie sich in eine hektische ehrenamtliche Tätigkeit bei verschiedenen karitativen Einrichtungen, die sie bald ähnlich stark wie vorher der Beruf auslasteten und zur Erschöpfung mit verstärkten Depressionen führten.
Im Verlauf der Therapie offenbarten sich mehrere exemplarische Fehleinstellungen der Patientin. Zeitlebens gewann sie zum Beispiel ihr Selbstwertgefühl vorwiegend aus ihrer beruflichen Leistung, eine Einstellung, die sich aus der Erziehung erklärte. Sie stand aber von vornherein einer ernsthaften und sinnvollen Vorbereitung auf den Ruhestand im Weg. Zwar dachte sie manchmal kurz an ihre Pensionierung, die hektischen Pläne begann sie aber erst zu schmieden, als es schon zu spät war und die angegriffene Gesundheit sie vorzeitig zum Ruhestand zwang.
Ihr Lebenspartner dagegen, selbst seit längerer Zeit auf Rente, entwikkelte frühzeitig sehr konkrete Vorstellungen, ohne mit seiner Frau darüber zu sprechen. Er wollte sie mit seinen Plänen „überraschen". Dabei setzte er voraus, daß seine angespannt arbeitende Partnerin nach der Pensionierung nur noch einen Wunsch haben könnte – endlich zur Ruhe zu kommen. Möglicherweise hatte sie diesen Wunsch tatsächlich, aber sie fühlte sich von diesen detailliert bis in die Haushaltsführung hinein durch ihren Mann ausgearbeiteten Plänen überrollt, weil er sich mit keinem Wort darüber geäußert hatte, konnte also schon aus diesem Grund nicht einverstanden sein.
Allerdings muß man dem Ehemann zugute halten, daß die letzten Jahre

vor der Pensionierung seiner Frau auch nur wenig Gelegenheit zu einer Aussprache boten. Anstatt allmählich kürzer zu treten, versuchte sie nämlich, immer noch mehr zu leisten, immer neue Arbeiten an sich zu ziehen. Ihr gesundheitlicher Zusammenbruch, der die vorzeitige Pensionierung erzwang, war nicht zuletzt eine Folge dieser maßlosen Überforderung.

Die Therapie mußte in langwieriger Arbeit die Patientin zunächst davon überzeugen, daß ihr einseitiges Leistungsdenken nicht allein deshalb gut und richtig ist, weil ihre Eltern es ihr vorlebten und sowohl durch Vorbild als auch durch massiven Druck ein gleiches Leistungsbewußtsein bei ihr erzeugten. Erst danach konnte sie lernen, daß Leben auch noch andere Inhalte hat und menschliche Werte im Grunde ungleich wichtiger als Leistungen sind. Unterstützt wurde dieser sehr schmerzliche Lernprozeß (er stellte ihre gesamte Lebensphilosophie in Frage) durch die Krise einer ernsten organischen Herzkrankheit. Das monatelange Krankenlager und die unterstützende Psychotherapie in dieser Zeit bewirkten, daß die Patientin zu sich selbst fand, ihren von der Leistung unabhängigen Eigenwert als Mensch erkannte und nach der Heilung des organischen Leidens gemeinsam mit dem Ehemann neue, sinnvolle Inhalte für die Zweisamkeit im Alter entwickelte. Heute führen die Eheleute ein zufriedenes, erfülltes Leben und sind sich menschlich näher gekommen als vorher in 30jähriger Ehe.

Zwei Grundvoraussetzungen sind notwendig, um dem Pensionierungsschock und der Altersdepression zu entgehen: Abkehr vom heute verbreiteten krassen Leistungsdenken und uneingeschränkte Einsicht in die Tatsache des eigenen Alters.

Spätestens ab dem 45. Lebensjahr sollte man sich allmählich vom einseitigen Leistungsdenken und übertriebenen Ehrgeiz lösen. Noch besser: Man läßt es schon in jüngeren Jahren überhaupt nicht soweit kommen, daß der Leistungsgedanke das ganze Leben beeinflußt. Das ist heute in unserer stark leistungsorientierten Arbeitswelt natürlich nicht immer einfach, aber es gelingt bei etwas gutem Willen immer. Jetzt geht es nicht mehr darum, neue hochgesteckte Berufsziele anzusteuern, sondern das Erreichte auszubauen und zu stabilisieren. Dadurch läßt der Leistungsdruck nach, und Kräfte werden frei, mit denen man neben der Arbeit neue Lebensinhalte anstreben sollte. Sie werden bis zur Pensionierung kontinuierlich weiter ausgebaut und geben dann dem Ruhestand einen Sinn.

Natürlich kann das nicht pauschal für alle in gleicher Weise gelten. Arbeit ist für manche Menschen auch heute noch ein Mittel zur Selbstverwirklichung, weil sie tatsächlich seinen Anlagen und Fähigkeiten entspricht. Dann fällt es besonders schwer, sich zurückzuziehen. Oft üben diese wenigen Glücklichen aber freie Berufe aus, die keine starre Pensionierungsgrenze kennen. Dann spricht nichts dagegen, wenn sie – abhängig von der individuellen Leistungsfähigkeit – bis ins hohe Alter hinein weiterarbeiten. Typische Beispiele dafür sind Künstler, Literaten und Philosophen, die oft erst im Alter ihre reifsten Werke

schufen, man denke an Picasso, G. B. Shaw oder Sir Bertrand Russell, der noch mit 104 Jahren an einer Demonstration für den Frieden teilnahm.
Für die Mehrzahl der Arbeitnehmer bietet der Beruf heute aber nur noch wenige Möglichkeiten zur Selbstverwirklichung. Mit der Pensionierung tun sich für sie neue Chancen auf, die es rechtzeitig zu erkennen und zu nutzen gilt. Zwar kann heute das Pensionierungsalter in manchen Fällen schon um ein bis zwei Jahre hinausgeschoben werden, aber das ist im allgemeinen wenig sinnvoll. Damit verdrängt man nur die ungelösten Probleme für kurze Zeit, flüchtet vor einer Realität, die einen doch schnell wieder einholt. Wer sich rechtzeitig auf den Ruhestand vorbereitet hat, wird kaum das Bedürfnis spüren, länger als notwendig zu arbeiten.
Wer zwar zu den Ausnahmen gehört, die sich im Beruf noch selbst verwirklichen können, andererseits durch eine starre Pensionierungsgrenze doch gezwungen wird, in den Ruhestand zu treten, sollte versuchen, sein Lebenswerk bis zu diesem voraussehbaren Zeitpunkt zufriedenstellend abzuschließen. Dann wird auch er befriedigt auf seine Berufstätigkeit zurückblicken können und sich neuen Zielen zuwenden, die anderen Aspekten seiner Persönlichkeit zur Verwirklichung verhelfen. Niemand ist so einseitig auf eine einzige Fähigkeit fixiert, daß er nicht noch andere Fertigkeiten und Talente ausbilden könnte, die ihn vielleicht bald mehr erfüllen und befriedigen als die Arbeit.
Vielleicht wird es Ende dieses Jahrhunderts, wenn der Geburtenrückgang und kürzere Arbeitszeiten die „Ware Arbeit" wieder verknappen, einmal möglich sein, daß jeder selbst entscheidet, wann er aus dem Berufsleben ausscheiden will. Vielleicht setzen sich auch Denkmodelle durch, nach denen die Arbeitszeit für ältere Arbeitnehmer schrittweise verkürzt wird, bis der Tag der Pensionierung erreicht ist. Sie können sich dann allmählich über den Sechs- und Vierstunden-Arbeitstag daran gewöhnen, und der Übergang fällt leichter. Solange solche flankierenden Maßnahmen aber noch in ferner Zukunft liegen, muß sich jeder einzelne selbstverantwortlich und nach seinen individuellen Bedürfnissen rechtzeitig auf den Ruhestand vorbereiten.
Das setzt als zweite Bedingung voraus, daß man schon die Krise der Lebensmitte (Wechseljahre, midlife-crisis) richtig verarbeitet, das Altwerden nicht verdrängt. Wer voller negativer, ängstlicher Erwartungen vor der Erfahrung des Alterns die Augen verschließt, betrügt sich selbst und blockiert mit dieser „Vogel-Strauß-Haltung" die unerläßliche Vorbereitung auf das Alter. Deshalb werden seine pessimistischen Vorstellungen auch prompt Wirklichkeit. Es erfordert große Anstrengungen, sich dann doch mit dem Ruhestand abzufinden und ihn mit Sinn zu erfüllen. Nicht jedem gelingt das. Viele kümmern noch einige Jahre dahin, vereinsamt und unausgefüllt, depressiv und kränkelnd, wenn nicht der Pensionierungstod sie rasch dahinrafft.
Für die Gestaltung des Ruhestandes gibt es keine Pauschalrezepte. Jeder muß seinem Leben nach seinen eigenen Vorstellungen und persönlichen Bedürfnissen neue Inhalte geben. Der eine unternimmt vielleicht ausgedehnte Reisen, von denen er immer schon träumte. Ein anderer frönt jetzt endlich seinen vielen Hobbys, investiert viel Zeit in kulturelle Interessen oder engagiert sich in einem Verein, in sozialer oder politischer Arbeit. Mancher beginnt vielleicht sogar

noch ein Studium oder erfüllt sich andere Wünsche, die zeitlebens nicht ausgelebt werden konnten.
Alles das darf jedoch nicht in Selbstbetrug ausarten. Wer krampfhaft versucht, auch im Alter noch jung zu wirken und mitzuhalten, oder sich in zahllosen halbherzigen Aktivitäten und oberflächlichen zwischenmenschlichen Beziehungen verzettelt, wirkt unecht, macht sich lächerlich und wird unweigerlich immer wieder enttäuscht. Trotz aller künstlichen Fröhlichkeit und Betriebsamkeit wird er kein wirklich erfülltes Alter erleben. Er versucht ja gerade, davor davonzulaufen. Es kommt immer auf die Einstellung an, die hinter solchen Aktivitäten steckt, nicht so sehr auf die Aktivitäten selbst. Ein Greis kann noch sehr jugendlich und frisch wirken, weil er tatsächlich jung geblieben ist. Oder er kann die unechte und leicht zu durchschauende Rolle des Junggebliebenen spielen, weil er sich selbst täuschen und die Angst vor dem Alter verdrängen muß.

Neurotische Ängste und Depressionen

Die Bezeichnung Neurose führte der schottische Arzt Cullen bereits im Jahre 1776 in die medizinische Fachsprache ein. Als Begründer der modernen Neurosenlehre gilt aber der Wiener Neurologe Sigmund Freud (1856 bis 1936), der durch seine Psychoanalyse zur Behandlung neurotischer Störungen weltweit bekannt wurde. Seine Nachfolger ergänzten und erweiterten in den letzten Jahrzehnten seine Lehre, und auch die psychoanalytische Technik wurde zum Teil geändert und verbessert.
Neurotische Verhaltensweisen sind heute weit verbreitet. Nach Schätzungen der Fachleute zeigen 90 bis 95 Prozent der bundesdeutschen Bevölkerung gelegentlich oder dauernd neurotische Züge in ihrem Verhalten. Natürlich gelten sie deshalb nicht alle als seelisch krank. Solche in einzelnen Bereichen mehr oder minder deutlich von der Norm abweichenden Verhaltensmuster, die sich aus der lebensgeschichtlichen Entwicklung ergeben, gehören zum natürlichen Spektrum menschlichen Verhaltens. Solange das Verhalten insgesamt einigermaßen angepaßt ist, die Betroffenen also weder unter sich selbst leiden noch die Umwelt nennenswert stören, kommt solchen Varianten normalen Verhaltens kein Krankheitswert zu. Oft beflügeln uns solche inneren Spannungen zu ungeahnter Kreativität und höchsten Leistungen. Dazu gibt es in Kunst und Wissenschaft genügend Beispiele. Auch von Sigmund Freud selbst wissen wir, daß er zeitlebens immer wieder (ähnlich wie auch viele andere Psychotherapeuten) unter leichteren neurotischen Störungen litt.
Im allgemeinen besteht eine Neurose mit Krankheitswert dann, wenn die Betroffenen selbst und/oder ihre Umwelt unter der Verhaltensstörung leiden. Das ist häufig schwer zu beurteilen und hängt auch davon ab, welche Maßstäbe der Therapeut anlegt. Was dem einen noch als Grenzfall erscheinen mag, bedeutet für den anderen bereits eine Neurose. Im Gegensatz zur körperlichen Krankheit gibt es bei seelischen Störungen ja keine naturwissenschaftlich

exakten Befunde oder Laborwerte. Vieles hängt von der Deutung des Therapeuten ab. Er kann seine persönlichen Erfahrungen und Einstellungen dabei nie vollständig ausschalten; das ginge über die Kraft jedes Menschen. Deshalb schwanken die Schätzungen der Fachleute über die Zahl der echten Neurotiker in der Bundesrepublik auch zwischen sechs und 30 Millionen. Ähnliche Zahlen liegen aus anderen Industrienationen vor.

Gleichgültig, ob man nun von zehn oder 50 Prozent Neurotikern in der Gesamtbevölkerung ausgeht, die Neurosen gehören jedenfalls zu den großen Zivilisationsseuchen der heutigen Menschheit.

Wurzeln der Neurose

Während man im allgemeinen Sprachgebrauch Neurotiker und Geisteskranke oft in einen Topf wirft, grenzt die Psychiatrie diese beiden Gruppen seelischer Krankheiten sorgfältig gegeneinander ab. Neurosen verlaufen leichter als Psychosen, lassen sich offensichtlicher als jene aus der lebensgeschichtlichen Entwicklung eines Menschen verstehen, führen nicht zum Zerfall der Persönlichkeit, und die Anpassung der Betroffenen an die Umwelt bleibt weitgehend erhalten. Trotzdem kann auch eine Neurose das ganze Leben zerstören.

Neurosen wurzeln immer in unbewältigten Lebensproblemen, Enttäuschungen (Frustrationen) und Konflikten. Insbesondere die *Konflikte* zwischen Trieben und den Ansprüchen der Umwelt oder den durch Erziehung eingeprägten gesellschaftlichen und moralischen Normen spielen dabei eine zentrale Rolle. Im Gegensatz zu Freud stellt die moderne Neurosenlehre aber nicht mehr einseitig die moralische Beschränkung des Sexualtriebs (Libido) in den Vordergrund. Grundsätzlich können alle Trieb- und sozialen Konflikte eine Neurose hervorrufen, man denke an den „klassischen" Konflikt zwischen Pflicht und Neigung.

Normalerweise müssen wir ständig mit solchen Konflikten leben und auch mit der daraus resultierenden Ambivalenz fertig werden. Ambivalenz bedeutet das Nebeneinander entgegengesetzter Gefühle. Einerseits kann man einen Menschen hassen, andererseits aber doch fürchten, ihn zu verlieren. Daraus entstehen erhebliche innere Spannungen. Kaum ein Tag vergeht, an dem wir nicht im Widerstreit zwischen persönlichen Absichten und moralischen oder sozialen Ansprüchen liegen. Gerade die hochzivilisierte Industriegesellschaft mit ihren zahlreichen Normen, Regeln und Zwängen schränkt die Individualität und vor allem auch das Triebleben immer stärker ein und hat dadurch maßgeblichen Anteil an der Verbreitung der Neurosen.

Der seelisch stabile Mensch kann mit diesen Konflikten leben. Er verarbeitet sie oder verschiebt das nicht zu befriedigende Triebziel in andere, erlaubte Bereiche. Künstlerische Leistungen zum Beispiel sind oft das Ergebnis einer sublimierten (verfeinerten) Sexualität. Natürlich bedeutet das nicht, daß erst ein starker, eingeschränkter Sexualtrieb zur künstlerischen Kreativität befähigt. Talent und Motivation können dadurch nicht ersetzt werden. Die Frustration der sexuellen Triebziele bewirkt aber oft den unter Umständen noch notwendigen Ansporn.

Wenn der Konflikt die Verarbeitungsmöglichkeiten und Sublimationstechniken eines Menschen übersteigt, dann wird er ihn zu verdrängen suchen. Das bedeutet, daß er ohne Verarbeitung aus dem Bewußtsein ins Unbewußte verlagert, also vergessen wird. Man kehrt die Probleme gleichsam unter den Teppich und verschließt die Augen davor. Gelöst werden die inneren Spannungen dadurch nicht. Sie wirken auch aus dem Unbewußten weiter und können neurotische Störungen hervorrufen.

Oft reichen die Konflikte weit in die Kindheit zurück. Die Erziehung der Kinder zum Umgang mit ihren natürlichen Trieben führt häufig zu ernsten seelischen Schäden, wenn die Eltern versuchen, diese Triebe zu unterdrücken. Ein Kind, dessen Erziehung sexualfeindlich war, wird später wahrscheinlich ständig im Konflikt zwischen seinen natürlichen sexuellen Bedürfnissen und den durch Erziehung aufgebauten moralischen Hemmungen und Schuldgefühlen leiden. Die Ursachen solcher Sexualneurosen, die bis zur Frigidität oder völligen Impotenz führen können, bleiben unbewußt und können ohne fachmännische Anleitung nicht verarbeitet werden.

Allerdings wäre es falsch, nun den Eltern die Schuld an dieser neurotischen Entwicklung zu geben. Ihre Einstellung zur Sexualität spiegelt ja im Grunde nur die eigenen Erfahrungen in der Kindheit wider, die von ihren Eltern und nicht zuletzt auch von der herrschenden allgemeinen Moral mitbestimmt wurden. Sinngemäß gelten diese Überlegungen auch für alle anderen Ursachen von Neurosen.

Eine wichtige Rolle bei der Entwicklung von Neurosen spielen die *Komplexe.* Darunter versteht man eine Gruppe von in sich verflochtenen Erlebnis- und Vorstellungsinhalten, die meist mit negativen Gefühlen verbunden sind. Dazu gehört zum Beispiel das Erlebnis des Versagens in irgendeiner beliebigen Lebenssituation, die zur Vorstellung der Minderwertigkeit führt. Auch vermeintliche körperliche Unzulänglichkeiten (etwa abnormer Kleinwuchs oder Behinderungen) können zur Vorstellung der Minderwertigkeit führen, die dann das ganze Leben überschattet. Dieser Komplex verselbständigt sich nämlich, wenn er nicht bewußt verarbeitet wird, und führt dann zu neurotischen Verhaltensweisen, die auch dann nicht unbedingt verschwinden müssen, wenn Leistungen auf anderen Gebieten die tatsächliche oder vermeintliche Minderwertigkeit aufwiegen. Viele künstlerische und kulturelle Höchstleistungen lassen sich zum Teil wohl auch aus solchen Minderwertigkeitskomplexen erklären: Man denke an den kleinwüchsigen Napoleon Bonaparte oder den französischen Maler Toulouse-Lautrec, den zeitlebens kränkelnden deutschen Philosophen Immanuel Kant oder den in der Kindheit wegen seiner schwächlichen Konstitution ständig gehänselten Neurologen und Psychiater Professor Johannes Heinrich Schultz, dem wir das autogene Training verdanken. Im Gegensatz zum Neurotiker besaßen diese und zahlreiche andere Persönlichkeiten der Kultur- und Zeitgeschichte die Fähigkeit und Gelegenheit, ihre Minderwertigkeitsgefühle zu sublimieren, also daraus die Energie für ihr Lebenswerk zu schöpfen, das sie vor der neurotischen Entwicklung schützte.

Neurosen führen zu einer Vielzahl unterschiedlicher seelischer und/oder körperlicher Beschwerden. Im Prinzip kann man zunächst zwei Reaktionsformen unterscheiden:

- Resignation, das heißt die völlige Aufgabe der nicht zu erfüllenden

Wünsche und Ziele, um den Konflikt mit der Umwelt oder dem eigenen Gewissen zu vermeiden. Daraus können dann zahlreiche körperliche Beschwerden, depressive Verstimmungen und andere neurotische Verhaltensstörungen resultieren.

- Aggression, also der Versuch, die Befriedigung mit „Gewalt" im weitesten Sinne durchzusetzen. Das bewirkt neue Konflikte und kann mit Angstzuständen, Depressionen, Schuldgefühlen und körperlichen Störungen (psychosomatische Krankheiten) einhergehen.

Je nach dem Verlauf der Neurose unterscheiden wir verschiedene Erscheinungsformen. Heute teilt man sie hauptsächlich in folgende Gruppen ein:

- Angstneurosen, bei denen die logisch nicht erklärbare Angst im Vordergrund der Symptomatik steht.
- Depressive Neurosen mit vorwiegend depressiven Beschwerden.
- Hypochondrisches Syndrom, das durch ängstliche Selbstbeobachtung und Krankheitsfurcht bis hin zum depressiven Krankheitswahn gekennzeichnet wird.
- Konversionsneurose (auch „hysterische Reaktion"), die vor allem mit körperlichen Beschwerden einhergeht.
- Psychovegetatives Erschöpfungssyndrom, gekennzeichnet durch nervöse Schwäche, Erschöpfungsdepression und zahlreiche psychosomatische Erscheinungen.
- Zwangsneurosen, eine Form der seelischen Störung, die meist auf Angstzuständen basiert.

Eine Sonderstellung nimmt die Charakter-(Kern-)neurose ein, die tief im Kern der Persönlichkeit verankert ist und oft mit suchtartiger Abhängigkeit, sexuellen Abartigkeiten (Perversionen) und ähnlich schweren Veränderungen des Charakters einhergeht.
Im folgenden untersuchen wir nur die Angst- und Zwangsneurosen, das Erschöpfungssyndrom und depressive Neurosen näher.

Die neurotische Angst

Im Vordergrund der Angstneurose steht jenes schwer zu beschreibende, mit dem Verstand nicht nachvollziehbare Gefühl, das einem im Magen sitzt, schier die Luft nimmt oder das Herz abdrückt. Begleitet wird es von Schweißausbrüchen, Zittern, unkontrolliertem Harn- und/oder Stuhlabgang und anderen organischen Funktionsstörungen. Oft wirken die Betroffenen nicht ängstlich, sondern eher erregt und unruhig, so als wollten sie der versteckten Angst davonlaufen.
Die Angstneurose hat viele Gesichter. Gerade heute, da immer mehr Menschen den Sinn des Lebens verloren glauben, wirtschaftliche Krisen und politische Gefahren uns erschüttern und verunsichern, leiden viele unter einer allgemeinen, vitalen Existenz- und Lebensangst. Vielfach tritt Angst aber auch nur bei bestimmten Alltagssituationen auf und erzwingt dann unter Umständen

bestimmte Handlungen oder Unterlassungen. Zu diesen Erscheinungsformen gehören zum Beispiel:

- Agoraphobie (Platzangst), also die Unfähigkeit, sich frei von Angst auf der Straße oder auf Plätzen zu bewegen.
- Hypochondrie, die krankhafte Angst vor schweren oder unheilbaren Krankheiten; sie geht einher mit der Neigung zur Selbstbeobachtung, wobei harmlose Unpäßlichkeiten überbewertet werden. Diese Krankheitsangst kann auch zu den Depressionen gehören, wie überhaupt Angst und Depression oft gemeinsam bestehen. Im weiteren Sinn gehört dazu auch die übersteigerte Angst vor Infektionen.
- Klaustrophobie, die Angst vor dem Alleinsein in geschlossenen Räumen.
- Nyktophobie, die Angst vor der Nacht oder Dunkelheit, die vor allem bei neurotischen Kindern zum nächtlichen Aufschrecken aus dem Schlaf mit lautem Aufschrei und vorübergehender ängstlicher Verwirrung führen kann. Unter Umständen wird diese Neigung durch vergrößerte Gaumenmandeln oder Verdauungsstörungen begünstigt.
- Phobophobie, die quälende ängstliche Erwartung vor dem nächsten Angstanfall, die sich im Lauf der Zeit aus ständig wiederholten Anfällen entwickelt.

Neben diesen verbreiteten Erscheinungsformen der Angst tritt sie auch noch aus vielen anderen Anlässen auf und kann das ganze Leben zerstören. Ein Fall soll das veranschaulichen.

Fall 7

Der Patient, ein 42jähriger Verkäufer, zur Zeit arbeitslos, kam in die Praxis wegen chronischer Magen-Darm-Störungen, die oft zusammen mit heftigen, sehr schmerzhaften Koliken auftraten. In den letzten Monaten war er stark abgemagert und litt unter chronischer Stuhlverstopfung. Außerdem klagte er über ständige Kopfschmerzen. Wegen seines schlechten Allgemeinbefindens verließ er oft tagelang nicht das Haus. Morgens stand er zwar sehr früh auf, um mit seiner berufstätigen Frau zu frühstücken, den weiteren Tag verbrachte er dann aber vorwiegend auf dem Sofa mit der Lektüre medizinischer Bücher, anstatt seine Frau bei der Hausarbeit zu entlasten. Zahlreiche Untersuchungen, die unter anderem auch an mehreren Kliniken durchgeführt wurden, blieben stets ohne nennenswerte Befunde.

Trotzdem ergab sich im Verlauf der Untersuchung, daß der Patient davon überzeugt war, unter Darm- und Gehirnkrebs zu leiden. Außerdem achtete er sorgfältig darauf, ob Anzeichen der Multiplen Sklerose bei ihm in Erscheinung traten. Er glaubte fest daran, daß auch diese Krankheit des zentralen Nervensystems ihn unweigerlich befallen würde. Spaziergänge unternahm er schon lange nicht mehr, seit er gelesen hatte, daß Zecken schwere Krankheiten übertragen können.

Die Gesamtheit der Beschwerden, für die keine organischen Ursachen zu diagnostizieren waren, und die krankhaft übersteigerte Angst vor

Krebs, Multipler Sklerose und Zecken legten – zusammen mit dem ängstlich-unruhigen Verhalten des Patienten – den Verdacht auf eine seelische Störung nahe. Vorsichtige Befragung in dieser Richtung provozierte aber sofort seinen heftigen Widerstand. Im Grunde erwartete der Patient von der Konsultation nur eines: Bestätigung seiner unheilbaren Krankheiten. So war er denn zunächst auch tief enttäuscht, als wieder kein organischer Befund zu erheben war.
Im Verlauf mehrerer weiterer Konsultationen, an denen zum Teil auch die Ehefrau teilnahm, gelang es schließlich, eine erste (wenn auch schmale) Vertrauensbasis zu schaffen. Sie erlaubte es dem Patienten, den Gedanken an eine seelische Ursache seiner Beschwerden ins Auge zu fassen und ein Gespräch darüber nicht sofort abzublocken. Ganz langsam kristallisierten sich dabei die Wurzeln seiner Angst heraus, die in der Kindheit zu suchen waren. Der Vater litt selbst lange Jahre an Multipler Sklerose, und mehrere nahe Verwandte starben an bösartigen Tumoren. Die Mutter des Patienten, selbst eine zur Hypochondrie neigende Frau, erzog ihn zwiespältig. Die kleinste Alltagsverletzung, die leichteste Erkältung, genügte ihr, um ihn zu bejammern und zu pflegen, als wäre er todkrank. Er bekam dann stets ein Übermaß an Zuwendung, das sie im Alltag vermissen ließ. Normalerweise bestand ihre Erziehung nämlich vor allem aus der Androhung schlimmer Krankheiten für den Fall, daß er ihr nicht gehorchte, wobei dann stets der kranke Vater und die Verwandten als Beispiele herangezogen wurden.
Zunächst war es dem Patienten gelungen, diese Kindheitstraumen zu verdrängen und ein sozial gut angepaßtes Leben zu führen. Allerdings neigte er stets dazu, auf Probleme mit psychosomatischen Erscheinungen zu reagieren, um ihnen dadurch auszuweichen und keine Entscheidung treffen zu müssen. Als – in seinen Augen — ernste berufliche Probleme auftauchten, begann dann seine Flucht in die Krankheitsangst. Der Anlaß dazu war vergleichsweise harmlos: Einer seiner Untergebenen beleidigte ihn unflätig. Anstatt sich dagegen zu wehren, kündigte er seine gute berufliche Stellung und zog sich immer weiter in seine Angst vor der Krankheit zurück. Das brachte ihm insbesondere Mitleid und Bedauern seiner Mutter ein und enthob ihn aller notwendigen eigenen Entscheidungen. Andererseits stellten sich aber bald heftige Schuldgefühle gegenüber seiner Frau ein, die nun allein durch ihren Beruf den Familienunterhalt sicherstellen mußte. Davor floh er nur noch tiefer in die Angst vor der Krankheit. Sie lähmte völlig jede Eigeninitiative zur Lösung seiner Situation, obwohl er viel Geld für Stellenanzeigen in verschiedenen Zeitungen ausgab. Die Termine zu einem Vorstellungsgespräch dagegen nahm er nie wahr.
Die Therapie hatte vor allem die Aufgabe, dem Patienten die Zusammenhänge zwischen seinen Kindheitserlebnissen und der Krankheitsangst aufzuzeigen, damit er sie verarbeiten konnte. Zunächst lernte er aber wieder, medizinischen Befunden zu vertrauen und zu erkennen, daß Körper und Seele eine Einheit bilden, seelische Störungen also organi-

sche Funktionen erheblich in Mitleidenschaft ziehen können. Heute geht er wieder ohne Angst vor unheilbaren Krankheiten seinem Beruf nach, obwohl eine gewisse übersteigerte Empfindlichkeit mit Neigung zu neurotischen Verhaltensmustern zurückgeblieben ist. Zwar stört es ihn manchmal, daß er nicht so ein dickes Fell wie andere aufzuweisen hat, aber mit dieser Empfindlichkeit läßt sich leben.

Neurotische Depressionen

Depressionen als Folge einer neurotischen Entwicklung entstehen häufig akut ohne jede Vorwarnung. Nichtige Anlässe können sie auslösen, zum Beispiel eine harmlose Enttäuschung, über die man im Alltag gewöhnlich leicht hinwegkäme. Tatsächlich stehen im Hintergrund aber Konflikte, die schon längere Zeit zurückliegen, aber immer noch anhalten, weil sie nur verdrängt wurden. Erst auf der Grundlage einer dadurch eingeleiteten neurotischen Persönlichkeitsentwicklung können zum Beispiel mehr oder minder einschneidende Veränderungen der Lebensumstände die neurotische Depression auslösen. Dazu gehören etwa berufliche Veränderungen, Pensionierung, Umzug aus der gewohnten Umgebung, Emigration, aber auch schon eine Erholungsreise. Im allgemeinen versuchen die Betroffenen, ihren Zustand vor der Umwelt zu verbergen. Sie wirken heiter, gelassen und oft auch ein wenig überheblich oder arrogant. Der erfahrene Menschenkenner wird dahinter aber bald den in sich zerrissenen neurotischen Menschen erblicken, der sich selbst fremd vorkommt, überempfindlich reagiert und mal so, mal so handelt und fühlt. Die Maske verbirgt eine tiefe Unsicherheit mit Schwermut und Melancholie bis hin zur Hoffnungslosigkeit, Antriebsschwäche, Mutlosigkeit und Schlafstörungen, die auf Schlaftabletten nur ungenügend ansprechen. Schuldgefühle und Angst vor Krankheiten können hinzukommen.

Häufig erscheinen solche Patienten aber nicht wegen ihrer seelischen Verstimmung in der Praxis. Vielmehr klagen sie über organische Beschwerden. Solche Funktionsstörungen können sich ebenso quälend wie eine echte körperliche Krankheit auswirken, obwohl man auch nach gründlicher Untersuchung keine krankhaften Veränderungen nachweisen kann. Es wäre daher falsch, vom „eingebildeten Kranken" zu sprechen.

Ähnlich wie bei Angstneurosen kann auch bei neurotischen Depressionen die Diagnose sehr erschwert werden, weil viele der Betroffenen überhaupt nicht depressiv, sondern eher nervös, unruhig und erregt wirken. Sie scheinen vor ihrer Depression davonzulaufen, ein unbewußter und untauglicher Selbsthilfeversuch.

Unter Umständen führt ein ungelöster Konflikt im Laufe von Jahren auch zum psychovegetativen *Erschöpfungssyndrom* (psychasthenisches Versagen). Dabei kommt es als Folge der dauernden inneren Spannungen zur Erschöpfung des vegetativen Nervensystems, dessen Funktionsfähigkeit stark geschwächt wird. Die Betroffenen fühlen sich matt, abgespannt und leistungsschwach; der gestörte Schlaf verstärkt die allgemeine Erschöpfung. Hinzu kommen Reizbarkeit, Unruhe, Antriebsmangel, Stimmungsschwankungen und abnorme Ermüdung schon nach geringen Anstrengungen. Die Grundstimmung liegt zwischen verdrießlich und hoffnungslos. Zusätzlich machen sich als Folgen der vegetativen Regulationsstörungen bald funktionelle Beschwerden an Organen bemerkbar, hinter denen die depressiven Symptome unauffällig bleiben. Häufig betreffen sie Herz, Kreislauf, Verdauungssystem und Geschlechtsorgane. Die Patienten irren oft jahrelang von einem Arzt zum andern, werden organisch behandelt, aber die Beschwerden bleiben bestehen, weil die ursächliche Depression nicht erkannt und ausgeheilt wird. Das Versagen aller Therapieversuche führt schließlich zur Verzweiflung, vielleicht sogar zum Selbstmordversuch, der dann endlich den richtigen Weg weist – wenn es dazu nicht zu spät ist. Soweit muß es nicht kommen, wenn man bei allen Beschwerden, die auf ansonsten gut bewährte Medikamente nicht oder kaum ansprechen, an eine neurotische Depression oder andere seelische Ursachen denkt.

Angst und Zwangsneurosen

Neurotische Zwänge betreffen häufiger jene Menschen, die zu übertriebener Gewissenhaftigkeit erzogen wurden, ehrgeizig sind, aber über wenig Selbstvertrauen und persönlichen Mut verfügen. Sie stehen im dauernden Konflikt zwischen ihren ehrgeizigen, hochgesteckten Zielen und dem mangelnden Vertrauen in ihre eigenen Fähigkeiten, das die Verwirklichung dieser Pläne stark behindert.
Natürlich gibt es auch Zwangsneurosen aus anderen Ursachen. Manche Zwangssymptome finden wir auch im täglichen Leben bei ansonsten gut angepaßten Menschen, vielleicht gar bei uns selbst. Man denke an die Eigenart mancher Menschen, auf der Straße bestimmte Schrittfolgen einzuhalten, Bilder gerade zu rücken, Tassen und Gläser auf einer karierten Tischdecke präzise zu plazieren oder mehrmals zum Auto zurückzukehren und sich zu vergewissern, daß alle Scheiben geschlossen und alle Türen verriegelt sind. Solche harmlosen Zwangsphänomene können zu den neurotischen Zügen ohne Krankheitswert gerechnet werden.
Erst wenn Zwangsantriebe, Zwangshandlungen, Zwangsideen und Zwangsvorstellungen das Leben der Betroffenen stärker beeinträchtigen, kann man von einer echten Zwangsneurose sprechen. Als Zwangsantriebe oder -handlungen bezeichnet man Triebansprüche oder Verhaltensweisen eines Neurotikers, die er zwar selbst als unsinnig empfindet (und deshalb darunter leidet), aber trotzdem nicht unterdrücken kann. Wenn er es versucht, kann es zeitweise gelingen; als Folge treten aber massive Angstzustände auf, oder er reagiert mit Aggressionen gegen sich selbst oder die Umwelt darauf. Appelle an die Vernunft sind fruchtlos und können Zwang und Angst eher verschlimmern. Gleichzeitig bestehen meist auch Depressionen.
Auch Zwangsideen und -vorstellungen drängen sich den Betroffenen gegen deren Willen ständig zwanghaft auf und werden als unsinnig erkannt, ohne daß sie deshalb unterdrückt werden könnten. Massive Angstzustände begleiten diese Zwangsinhalte, denen die Betroffenen hilflos ausgeliefert sind. Manchmal erklären sie sich aus einem organischen Hirnschaden (meist nach Gehirnent-

zündung); in der Regel liegt ihnen aber eine neurotische Persönlichkeitsentwicklung zugrunde.
Die Psychiatrie erklärt Zwangsneurosen als Abwehr der Betroffenen gegen Angstzustände. Wer zum Beispiel zu übertriebener Gewissenhaftigkeit und übersteigertem Ehrgeiz erzogen wurde, leidet vielleicht dauernd unter der Angst, diesen Erziehungsinhalten nicht gerecht werden zu können. Der Liebesentzug oder eine andere Form der Bestrafung, die von den Eltern in der Kindheit dann angewendet wurde, wenn er ihren übersteigerten Ansprüchen nicht genügte, wirken unter Umständen unbewußt in ihm nach. Ihre Ansprüche wurden als Teil der eigenen Persönlichkeit übernommen. Auch wenn die Kindheit schon Jahrzehnte zurückliegt, die Eltern längst gestorben sind, kann die Angst aus der damaligen Zeit unerträglich werden. Mit Hilfe der scheinbar sinnlosen Zwangshandlungen hält der Neurotiker sie aber in Schach.
Ohne fachmännische Hilfe kann der Patient diese unbewußten Zusammenhänge nicht erkennen. Die Krankheit verläuft langwierig, und die Heilungsaussichten gelten allgemein als ungünstig. Trotzdem darf man auch jahrelange Psychotherapie nicht scheuen, denn erst wenn die Wurzeln der Erkrankung aufgedeckt, verarbeitet und durch neue, sinnvollere Einstellungen zum Leben überwunden wurden, ist völlige Heilung möglich. Ein Fall aus der Praxis soll veranschaulichen, wie stark eine Zwangsneurose das Leben der Betroffenen selbst und ihrer Angehörigen belasten kann.

Fall 8

Die Patientin, eine verheiratete junge Frau mit einem Kind, leidet unter krankhaft übersteigerter Angst vor Kot und einem unüberwindlichen, abnormen Reinigungstrieb („Waschzwang"). Seit Jahren verläßt sie das Haus nur noch in Begleitung ihres Mannes, der mit Argusaugen jeden ihrer Schritte überwachen und ihr dann versichern muß, daß sie nicht mit Kot in Berührung gekommen ist. Auch beim Baden und Waschen muß er oder eine andere Person stets anwesend sein und beobachten, ob alle Körperteile gründlich genug gewaschen sind. Darüber vergehen Tag für Tag mehrere Stunden. Alle bisherigen Therapieversuche einschließlich eines kurzen Klinikaufenthalts blieben erfolglos.
Die lange Krankheit hatte zur Folge, daß sich die Eheleute immer weiter auseinanderlebten. Wochen vergehen oft, in denen sie außer Schimpfworten nicht miteinander reden. Nur das Kind hält sie noch zusammen. Allerdings war die Krankheit der Patientin nur Auslöser für diese Eheprobleme. Schon vorher konnte von einer echten Partnerschaft keine Rede sein. Die sehr gewissenhafte, intelligente Frau regelte weitgehend selbständig alle Alltagsfragen, weil der gehemmte, zur explosiven Reizbarkeit neigende, gleichfalls neurotisch gestörte Ehemann dazu nicht in der Lage oder nicht gewillt war. Zwar spielte er zu Hause zwischendurch den starken Mann, wenn er einige Zeit alles in sich hineingefressen hatte, nach außen aber erschien er seiner Frau immer als der „Trottel" und „Hampelmann", den alle ausnützten und der sich stets anpaßte.
Die Vorgeschichte der Zwangsneurose ergab, daß die Eltern der Patientin

ihr eine übertriebene Reinlichkeit und peinliche Gewissenhaftigkeit anerzogen hatten. Ihre Mutter arbeitete in dem relativ kleinen Haushalt von morgens früh bis abends spät (sogar am Sonntag) – und trotzdem wurde sie nie fertig. Auch heute noch ist sie in ihrem Zwei-Personen-Rentner-Haushalt unentwegt tätig und verzettelt sich dabei so, daß ihr im Grunde nichts richtig gelingt. Da die Eltern unmittelbar neben den Eheleuten wohnen und die beiden Häuser durch eine Tür im Keller direkt verbunden sind, hat die Patientin guten Einblick in das Familiengeschehen im Haushalt der Eltern.
Zunächst führte die Patientin ein unauffälliges, gut angepaßtes Leben. Aktueller Anlaß für den Ausbruch ihrer Zwangsneurose war eine Darminfektion des Ehemanns, die dieser sich im Urlaub zugezogen hatte. Wie üblich bei meldepflichtigen Infektionskrankheiten, wurde das Haus auf Anordnung der Gesundheitsbehörde gründlich desinfiziert. Diese gesetzlich vorgeschriebene Aktion konnte sie seelisch nicht verkraften. Von da an litt sie ständig unter panischer Angst, mit Kot in Berührung zu kommen oder sich selbst nicht gründlich genug zu waschen.
Anfangs brachten Ehemann und Eltern ihr scheinbar Verständnis entgegen. Im Lauf der Zeit schlug das aber in Vorwürfe, Anklagen und schließlich Androhung der Zwangseinweisung in eine Nervenklinik um. Niemand konnte verstehen, daß die Patientin nach ihrer Erziehung für eine solche Neurose geradezu prädestiniert war und zwar einsah, wie unsinnig ihre Angst vor Kot und der Waschzwang waren, aber sich diesen Zwängen doch nicht willentlich widersetzen konnte. Die Redensart „Wo ein Wille ist, da ist auch ein Weg!" klang ihr immer häufiger und vorwurfsvoller entgegen. Die scheinbar verständnisvolle Atmosphäre der ersten Monate (wirklich verstand niemand der Angehörigen die Krankheit) schlug um in ein Klima, das von Haß und unbeschreiblichen Auseinandersetzungen geprägt wurde.
Gespräche mit der Patientin und ihrem Ehemann, die im Sinne einer Familientherapie ein heilungsförderndes Klima schaffen sollten, nützten bisher nichts. Zwar zeigte sich der Ehemann stets kooperationsbereit und nickte zustimmend-gläubig zu allen Anregungen und Erklärungen – aber er hielt die gemeinsam beschlossene Linie des Zusammenlebens nie länger als zehn Tage durch. Unbewußt erwartete er, daß sein vorübergehendes Wohlverhalten sofort zu einer deutlichen Besserung führen würde. Und wenn das nicht eintraf (was auch nicht zu erwarten war), machte er seiner Enttäuschung lautstark Luft. Da die Therapie erst relativ kurze Zeit durchgeführt wird, kann im weiteren Verlauf möglicherweise noch eine Besserung des häuslichen Klimas erreicht werden.
Die Eltern allerdings, die ihre Tochter ebenfalls verurteilen und dem Schwiegersohn den Rücken stärken, erwiesen sich bisher als absolut unzugänglich. Eine räumliche Trennung der Patientin von ihren Eltern, die zur unterstützenden Therapie sinnvoll wäre, scheitert an praktischen Gründen und Sachzwängen.
Im Verlauf der bisherigen Therapie durch Gespräche, Verhaltenstherapie

und Hypnose trat vorübergehend bereits eine erste Besserung ein. Sie veranlaßte die Angehörigen der Patientin leider dazu, ihr „gut zuzureden" – eine gutgemeinte, wenn auch nicht ganz von Egoismus freie, aber falsche Absicht. Sie führte zu einem Rückfall, der vor allem den Ehemann derart enttäuschte, daß das Familienleben jetzt vollends unerträglich geworden ist. Dadurch wird auch die Therapie erheblich behindert. Durch Fortführung der Familientherapie sollen wieder günstigere innerfamiliäre Verhältnisse geschaffen werden, ehe die Zwangsneurose selbst wieder mit Aussichten auf Erfolg behandelt werden kann. Allerdings bleibt die Prognose fraglich.

Dieser besonders schwerwiegende Fall demonstriert nicht nur, wie gravierend eine Zwangsneurose in das Familienleben eingreifen kann, sondern zeigt auch besonders deutlich, wie stark seelisch Kranke auf uneingeschränktes Verständnis und gefühlsmäßige Zuwendung ihrer Umwelt ohne Vorbehalte angewiesen sind. Es gibt kaum ein größeres Hindernis bei der Psychotherapie als Angehörige, die vielleicht selbst an der neurotischen Persönlichkeitsentwicklung beteiligt waren (das bedeutet keine Schuld) und nun versuchen, durch Ratschläge und Ermahnungen dem Patienten den „Rücken zu stärken" oder den „Kopf zurechtzurücken". So wenig der Laie seelische Krankheiten auch verstehen kann, so sehr muß er sich um Verständnis für den kranken Menschen bemühen, ihm Geborgenheit und Sicherheit geben, damit er falsches Verhalten ohne Angst in Frage stellen, verlernen und durch sinnvolle Verhaltensmuster ersetzen kann. Wie unsinnig die Zwangsphänomene im Grunde sind und wie er sich „normal" verhalten sollte, das weiß der Neurotiker auch selbst, dazu bedarf es keiner Ratschläge der Umwelt. Er kann diese Ratschläge beim besten Willen nicht befolgen. Das zieht ihm dann häufig den Zorn und die Ablehnung der Ratgeber zu, die alles verschlimmern. Nur unter der Anleitung der Therapeuten kann der Zwangsneurotiker seinen ihm individuell angemessenen Weg aus der Angst und den ungelösten Konflikten finden.

Angst und Depressionen bei Psychosen

Von den bisher besprochenen Angstzuständen und Depressionen zu trennen sind die gleichen Beschwerden als Folge einer Geisteskrankheit, die wir im folgenden näher untersuchen wollen.

Was sind „Geisteskrankheiten"?

Der Begriff der Geisteskrankheit ist meist nur noch im Laiensprachgebrauch üblich. Meist verbindet man damit bewußt oder unbewußt Vorstellungen wie Unheilbarkeit, Makel und Schande. In der Psychiatrie dagegen spricht man von Psychosen, die gegen seelische Fehlhaltungen (Neurosen) und abnorm veranlagte Persönlichkeiten (Psychopathen) abzugrenzen sind.

Bei Psychosen geht oft der Bezug zur Realität weitgehend verloren. Die Betroffenen leben in einer eigenen Welt, eingesponnen in Wahnvorstellungen, die der Gesunde verstandesmäßig nicht nachvollziehen kann, die aber durchaus eine eigene innere Logik aufweisen. Hinzu kommen oft Bewußtseinsstörungen, Beeinträchtigung der Orientierung in Raum und Zeit, Gedächtnis- und Merkfähigkeitsstörungen. Während der Neurotiker sich selbst der größte Feind ist, läßt der Psychotiker vor allem seine Umwelt leiden (natürlich ohne es zu wollen).
Die Ursachen der Psychosen konnten bis heute nur unvollständig geklärt werden. Wahrscheinlich müssen mehrere Faktoren zusammentreffen, ehe eine Psychose entsteht. Neben einer gewissen Veranlagung spielen im Einzelfall auch hirnorganische Veränderungen, Störungen des Hirnstoffwechsels und ungünstige Einflüsse der Umwelt und Erziehung eine wichtige Rolle.
Grundsätzlich unterscheidet man heute zwei Gruppen von Psychosen, und zwar:

- Exogene (symptomatische) Psychosen, die infolge verschiedener organischer Krankheiten auftreten, zum Beispiel bei Infektionen, Hirnarterienverkalkung, Hirnverletzungen, andere Hirnkrankheiten, Alkoholismus und Vergiftungen.
- Endogene Psychosen, die sich vorwiegend aus der Veranlagung und ungünstigen Umwelteinflüssen erklären; die Ursachen sind weitgehend unbekannt; zu dieser Gruppe gehören vor allem Schizophrenie und die manisch-depressive Krankheit.

Die Unterscheidung in Psychosen und andere seelische Krankheiten ist vor allem für die Therapie und den Verlauf einer Erkrankung sehr wichtig. Allerdings darf man Psychosen nicht von vorn herein als unheilbar ansehen. Gerade in den letzten Jahren wurden auf diesem Gebiet von Außenseitern der Psychiatrie (vor allem in USA), die nicht an das traditionelle Dogma von der unheilbaren Psychose glaubten, ermutigende Ergebnisse erzielt.
Ängste und Depressionen können auch bei verschiedenen Psychosen auftreten. Mit diesen wollen wir uns eingehender befassen.

Angst und Schizophrenie

Die Schizophrenie (aus dem Griechischen, wörtlich „Seelenspaltung“) gehört zu den endogenen Psychosen. Ihre Ursachen sind noch weitgehend ungeklärt. Nach statistischen Berechnungen kommt in allen Staaten der Erde auf 100 gesunde Menschen etwa ein Schizophrener. Damit gilt sie als die häufigste Psychose überhaupt.
Schizophrenie ist keine einheitliche Krankheit. Vielmehr wird die Bezeichnung für eine Gruppe krankhafter Geistesstörungen gebraucht, die durch das Neben- und Miteinander gesunder und krankhafter Empfindungen und Verhaltensmuster gekennzeichnet wird. Symptomatisch sind vor allem die Störungen des Ich-Erlebens, also die Vorstellung, von außen gelenkt und beeinflußt zu werden. Denk-, Gefühls- und Willensstörungen, Reizbarkeit, Gleichgültigkeit, Aggressi-

vität, Angstzustände und Kontaktschwäche bis hin zur völligen Abkapselung gegen die Umwelt kommen hinzu. Ferner bestehen häufig Halluzinationen (etwa „Stimmenhören“), Größenideen und Verfolgungswahn.
Nach Symptomatik und Verlauf unterscheidet man innerhalb der Schizophrenie drei Gruppen. Sie lassen sich allerdings nicht immer klar gegeneinander abgrenzen.

- Katatonie beginnt meist akut mit schweren Erregungszuständen oder völliger geistig-körperlicher Erstarrung (Stupor) und verläuft in Schüben, die jeweils wieder gut abklingen können.
- Paranoid-halluzinatorische Schizophrenie, die meist erst im mittleren Lebensalter oder noch später beginnt; im Vordergrund stehen dabei Wahnerlebnisse (vor allem Verfolgungswahn) und Halluzinationen; auch diese Form kann in wenigen Schüben vollständig abheilen oder chronisch fortschreiten.
- Hebephrenie, das „jugendliche Irresein“, das bereits um das 20. Lebensjahr beginnen kann und dann mit Pubertätskrisen verwechselt wird; im Vordergrund der Symptomatik stehen Persönlichkeitsveränderungen, Antriebsminderung, Denkstörungen, euphorische bis läppische Grundstimmung, manchmal auch störrische Gereiztheit und ausgeprägte Angstzustände, die unter Umständen schwer erkennbar sind. Wahnvorstellungen bestehen oft lange Zeit nicht; die Prognose der schleichenden Krankheit ist ungünstiger als bei den anderen Formen.

Schizophrenie muß keineswegs unheilbar sein. Sie kann zu jeder Zeit zum Stillstand kommen. In 30 Prozent dieser Fälle bleiben Restsymptome zurück, bei weiteren 25 Prozent zeigen sich keine Defekte mehr. Rund 30 Prozent der Patienten werden sogar nach wenigen Schüben geheilt, sei es nun durch die Therapie oder (seltener) die Selbstheilungskräfte der Seele. Nur bei zehn bis 15 Prozent der Kranken schreitet die Schizophrenie chronisch fort. Als Grundregel für die Prognose gilt: Je ausgeprägter die Denk- und Gefühlsstörungen, desto schlechter sind im allgemeinen die Heilungsaussichten.
Nach der noch vorherrschenden Lehrmeinung beruht Schizophrenie auf erblicher Anlage. Dafür spricht auf den ersten Blick die Tatsache, daß die Wahrscheinlichkeit, an Schizophrenie zu erkranken, von normalerweise ein Prozent auf zehn bis 15 Prozent ansteigt, wenn ein Eltern- oder Geschwisterteil bereits darunter leidet, und sogar auf 50 Prozent, wenn beide Eltern krank sind. Allerdings darf man dabei nicht vergessen, daß die Kinder oder Geschwister schizophrener Familien ungünstigen (prädisponierenden) Einflüssen ausgesetzt sind, die bei der Entstehung einer Schizophrenie eine Rolle spielen, vielleicht sogar ungleich wichtiger als die Erbanlage sind. Vor allem in Amerika stellen viele Psychiater die lebensgeschichtliche Entwicklung und die Umweltbedingungen, unter denen ein Mensch aufwuchs und leben muß, sogar in den Vordergrund der Ursachen – und die höhere Zahl von Heilungen schizophrener Patienten in USA deutet darauf hin, daß diese andere Auffassung der Krankheit eher berechtigt ist.
Viele später an Schizophrenie erkrankte Menschen wiesen bereits lange vor dem Ausbruch der Störung bestimmte Wesenszüge auf (schizoid). Insbesondere

Kontaktarmut mit Neigung zur Selbstisolierung und scheinbar kalter, menschenverachtender Überheblichkeit kann oftmals lange Zeit vorher schon eine Schizophrenie ankündigen. Die „glatte Fassade" einer gutbürgerlichen, erfolgreichen Existenz wird von den Kranken solange wie möglich aufrechterhalten. Auf den Beobachter wirken sie häufig auch gefühlsarm oder gefühlskalt, weil sie zur willentlichen Beherrschung ihrer Gefühle neigen und nicht darüber sprechen können. Tatsächlich kann ein Schizophrener aber ein weit reicheres Gefühlsleben haben als ein ständig rührseliger Gesunder, dessen Gefühle an der Oberfläche bleiben.
Eine Beziehung zwischen Schizophrenie und Körperbau-(Konstitutions-)typ wies der Psychiater Kretschmer (1888 bis 1964) in seiner Lehre von den Konstitutionstypen nach. Obwohl der Körperbautyp allein natürlich nicht zur Ursache der Schizophrenie werden kann, neigen schlankwüchsige Astheniker doch auffallend häufiger darunter.
Nur der Fachmann kann im Einzelfall sicher klären, ob Angstzustände auf Schizophrenie zurückzuführen sind. Ihm muß auch stets die Therapie der bei manchen Schizophrenen massiven Ängste vorbehalten bleiben.

Manisch-depressives Irresein

Auch die manisch-depressive Krankheit (Zyklothymie) gehört zu den endogenen Psychosen. Im Gegensatz zur Schizophrenie verläuft sie aber gutartiger. Während der Schizophrene auf seine Umwelt oft gefühlskalt, schroff und abweisend wirkt und deshalb rasch abgelehnt wird, bleibt beim Zyklothymen ein Rest des Bezugs zur Realität noch erhalten, und er wird von der gesunden Umwelt viel eher angenommen. Der geisteskranke Schizophrene stößt seine Mitmenschen vor den Kopf (ohne böse Absicht), der gemütskranke Depressive dagegen weckt häufig wenigstens Mitleid, weil man sein starkes Bedürfnis nach menschlicher Zuwendung instinktiv spürt.
Die manisch-depressive Krankheit verläuft in Phasen (Zyklen) innerhalb eines sonst ungestörten seelischen Zustands. In der Regel heilen die einzelnen Phasen jeweils wieder völlig aus. Manchmal bleibt es bei nur einer Phase, nicht selten kommt es aber in unvorhersehbaren Abständen zu einer oder mehreren Wiederholungen. Selten beginnt die Krankheit vor dem dritten Lebensjahrzehnt, zuweilen auch erst im Alter. Menschen mit pyknischem (rundlichem) Körperbautyp werden häufiger von der Zyklothymie betroffen.
Die Krankheitsdauer ist individuell sehr verschieden und schwankt zwischen Wochen und mehreren Jahren. Durchschnittlich muß man von vier bis sechs Monaten ausgehen. Manche Patienten machen nur depressive, andere nur manische Phasen durch. Oft wechseln aber auch depressive und manische Zustände ab.
Kennzeichen der manischen Phase ist die grundlos heitere bis gereizte Grundstimmung. Sie äußert sich durch Antriebsüberschuß, allgemeinen Überschwang, sprunghaftes Denken und Handeln, Rededrang, maßlose Selbstüberschätzung bis hin zu spielerisch-wahnhaften Größenideen und Verschwendungssucht. Es scheint, daß der vorher depressiv Kranke vor der Schwermut und

Angst in einen anderen krankhaften Geistes- und Gemütszustand geflüchtet ist, um sich selbst vor der Verzweiflung und Hoffnungslosigkeit zu schützen. Die Umschaltung von einer depressiven auf die manische Phase kann innerhalb weniger Stunden erfolgen. Am Abend sinken solche Patienten vielleicht noch tief deprimiert in unruhigen Schlaf, morgens erwachen sie ohne erkennbare Ursache in gehobener Stimmung.

Ein ganz anderes Bild bietet der Patient dagegen in einer depressiven Phase. Charakteristisch ist seine unmotivierte, aus äußeren Umständen nicht zu erklärende, tieftraurige Grundstimmung (Schwermut, Melancholie). Sie wird oft durch Unruhe, Antriebsschwäche, stumpfe Gleichgültigkeit oder massive Angstzustände überdeckt. Die Lebenskraft und -freude liegt völlig darnieder, die Patienten sind meist stark gehemmt und hoffnungslos. Selbstvorwürfe und Schuldgefühle quälen sie, denn in der Depression sehen sie nur noch ihre Fehler und Schwächen, erinnern sich nur noch an all das, was in ihrem Leben schiefgelaufen ist. Diese Schuldgefühle können sich bis zum Wahn steigern, etwa der – logisch durch nichts zu begründenden – Überzeugung, am Tod eines Menschen, an einem Unglück oder ähnlichem Schuld zu tragen. Die Vorstellung unheilbarer Krankheiten kann darauf als Selbstbestrafung folgen, in schweren Fällen aber auch der Gedanke an Selbstmord. Besonders suizidgefährdet sind die Patienten beim Übergang von der depressiven in die manische Phase oder nach Verabreichung antidepressiver Arzneimittel, die zunächst die Lebenskräfte wecken, aber erst in einer zweiten Stufe die Stimmung deutlich aufhellen. Die wieder erwachte Energie richtet sich unter Umständen gegen das eigene Leben. In der tiefen Depression dagegen besteht nur ein geringes Selbstmordrisiko – die apathischen Kranken wären in der Regel überhaupt nicht fähig, den Antrieb und die innere Kraft zum Selbstmordversuch aufzubringen.

Neben diesen psychischen Symptomen der Depression treten meist noch körperliche Beschwerden auf. Insbesondere Schlafstörungen, Appetitmangel, Gewichtsverlust und Stuhlverstopfung sind häufige Folgen.

Die Aussichten der fachmännischen Behandlung manisch-depressiv Kranker sind ungleich günstiger als bei Schizophrenen. Akut Selbstmordgefährdete müssen meist für einige Zeit stationär zum eigenen Schutz behandelt werden. Neben der medikamentösen Linderung der Symptomatik kommt der ursächlichen Psychotherapie große Bedeutung zu, denn nur sie kann wirklich heilen.

Andere psychotische Ängste und Depressionen

Schizophrenie und Zyklothymie gehören zu den endogenen (von innen entstandenen) Störungen der seelischen Funktionen, die schicksalhaft in das Leben der Betroffenen einbrechen, ohne daß man die konkreten Ursachen zunächst nachweisen kann. Für exogene (von außen entstandene) Psychosen hingegen lassen sich meist die organischen Ursachen feststellen. Die „Geisteskrankheit" bildet dann ja nur – neben anderen Anzeichen der Krankheit im körperlichen Bereich – ein Symptom.

Exogene Psychosen werden vor allem durch Bewußtseinsstörungen gekennzeichnet, die das aktuelle Erleben der eigenen Persönlichkeit und der Umwelt

verändern. Die Merkfähigkeit wird ebenfalls gestört, Wahnvorstellungen können hinzutreten, Gefühle, Denkvermögen und Stimmungen erheblich verändert werden. Angstzustände und Depressionen gehören ebenso wie Zwangsphänomene im Einzelfall gleichfalls zum Erscheinungsbild der exogenen Psychose.
Häufig werden symptomatische Psychosen durch Erkrankungen am Herzen ausgelöst. Auch Durchblutungsstörungen (Arterienverkalkung) und andere Gefäßkrankheiten können von psychotischen Veränderungen begleitet werden. Oft treten psychotische Zustände im Gefolge der früher tödlichen perniziösen Blutarmut (Anämia perniciosa) auf, die aus einer Vitamin-B 12-Verwertungsstörung entsteht. Infektionspsychosen beobachtet man häufig nach Fleckfieber und Typhus, zuweilen auch während und nach Blutvergiftungen, Grippe, Lungenentzündung oder Scharlach. Diese Psychosen gehen besonders oft mit depressiven oder manischen Verstimmungen einher. Schließlich kennen wir noch Psychosen als Folge von Vergiftungen, vor allem nach Alkoholmißbrauch und Kohlendioxid-Vergiftungen.
Angst und Depressionen können aber auch im Gefolge von seelischen Krankheiten auftreten, die sich nicht eindeutig den Psychosen zuordnen lassen. Zu diesen Grenzfällen gehört die *Paranoia* (aus dem Griechischen, sinngemäß „Danebendenken", „Verrücktheit"). Sie kann als Sonderform der Schizophrenie oder bei Psychopathen auftreten, aber auch eine eigenständige Krankheit bilden, die nicht klar einzuordnen ist. Typisch ist das systematische Wahnsystem bei erhaltener Klarheit des übrigen Denkens, Handelns und Wollens. Nach den Inhalten der Wahnvorstellungen unterscheiden wir zum Beispiel Eifersuchts-, Größen- oder Verfolgungswahn. Auch der Querulantenwahn mit übersteigertem Rechtsempfinden, Streitsucht, ständigen juristischen Auseinandersetzungen und schließlich Verfolgungsideen, kann zum Symptombild der Paranoia gehören. Außerdem beobachtet man den Querulantenwahn bei Schizophrenie, manisch-depressiver Krankheit und Psychopathen.
Abnorme Entwicklung der Persönlichkeit zum Psychopathen führt recht oft unter anderem zu Angstzuständen und Depressionen. Ferner sind Haltlosigkeit, Geltungssucht, Gemütskälte, Egoismus, Streitsucht, Überempfindlichkeit und abnorme Erregbarkeit bis hin zur offenen, brutalen Aggressivität häufig. Die Intelligenz wird nicht beeinträchtigt. Eine Abgrenzung der Psychopathen gegen Neurotiker oder Psychotiker ist oft sehr schwierig. Psychopathen weichen in ihrem Verhalten von einer angenommenen Norm ab, ohne deshalb bereits als krank im eigentlichen Sinn gelten zu müssen. Diagnostisch kann von Bedeutung sein, daß sie als „Asoziale" die Gemeinschaft stören, in Lebensaufgaben versagen und unfähig zu tieferen zwischenmenschlichen Beziehungen zu sein scheinen. Psychotherapeutisch lassen sich Psychopathen nur schwer beeinflussen.
Im Laiensprachgebrauch wird die Bezeichnung „Psychopath" sehr oft abwertend im Sinn einer moralischen Verurteilung gebraucht. Leider sind auch die Fachleute von solchen vorschnellen, unberechtigten Werturteilen nicht ganz frei, die zum Teil aus der Tradition zu erklären sind, nicht zuletzt aber wohl auch auf der Tatsache beruhen, daß Psychopathen keine „angenehmen" Patienten

sind und auf die Behandlung meist so wenig ansprechen, daß sie dem Therapeuten ein Mißerfolgserlebnis bescheren.
Andere mögliche Zusammenhänge zwischen Psychosen oder ähnlichen seelischen Störungen und Angstzuständen oder Depressionen sind bekannt, wir wollen sie hier aber nicht mehr näher untersuchen. Das würde den Rahmen des Buchs sprengen, da ohnehin nur der Therapeut im Einzelfall eine sichere Diagnose stellen kann.

Selbstmord als Hilferuf

In der Statistik der Todesursachen nimmt der Selbstmord in der Bundesrepublik den neunten Rang ein. Jahr für Jahr sterben zwischen 12 000 und 15 000 Menschen von eigener Hand, alle 42 Minuten einer. Selbstmord fordert also ähnlich viele Opfer wie der Straßenverkehr.
Über die Zahl der mißlungenen Selbstmordversuche liegen keine genauen Angaben vor, weil viele Selbstmordversuche vertuscht werden und in der offiziellen Statistik nicht auftauchen. Die Fachleute schätzen, daß pro Jahr in der Bundesrepublik 90 000 bis 100 000 Selbstmordversuche verübt werden.
Der Zusammenhang zwischen der sprunghaft angestiegenen Zahl depressiver Erkrankungen und der innerhalb der letzten zehn Jahre um rund 100 Prozent gestiegenen Selbstmordrate ist offenkundig. Zahlen aus anderen Ländern legen aber auch die Vermutung nahe, daß der gesellschaftliche und ökonomische Wandel in den Industrienationen seit dem Zweiten Weltkrieg mit an der Zunahme der Selbstmordfälle beteiligt ist. In Schweden und in der Schweiz, beides hochindustrialisierte Staaten mit einem engmaschigen Netz sozialer Absicherung, steht der Tod durch Selbstmord nämlich sogar an sechster Stelle in der Statistik der Todesursachen.
Seit der Selbstmord so stark in den Vordergrund getreten ist, beschäftigen sich auch die Psychologen, Soziologen und Mediziner näher mit diesem sozialpsychologischen Problem. Inzwischen liegen zahlreiche Untersuchungen dazu vor, die allerdings zum Teil noch nicht schlüssig interpretiert werden können. Deshalb gibt es bisher auch erst Ansätze zur gezielten Selbstmordverhütung.
Insbesondere die erschreckend angestiegene Zahl der Selbstmorde Jugendlicher und sogar Kinder, die ihr Leben wegwerfen, noch ehe es richtig begonnen hat, erfordert rasche und wirksame Vorsorge. Mehr als 500 gelungene Suizidversuche von Kindern und (geschätzt) zwischen 5 000 und 15 000 mißlungene Versuche Minderjähriger signalisieren, daß mit unserer Gesellschaft etwas nicht stimmt, obwohl (oder gerade weil) sie den meisten Menschen mehr Wohlstand und materielle Sicherheit als je zuvor gebracht hat.

Selbstmordversuch als Krankheitszeichen

Ein seelisch einigermaßen gesunder Mensch begeht keinen Selbstmord. Die Natur stattete uns mit einer Art Selbsttötungshemmung aus, die auch in

schwierigsten Lebenslagen gewöhnlich nicht versagt. Deshalb liegt zum Beispiel die Zahl der Suizidversuche bei körperlich unheilbar Kranken, aber seelisch Gesunden weit niedriger, als man angesichts ihrer ausweglosen Situation eigentlich erwarten müßte. Viele inoperable Krebskranke, denen man rechtzeitig die Wahrheit sagte, erlebten gerade die letzten Monate ihres Lebens viel intensiver als die vielen Jahre zuvor, obwohl sie den unausweichlichen Tod unmittelbar vor Augen hatten.
Jeder Selbstmordversuch, unabhängig von den Motiven und gleichgültig, ob er gelang oder mißglückte, ist daher Symptom einer seelischen Krankheit. Zugleich bedeutet er aber auch eine Anklage gegen die Umwelt des Kranken. Niemand überwindet die natürliche Selbsttötungs-Hemmschwelle, ohne vorher mehr oder minder deutlich „Hilferufe" anderer Art ausgesandt zu haben. Erst wenn sie nicht ankommen oder – was noch schlimmer sein kann – nicht ernstgenommen werden, entschließt er sich zum Selbstmord als letztem, verzweifeltem und zugleich stärkstem Hilferuf.
Charakteristisch für viele Selbstmordversuche, die aus dieser Motivation begangen wurden, ist die Tatsache, daß seit geraumer Zeit immer häufiger Schlaftabletten und ähnliche Arzneimittel dazu verwendet werden. Wie kaum ein anderes Instrument zur Selbsttötung lassen Tabletten den Ausgang offen. Die Dosis kann zu schwach sein, was auch vom körperlichen Zustand abhängt, den der Laie gewöhnlich nicht beurteilen kann. Und der Tod tritt nicht sofort ein, es bleibt also immer noch die Chance, rechtzeitig gerettet zu werden.
Beim ernsthaften Selbstmordversuch laufen solche Überlegungen natürlich unbewußt ab. Sie veranschaulichen die Situation eines Menschen, der nicht nur an sich selbst leidet, sondern auch – oder vor allem – unter einer gleichgültigen Umwelt, die weder seine zaghaften „Hilferufe" noch massive Selbstmordankündigungen gehört oder ernstgenommen hat. Erst der Suizidversuch selbst kann sie schließlich doch noch aus ihrer Oberflächlichkeit reißen.
Wenn der Versuch gelingt, dann bietet die Tablette wenigstens die Möglichkeit, einfach ohne Leid und Schmerz sanft einzuschlafen. Und mancher Selbstmörder wird kurz vor dem Verlust des Bewußtseins noch einen gewissen Trost in der Vorstellung finden, daß seine Mitwelt, die sich um den Lebenden nie kümmerte, wenigstens dem Toten für kurze Zeit nachtrauert und ihn nachträglich ernstnimmt, vielleicht sogar durch seinen Tod für ihre Gefühlskälte bestraft wird.
Unter den seelischen Störungen, die zum Selbstmordversuch veranlassen, stehen Depressionen naturgemäß an erster Stelle. Depressive Menschen müssen grundsätzlich immer als suizidgefährdet angesehen werden, gleichgültig ob sie darüber sprechen oder nicht. Jeder Sechste, der unter einer behandlungsbedürftigen Depression leidet, stirbt durch Selbstmord. Kaum gefährdet sind die Patienten in der tiefen depressiven Phase. Zwar quälen sie Schuldgefühle, Schwermut und Hoffnungslosigkeit in diesem Stadium besonders stark, aber zum Selbstmord bedarf es auch eines Antriebs und eines Entschlusses. In der tiefen Depression sind Antrieb und Entschlußfähigkeit aber viel zu stark eingeschränkt, als daß sich der Patient zum Selbstmordversuch aufraffen könnte.
Die größte Gefahr besteht dann, wenn die Depression langsam weicht, aber

noch lange nicht überwunden ist. Angstzustände, Schuldgefühle und Wahnideen können noch andauern, während die seelischen Energien allmählich schon zurückkehren. Nicht selten richtet sich die wieder erwachte Lebenskraft jetzt gegen das eigene Leben, das immer noch hoffnungslos erscheint.

Besonders gefährdet sind depressive Kranke, die durch antidepressive Arzneimittel (Psychopharmaka) behandelt werden. Diese Medikamente wirken nämlich in zwei Stufen: Zuerst regen sie Antrieb, Entschlußfähigkeit und Willen an, aber erst auf der zweiten Stufe wird dann auch die hoffnungslos-ängstliche Grundstimmung aufgehellt. In der Zeit, die zwischen diesen beiden Wirkungsphasen liegt, besteht akute Selbstmordgefahr. Der Patient benötigt deshalb gerade in dieser Übergangszeit besondere Zuwendung seiner Angehörigen, die ihn möglichst unauffällig überwachen sollten. Geduldiger Zuspruch und vorbehaltlose gefühlsmäßige Annahme des Kranken könnten manchen Selbstmordversuch verhindern. Wer sich gefühlsmäßig noch mit anderen Menschen verbunden fühlt und spürt, daß diese ihn nicht ablehnen oder nach ihren Vorstellungen verändern wollen, wird sehr oft mit seinen Suizidgedanken fertig. Nur der Therapeut kann allerdings beurteilen, ob die Selbstmordgefahr eine stationäre Behandlung erforderlich macht.

Ein geeignetes Mittel zum Suizidversuch halten die ambulant durch Arzneimittel behandelten depressiv Kranken bereits in der Hand. Die Untersuchungen der Selbstmordforscher ergaben unter anderem, daß viele dazu das antidepressiv wirkende Medikament einnehmen. Die meisten dieser chemischen Antidepressiva wirken in Überdosis tödlich – neben dem Risiko der suchtartigen Abhängigkeit wohl ihre größte Gefahr.

Ursachen eines Suizidversuchs sind außer Depressionen Abhängigkeit von Arzneimitteln, Alkohol und Drogen, ungelöste schwerwiegende Konflikte des Alltags, manchmal auch Kurzschlußreaktionen auf bestimmte, unerträgliche Lebenserfahrungen.

Schließlich kennen wir den „Bilanz-Selbstmord“, der scheinbar aus vernünftiger Überlegung begangen wird. Die Betroffenen ziehen dabei eine Bilanz ihres bisherigen Lebens oder ihrer zukünftigen Lebenserwartungen und gelangen zu dem Schluß, daß sie versagt haben, ihre Vorstellungen und Lebensziele nicht erreichten, für die Zukunft keine Hoffnung mehr besteht, daran etwas zu ändern. Aus dieser deprimierenden Bilanz ergibt sich für sie nur eine Lösung – der Freitod, der ihr vermeintlich nutzloses Leben beendet und die Umwelt von ihrer Existenz befreit. Den Bilanz-Selbstmord erleben wir auch in scheinbar ausweglosen Situationen, zum Beispiel während des Dritten Reichs in den Konzentrationslagern der Nazis.

Naturgemäß werden solche negativen Bilanzen vor allem in der Lebensmitte aufgestellt. Der Jugendliche kann im allgemeinen mangels Erfahrungen und Enttäuschungen noch keine derartige Bilanz ziehen, obwohl die unsichere Zukunft heute durchaus manchen dazu veranlassen wird, und der alte Mensch hat es in der Regel nicht mehr nötig, sich selbst umzubringen, weil die Natur seinem Leben ohnehin bald ein Ende setzen wird.

So logisch die Motive für einen Bilanz-Selbstmord auch erscheinen mögen, in den meisten Fällen deuten sie doch auf eine ernste seelische Störung hin. Fast

alle Menschen erleben zwischendurch einmal eine oder mehrere Phasen, in denen ihnen das ganze Leben sinnlos erscheint. Kaum einer erreicht alles im Leben, was er als Kind oder Jugendlicher erhoffte, und keinem bleiben Enttäuschungen, Versagen und persönliche Schuld gleich welcher Art erspart. Aber nur wenige entscheiden sich angesichts dieser Bilanz für Selbstmord. Auch in den KZs der Nazis war die Bilanz für alle Gefangenen gleich negativ, aber bei weitem nicht alle schieden deshalb auch aus dem Leben. Zur negativen Bilanz müssen krankhafte seelische Störungen hinzukommen, ehe man den Freitod wählt, der in Wirklichkeit also keineswegs auf einer freien Entscheidung beruht.
Obwohl die Selbstmordforschung zu ganz anderen Ergebnissen gelangte, halten viele Menschen immer noch an zwei Vorurteilen fest:

- Wer von Selbstmord spricht, der versucht es nie ernsthaft.
- Einem mißglückten Selbstmordversuch folgt nie ein zweiter.

Diese beiden falschen Ansichten kosteten schon vielen Selbstmordgefährdeten das Leben. Tatsächlich sprechen nur seelisch Kranke von Selbstmord, die Hilfe brauchen und mehr oder minder gefährdet sind. Das gilt auch dann, wenn sie den Selbstmordgedanken nie in die Tat umzusetzen versuchen. Werden die Selbstmordankündigungen von der Umwelt auf die leichte Schulter genommen, dann kann der Moment kommen, an dem sich der Kranke entscheiden muß: Entweder er verzichtet darauf und erhält dann nicht die vermehrte Zuwendung, die er durch seine Suizidankündigung in krankhafter Weise erzwingen wollte, oder er unternimmt tatsächlich mit dem Selbstmord seinen letzten, verzweifelten Versuch, die Umwelt auf seine Probleme aufmerksam zu machen. Deshalb muß jeder, der von Selbstmord offen oder in Andeutungen redet, sehr ernst genommen werden. Er braucht Verständnis, Zuwendung und unauffällige Kontrolle, vor allem aber fachmännische Hilfe, um mit seinen Konflikten auf andere Art fertig zu werden.
Ein mißlungener Selbstmordversuch schützt nicht vor Wiederholungen; eher das Gegenteil ist richtig. Wer die Selbsttötungshemmung bereits einmal überwunden hat und dabei „positive Erfahrungen" sammelte – zum Beispiel sanft und schmerzlos einschlief –, kann sich meist viel leichter wieder dazu entschließen. Sofort wird ein mißglückter Selbstmordversuch allerdings kaum wiederholt. Meist bekommt der Patient ja anschließend für einige Zeit Zuwendung und Hilfe. Läßt diese aber nach, ohne daß seine Konflikte gelöst wurden, bleibt ihm oft nur die erneute Flucht in den Suizid. Entscheidend für die Prognose nach einem mißglückten Selbstmordversuch ist deshalb, ob es während der Zeit erhöhter Zuwendung durch die Umwelt gelingt, die Schwierigkeiten des Patienten zu lösen und die ungünstigen Lebensumstände zu verändern, die ihn zum Selbstmord veranlaßten. Unter dieser Voraussetzung kann der Versuch die entscheidende Wende zu mehr seelischer Gesundheit und Stabilität einleiten. Andernfalls nimmt die Gefährdung bald wieder zu. Aus diesem Grund ist es grundverkehrt, einen Suizidversuch vor dem Arzt vertuschen zu wollen. Dadurch verhindern die Angehörigen aus falscher Scham, daß dem Patienten fachmännisch geholfen werden kann.
Jeder ernstgemeinte Suizidversuch bedeutet also den dramatischen Höhepunkt einer seelischen Krise, die oft jahre- bis jahrzehntelang andauerte. Wie jede

Krise kann auch der Selbstmord nützlich sein und Konflikte lösen, die vorher das Leben überschatteten. Die Nähe des Todes bewirkt als Grenzerfahrung der Existenz, daß manche Probleme plötzlich im rechten Licht betrachtet werden können und dabei viel an Bedeutung einbüßen. Außerdem entlädt der Suizidversuch unerträglich gewordene Spannungen. Anschließend kann der Therapeut dann zusammen mit dem aufgeschlosseneren Patienten besser als vorher darangehen, die Konflikte vollends zu verarbeiten. Ein Selbstmordversuch kann also zur positiven Wende eines Lebens werden und sehr heilsam sein, wenn er richtig bewältigt wird.

Natürlich darf das nicht bedeuten, daß man bis zum Selbstmordversuch wartet, um dem Kranken eine neue Chance zu geben. Selbstmordgefährdung kann man oft frühzeitig erkennen und durch psychotherapeutische Betreuung verhindern, daß sich die Krise soweit zuspitzt. Zwar gibt es keine absolute Sicherheit, mit der man Selbstmordneigung erkennen oder ausschließen könnte, aber doch manche Alarmzeichen. Auf folgende Warnzeichen sollte die Umwelt des Patienten achten:

- Allgemeine körperliche und nervliche Erschöpfung mit dem Gefühl, nicht mehr gesund zu sein, ohne daß sich nennenswerte organische Befunde erheben lassen.
- Unbestimmte körperliche Beschwerden ohne organischen Befund, zum Beispiel Kopfschmerz, Schwindel, Benommenheit, Kurzatmigkeit, abnormer Harndrang und trockene Mundschleimhaut.
- Störungen speziell der Funktionen der Verdauungsorgane, insbesondere Neigung zu Blähungen und Stuhlverstopfung im Wechsel mit Durchfall; häufig zusätzlich Veränderungen des Körpergewichts und Eßverhaltens, und zwar sowohl krankhaftes Vielessen mit starker Gewichtszunahme als auch Appetitmangel mit Abmagerung.
- Veränderte Schlafgewohnheiten, vor allem Erwachen am frühen Morgen lange vor der üblichen Zeit mit bleierner Müdigkeit.
- Träume von Unfällen und Katastrophen, häufig der Sturz in einen Abgrund.
- Verändertes Verhalten bei der Arbeit, in der Freizeit, innerhalb der Familie oder bei sozialen Kontakten mit anderen. Besonders bei auffälliger Ruhe und Selbstbeherrschung auch in Situationen, in denen der Betroffene früher aus der Haut zu fahren pflegte, muß an Suizidgefährdung gedacht werden.
- Scheinbar sachlich-unbeteiligte Gespräche über die verschiedenen Möglichkeiten des Selbstmords.
- Gegenüber anderen geäußerte schwere Schuld- und Versagensgefühle oder erhöhte Angst vor unheilbaren Krankheiten; ebenso Angstzustände anderer Art und depressive Verstimmungen, die oft durch Unruhe und Erregung überdeckt werden.
- Kontaktarmut bis hin zur völligen Vereinsamung, oft verbunden mit Alkohol-, Tabletten- oder Drogenmißbrauch. Dabei muß man auch berücksichtigen, daß man nicht nur allein in der Wohnung einsam sein kann, sondern auch mitten unter Menschen.

- Plötzlich verändertes Sexualverhalten, insbesondere die kritiklose Auswahl von Geschlechtspartnern im häufigen Wechsel, oft verbunden mit Alkoholmißbrauch.
- Aktuelle, unerträglich erscheinende Probleme, zum Beispiel „Liebeskummer", Pensionierung oder Arbeitslosigkeit. Hier gilt oft die Regel, daß die Zeit darüber hinweghilft, wenn die akute Phase überwunden wurde. Allerdings können auch dauernde Schwierigkeiten (ständige Arbeitslosigkeit, drückende, finanzielle Lasten usw.) zum Selbstmord führen.

Besonders gefährdet sind Unverheiratete oder Geschiedene (heute vor allem Frauen), die wegen unklarer Beschwerden häufiger zum Arzt gehen. Auch biologische Krisenzeiten (Pubertät, Schwangerschaft, Wochenbett, Wechseljahre) können zusammen mit Warnzeichen der oben genannten Art auf Suizidgefährdung hinweisen.

Natürlich bedeutet keines der aufgeführten Alarmsignale für sich allein schon Selbstmordrisiko. Erst wenn mehrere zusammen auftreten, vielleicht noch eine erkennbare Depression hinzukommt, muß man an die Möglichkeit des Suizidversuchs denken. In solchen Fällen genügt es natürlich nicht, vorsorglich die Tabletten wegzuschließen – damit beruhigt man nur das eigene Gewissen. Ein zum Selbstmord entschlossener Mensch wird – sofern er sich nicht unter fachmännischer Aufsicht befindet – immer Mittel und Wege finden, um sich umzubringen. Wichtig ist für ihn die aufrichtige, verständnisvolle Zuwendung und unauffällige Kontrolle durch die Angehörigen sowie baldige psychotherapeutische Untersuchung und Behandlung. Unter Umständen läßt sich bei akuter Selbstmordgefahr auch die Einweisung in die psychiatrische Abteilung einer Klinik für einige Zeit zum Selbstschutz nicht vermeiden. Die Angehörigen sollten sich dagegen nicht aus falscher Scham sperren, wie man es heute leider immer noch – und nicht einmal selten – erleben muß.

In den angelsächsischen Ländern – seit kurzer Zeit aber auch in einigen bundesdeutschen Großstädten – gibt es bereits Suicide Preventive Centers. Sozialfürsorger, Psychotherapeuten, Juristen und Theologen arbeiten hier zusammen, um Selbstmorde zu verhüten. Der Lebensmüde, dem niemand zuhört, der vereinsamt und isoliert keinen Ausweg mehr sieht, kann sich per Telefon oder auch persönlich an die Mitarbeiter dieser Zentren wenden und sicher sein, daß man ihn ernst nimmt und ihm zu helfen versucht. Wo es noch keine derartigen Anlaufstellen speziell für Selbstmordgefährdete gibt, leistet die überall vertretene Telefonseelsorge wertvolle vorbeugende Arbeit.

„Erpressung" durch Selbstmord

Als Hilferuf entsteht ein Selbstmordversuch aus dem Gefühl tiefer Verzweiflung, Hoffnungslosigkeit oder Angst. Die Betroffenen sind sich nicht bewußt, daß ihr Selbstmord der letzte, stärkste Hilferuf ist. In diesem Augenblick, da sie die Tabletten einnehmen oder ein anderes Mittel zur Selbstzerstörung anwenden, ist es ihnen bitter ernst mit ihrem Versuch, auch wenn sie unbewußt meist hoffen werden, daß man sie aus ihrer unerträglich scheinenden Situation befreit.

Der Suizidversuch oder seine Ankündigung kann aber auch als „Waffe" bewußt zur Erpressung der Umwelt eingesetzt werden. Zwar muß ein Mensch, der sich dazu entschließt, seelisch auch krank sein und bedarf tatsächlich der fachmännischen Hilfe, aber seine Selbstmordandrohungen oder -versuche richten sich nicht wirklich ernsthaft gegen das eigene Leben. Gefährdet sind solche Patienten trotzdem, denn ungewollt kann der Versuch auch gelingen.

Es ist unmöglich, auf den ersten Blick zu erkennen, ob Suizidgedanken aus Verzweiflung oder als Erpressung ausgesprochen werden. Eine Beurteilung kann nur der Fachmann im Verlauf der diagnostischen Gespräche abgeben. Für die Angehörigen muß jeder Selbstmordgedanke oder -versuch als ernsthaft gelten.

Im Grunde ist es ja auch gleichgültig, welche Motive dahinter stehen. Wenn ein seelisch gestörter Mensch von Selbstmord redet, spielt es keine Rolle, ob er wirklich keinen anderen Ausweg mehr sieht oder damit Vorteile von seinen Mitmenschen erpressen will, die er auf andere Weise nicht erhalten kann. Die Behandlung allerdings richtet sich meist danach, wie ernst die Suizidgedanken zu beurteilen sind. Falsch wäre es, auf die nicht ernstzunehmende Selbstmorddrohung mit Abweisung, Vorwürfen oder Gleichgültigkeit zu reagieren, wie die Umwelt es leider oft tut. Dadurch treibt man den Betroffenen tiefer in seine seelischen Konflikte hinein – vielleicht so tief, daß es ihm schließlich doch ernst mit dem Selbstmord wird.

Umgekehrt darf die Umwelt die Erpressung aber nicht kritiklos erfüllen, sonst kommt es unter Umständen soweit, daß der Patient zukünftig beim geringsten Widerstand gegen seine Ansprüche sofort einen Selbstmordversuch androht und dadurch – zum Nachteil der anderen wie zu seinem eigenen Schaden – die Mitmenschen tyrannisiert. Nicht auf die Erfüllung seiner Forderungen kommt es an, die in den meisten Fällen nur andere, ernste seelische Probleme verschleiern. Wie beim ernsthaften Suizidgedanken ist es vielmehr wichtig, den Betroffenen trotz seines Verhaltens anzunehmen, ihm soziale Geborgenheit, vorurteilsfreie Zuwendung und gefühlsmäßige Sicherheit zu vermitteln. Dann kann er – bei Bedarf mit Hilfe des Psychotherapeuten – seine seelischen Konflikte und Schwierigkeiten auf andere Weise lösen.

Ein Beispiel soll veranschaulichen, wie Selbstmorddrohungen als Waffe eingesetzt werden können.

> Fall 9
>
> Die Patientin, ein junges Mädchen aus wohlhabendem Haus, war von den Eltern wegen Lernschwierigkeiten in ein Internat gesteckt worden. Ihr Vater, Direktor eines großen Betriebs, verlangte von ihr, daß sie wenigstens die Mittel-(Real-)schule erfolgreich beendete, um dann als Angestellte in seine Firma einzutreten. Sie selbst wollte schon nach der Hauptschule aufhören, um sich kunsthandwerklich ausbilden zu lassen. Da sie damit auf taube Ohren stieß, verweigerte sie einfach die geforderte Leistung. Vom Vater zum Internatsaufenthalt gezwungen, von der Mutter zwar (soweit wie möglich) in Schutz genommen und insgeheim unterstützt, aber doch nicht wirklich verstanden und aufrichtig angenommen,

riß sie immer wieder aus dem Internat aus. Sie kam jedesmal nach Hause, wo die Mutter sie häufig über Nacht vor dem Vater „versteckte" und am nächsten Morgen mit dem Wagen ins Internat zurückfuhr. Dauernd gelang es natürlich nicht, die Zwischenfälle vor dem strengen Vater zu verbergen. Wenn er es herausbekam, drohte er jedesmal damit, seine Tochter hinauszuwerfen oder in die Erziehungsanstalt zu stecken.
Im Lauf der Zeit spitzte sich der Konflikt immer mehr zu, und die Mutter kam deshalb ratsuchend in die Praxis. Dem ersten Gespräch folgte zunächst keine weitere Konsultation mehr, weil der Vater sie verbot.
Wochen später erschien die Frau wieder völlig aufgelöst in der Praxis. Ihre Tochter war zwei Tage vorher aus dem Internat gewiesen worden. Die Lehrer ließen sich weder das aufsässige, betont desinteressierte Verhalten noch das häufige Fehlen des Mädchens länger bieten. Als der Vater davon erfuhr, machte er in kaltem, unerbittlichem Zorn seine Drohung wirklich wahr und warf seine Tochter aus dem Haus, obwohl er für die Minderjährige die Verantwortung trug. Allerdings ging sie nicht aus dem Haus, sondern schloß sich in ihrem Zimmer ein, nachdem sie vorher einen Selbstmordversuch angekündigt hatte. Die Nacht verging ohne Zwischenfälle. Der Vater erlaubte nicht, einen Arzt zu rufen oder sich in anderer Weise um das Mädchen zu kümmern. Erst nachdem er zur Arbeit aus dem Haus gegangen war, wagte sich die Mutter in die Praxis, weil ihre Tochter keine Antwort mehr gab.
Der sofortige Hausbesuch führte schließlich dazu, daß das Mädchen die Tür öffnete. Sie warf sich aber sofort wieder aufs Bett und behauptete, ein ganzes Röhrchen Schlaftabletten eingenommen zu haben. Allerdings konnte sie weder das leere Tablettenröhrchen vorweisen noch den Namen des Gifts angeben. Ihr Allgemeinzustand ergab keinerlei Anhaltspunkte dafür, daß sie tatsächlich Tabletten eingenommen hatte. Zwar versuchte sie, eine Vergiftung vorzutäuschen, aber die Absicht war leicht zu durchschauen.
Leider konnte die Patientin nur kurze Zeit psychotherapeutisch betreut werden. Ihr Vater untersagte die Behandlung, sobald er davon erfuhr. Über das weitere Schicksal des jungen Mädchens ist nichts bekannt.

Dieses Beispiel veranschaulicht, wie ein Mensch dazu kommt, aus seelischer Not seine Umwelt durch Selbstmordandrohung zu erpressen. Auch wenn es ihm mit der Selbsttötung nicht ernst ist, zeigt sich darin doch ein Grad seelischer Störung, der in der Regel fachmännische Hilfe erforderlich macht.

Soziales Umfeld und Suizidgefährdung

Ob jemand Selbstmord begeht, wenn er keinen Ausweg mehr sieht, oder versucht, seine Konflikte auf andere Weise zu lösen, hängt nach neusten sozialpsychologischen Untersuchungen des Diplom-Soziologen Dr. Rainer Welz vom Zentralinstitut für seelische Gesundheit in Mannheim auch davon ab, wo er wohnt, wie alt er ist und welchem Geschlecht er angehört. Die meisten

Suizidversuche werden von 16- bis 35jährigen Menschen begangen. Frauen sind auf den ersten Blick ungleich mehr als Männer gefährdet. Dreimal häufiger versuchen sie, ihr Leben selbst zu beenden. Statistisch kommt aber auf drei gelungene Selbstmorde „nur“ ein gelungener Suizidversuch einer Frau. Es scheint also, daß Männer „zielstrebiger“ und konsequenter als Frauen ihr eigenes Leben vernichten, sich aber nicht so rasch dazu entschließen.
Wer in Hamburg oder Berlin lebt, ist überdurchschnittlich suizidgefährdet. Dort kommen auf 100000 Einwohner nämlich 37,2 und 38 Selbstmorde. Im Bundesdurchschnitt betrug die Zahl im Jahre 1976 21,6 Selbstmorde auf 100000 Einwohner. Innerhalb dieser Norm liegt Bayern mit 21,0 Selbstmorden, Nordrhein-Westfalen steht mit 17,6 am unteren Ende der Statistik, Schleswig-Holstein mit 27,4 Suiziden je 100000 Einwohner an der Spitze.
Die Langzeitstudie von Dr. Welz ergab aber sogar innerhalb einer Stadt deutliche Suizid-Schwerpunkte. In Mannheim ereigneten sich von 1966 bis 1975 insgesamt 3476 bekanntgewordene Selbstmorde und Selbstmordversuche. Die Zunahme betrug innerhalb der zehnjährigen Beobachtungszeit rund 100 Prozent. Gut 60 Prozent der Selbstmörder waren jünger als 35 Jahre. Besonders gefährdet erscheinen nach der Statistik junge Menschen in den Jahren nach der Schulentlassung. Vor dem 15. Lebensjahr unternehmen etwa doppelt so viele Mädchen als Knaben einen Suizidversuch.
Gehäuft wurden Selbstmorde nach der Welz-Studie in 71 Straßen der Stadt Mannheim registriert. Soziologisch betrachtet handelte es sich dabei um Mittelschichtwohngebiete mit überdurchschnittlich hohem Anteil an Ein-Personen-Haushalten (geschiedene Menschen, alleinstehende Frauen, Alte) und Unterschichtwohngebiete mit überalterten Mietshäusern, in denen überdurchschnittlich viele Arbeiter wohnten. In sechs der 71 „auffälligen“ Straßen, die 0,42 Prozent der Mannheimer Gesamtbevölkerung beherbergten, wurden 2,48 Prozent aller Suizidversuche begangen, also rund das Sechsfache der Norm. In einer der Straßen machte in den zehn Jahren der Beobachtungszeit sogar jeder 14. Bewohner einen Selbstmordversuch, das entspricht hochgerechnet 68,1 Versuchen auf 100000 Einwohner. Unterdurchschnittliche Selbstmordzahlen werden dagegen in Straßen mit vielen Eigentumswohnungen, Einfamilienhäusern, vorwiegend verheirateten Paaren und intakten Familien registriert.
Es ist heute noch nicht möglich, diese Untersuchungsdaten schlüssig zu erklären. Immerhin scheint festzustehen, daß der begrenzte Lebensraum in Altbau-Mietwohnungen ebenso wie die Vereinsamung mit zum Suizid beiträgt und die „Nachahmungsgefahr“ in Straßen, wo vorher schon andere Menschen einen Selbstmordversuch verübten, nicht unterschätzt werden darf. Welche praktischen Konsequenzen sich daraus ergeben, kann noch nicht ganz abgeschätzt werden. Wahrscheinlich wird man zukünftig in der Psychiatrie mehr als bisher nach sozialpsychologischen „Selbstmord-Ansteckungsgefahren“ in der Umwelt des Patienten fragen und diese für die Beurteilung der Gefährdung im Einzelfall, wie bei der Therapie berücksichtigen müssen. Die Angehörigen sollten bedenken, daß sich die Suizidgefahr erhöht, wenn vorher schon in der Familie oder näheren Umgebung Selbstmordversuche vorkamen, und den depressiven oder in anderer Form seelisch gestörten Kranken besonders sorgfältig beobachten.

Hilfen gegen Angst und Depressionen

Zeitweilige Angstzustände und depressive Verstimmungen gehören zum Leben eines jeden Menschen. Sie treten krisenhaft auf und sind grundsätzlich sinnvoll, weil die Persönlichkeit daran reift. Im allgemeinen werden sie im Lauf der Zeit verarbeitet, wenn man nicht den Fehler begeht, sie zu verdrängen oder nur medikamentös zu unterdrücken.

Ob die Betroffenen mit den seelischen Konflikten aus eigener Kraft fertig werden oder dazu psychotherapeutische Hilfe benötigen, kann pauschal nicht beantwortet werden. Das hängt von der Schwere der Krise und der Persönlichkeit ab. Endogene manisch-depressive Zustände und schwerere neurotische Zustände erfordern grundsätzlich immer ambulante, manchmal auch stationäre Behandlung. Mit anderen Depressionen und Ängsten kann man unter Umständen auch allein fertig werden. In erster Linie richtet sich das nach der Persönlichkeit. Der seelisch robustere Mensch wird solche Krisen leichter überwinden als der labile, empfindsame, im Lauf des Lebens vielleicht schon häufiger enttäuschte Charakter.

Aber auch wenn sich psychotherapeutische Betreuung oder medikamentöse Behandlung als unerläßlich notwendig erweisen, enthebt das den Patienten nie der Aufgabe, im Rahmen seiner verbliebenen Möglichkeiten selbst an der Bewältigung seiner Krise mitzuarbeiten.

In diesem Kapitel stellen wir vor allem Hilfen zur Selbsthilfe und unterstützenden Behandlung neben der Psychotherapie des Fachmanns vor. Außerdem lernt der Leser die gebräuchlichen psychotherapeutischen Heilverfahren gegen Angstzustände und Depressionen kennen und erfährt, wie er sein Leben gestalten kann, um unnötige Ängste und Depressionen zu vermeiden.

Allgemeine Ratschläge zur Lebensbewältigung

Manche Menschen machen sich das Leben unnötig schwer. Sie malen sich ständig aus, wie schwarz ihre Zukunft aussehen wird, hadern endlos mit ihrem Schicksal, wenn etwas nicht nach ihren Vorstellungen gelungen ist, stecken vielleicht auch ihre eigenen Ansprüche und Bedürfnisse ständig zurück und

führen insgesamt ein unbefriedigendes Leben. Auf dieser Grundlage können Ängste und Depressionen mit Krankheitswert natürlich besonders leicht entstehen. Ehe es soweit kommt, sollte man sich bemühen, positivere Einstellungen zum Leben und zur eigenen Persönlichkeit zu erarbeiten. Dazu leitet dieses Kapitel hauptsächlich an.
Da die Neigung zum Pessimismus, zur Überängstlichkeit und zu negativen Erwartungen oft durch die Erziehung geschaffen oder zumindest begünstigt wird, erfahren Eltern hier, wie sie ihren Kindern durch angstfreie Erziehung Lebensmut geben und Lebensfreude vorleben können.
Sicher lassen sich durch diese Ratschläge allein nicht alle Depressionen und Ängste lebenslang vermeiden. Wer aber sein Leben daran orientiert, wird mit den Höhen und Tiefen des Alltags besser und schneller fertig und kann sich selbst nach einer endogenen Depression wieder leichter ins „normale" Leben zurückfinden.

Angstfreie Erziehung als Grundlage für Lebensfreude und Lebensmut

Kein Auszubildender wird in einem Büro oder in einer Werkhalle selbständig an einer Maschine (und sei sie noch so einfach) arbeiten dürfen, ehe man ihm die Bedienung nicht wenigstens einmal erklärt hat. Ähnliches gilt auch für andere berufliche Aufgaben – aus gutem Grund, wie jeder einsieht. Zur Kindererziehung dagegen genügt allein die Tatsache der Zeugung als hinreichende Qualifikation, obwohl (oder gerade weil?) hier immaterielle, aber weit gewichtigere Werte auf dem Spiel stehen.
Diese absichtlich überspitzte Feststellung enthält einen wahren Kern. Natürlich kann man Erziehung nicht mit der Bedienung einer Maschine vergleichen. Aber für Maschinen werden Betriebsanleitungen mitgeliefert, bei der Erziehung ihrer Kinder dagegen verlassen sich viele Eltern auf den „natürlichen Instinkt". Die steigende Zahl seelisch Kranker zeigt, wie wenig man ihm heute noch vertrauen kann. Zwar treten wohl alle jungen Eltern mit dem Anspruch an, die Fehler ihrer eigenen Erziehung nicht zu wiederholen – aber wie oft ähneln ihre Erziehungsmethoden dann doch dem Vorbild, das ihnen in ihrer Kindheit vorgelebt wurde, oder – was mindestens ebenso schlimm ist – folgen der „Mode" ohne klare Erziehungsinhalte und Ziele.
Im Gegensatz zum Bedienungsfehler an einer toten Maschine kann die Liebe zwischen Eltern und Kind manchen Erziehungsfehler wieder ausgleichen, und auch die Selbstbehauptungskraft des Kindes verhütet oft die schlimmsten Folgen. Trotzdem stößt man bei der Lebenslaufanalyse seelisch Kranker immer wieder auf ungünstige Erziehungseinflüsse, die das ganze spätere Leben negativ beeinflußten. Zwar informieren sich die Eltern heute zunehmend durch einschlägige Literatur oder besuchen sogar eine „Elternschule", die vielerorts schon von Fachleuten abgehalten wird. Aber ein noch so gutes theoretisches Wissen bietet doch keine Gewähr dafür, daß das Erlernte dann auch wirklich in die Praxis umgesetzt wird. Oft stehen die eigenen Erfahrungen und Vorurteile, die tief im Unbewußten der Eltern verwurzelt sind, dem entgegen.

Es ist nicht einfach, die Grundziele jeder Erziehungsarbeit zu formulieren. Hauptaufgabe jeder Erziehung sollte es sein, die Persönlichkeit des heranwachsenden Menschen in ihrer Eigenständigkeit und Originalität zu entfalten, ihn aber gleichzeitig zum Leben in der Gemeinschaft zu befähigen. Das bedeutet einen Widerspruch in sich, denn Gesellschaft fordert immer Anpassung, also Verzicht auf Teile der Individualität. Andererseits kann der Mensch nur in einer sozialen Gemeinschaft leben und überleben. Das rechtfertigt einen gewissen erzieherischen Anpassungsdruck. Anders ausgedrückt: Der Heranwachsende muß lernen, mit der Mitwelt zu leben, ohne dabei unerträgliche, unzumutbare Abstriche an seiner eigenen Persönlichkeit vornehmen zu müssen.
Es kann nicht Aufgabe dieses Buches sein, alle Erziehungsinhalte aufzuführen und alle möglichen Fehlerquellen aufzudecken. Wir werden die Erziehung vorwiegend unter dem Aspekt der Angst und Depression betrachten.
Den ersten Jahren im Leben eines Menschen kommt zentrale Bedeutung für seine weitere Entwicklung zu. Schwerwiegende Fehler in dieser Zeit der primären Sozialisation wirken jahre- bis jahrzehntelang nach, werden oft nie mehr überwunden. Im Rahmen der frühkindlichen Erziehung lernt das Kind nämlich nicht nur durch ein System von Geboten und Verboten, Belohnungen und Strafen, was es tun soll und unterlassen muß, um den Erwartungen seiner Mitwelt gerecht zu werden und gesellschaftliche Regeln und Normen zu befolgen. Es ahmt auch die Menschen seiner näheren Umgebung (die „signifikant anderen") nach, verhält sich also ähnlich wie die Eltern und Geschwister – oder gerade umgekehrt. Durch dieses Nachahmen und Nachvollziehen entfaltet es seine eigene Welt, erlernt in diesem Rahmen spielerisch seine Möglichkeiten und wird sich dabei seiner selbst bewußt. Vom so erarbeiteten Selbstbewußtsein hängt es später mit ab, wie es sich im weiteren Leben verhält. Die Ansprüche und das Verhaltensvorbild der Mitwelt werden nämlich verinnerlicht (internalisiert), also zum Bestandteil der eigenen Persönlichkeit.
Natürlich ist der Mensch auch zur Weiterentwicklung seiner Persönlichkeit fähig, kann also die ersten Einflüsse der Kindheit überwinden und zur eigenständigen Persönlichkeit reifen. Die Erfahrung lehrt aber, daß die Lösung von den Einwirkungen während der primären Sozialisation meist nicht vollständig gelingt. Außerdem wird auch die Weiterentwicklung wesentlich von diesen Erziehungseinflüssen mitbestimmt. Ungünstige Einwirkungen können deshalb zur Wurzel einer neurotischen Persönlichkeitsentwicklung werden.
Die Erziehung bietet vor allem zwei Ansatzpunkte für spätere Angstzustände und Neurosen: Vorbild der Eltern und das System von Ansprüchen und Bestrafungen, hinter dem die positiven Gefühlsbeziehungen zurücktreten können.
Da die Kinder vor allem in der Phase der primären Sozialisation ihre Umwelt nachahmen oder sich genau anders verhalten, liegt der *Einfluß des Elternvorbildes* auf der Hand. Überängstliche Eltern schaffen durch ihr Verhaltensmuster sehr oft die Grundlagen späterer Ängste ihrer Kinder. Da diese Überängstlichkeit im Verhalten zur Umwelt und Überbesorgtheit im Umgang mit dem Kind aber in der Persönlichkeit der Eltern (oder eines Elternteils) begründet liegt, erweist es sich als besonders schwierig, diesen Einfluß auszuschalten. Vielleicht ahmen

auch die Eltern unbewußt das Verhalten der signifikant anderen ihrer früheren Kindheit nach. Oder sie lehnen das Kind – aus welchen Gründen auch immer – gefühlsmäßig ab und versuchen, ihr schlechtes Gewissen durch Überbesorgtheit bis hin zur Verwöhnung und Verhätschelung zu beruhigen. In solchen Fällen hilft nur die Beratung der Eltern durch den Fachmann, häufig auch eine psychotherapeutische Behandlung, um die Wurzeln der Überängstlichkeit aufzufdecken. Das kommt nicht nur dem Kind zugute, sondern auch – vielleicht hauptsächlich – den Eltern.

Wird die Überbesorgtheit der Eltern nicht frühzeitig genug ausgeschaltet, leiden die Kinder sehr häufig unter ähnlichen, negativ gefärbten und betont ängstlichen Erwartungen und Einstellungen. Sie erfordern oft psychotherapeutische Hilfe, damit die Ursachen aus der Kindheit wieder bewußt gemacht und verarbeitet werden können. Unter Umständen empfiehlt sich die Therapie der gesamten kranken Familie.

Aber auch ein zu lebensmutiges, tüchtiges Alltagsverhalten der Eltern kann die Grundlagen für Ängste und Depressionen im späteren Leben schaffen. Wir stellten schon eingangs fest, daß sich das Kind in der Phase der primären Sozialisation entweder ähnlich wie Eltern und Geschwister oder auch gerade anders – in diesem Fall also überängstlich – verhalten kann. Das hängt nicht zuletzt auch davon ab, wie die Eltern ihren Lebensmut im Alltag vorleben. Wird das Kind ständig dazu angehalten, sich ein Beispiel zu nehmen, ein großer Junge zu sein, der nicht weint, die Zähne zusammenzubeißen oder keine Angst zu zeigen – um nur einige häufige Erziehungsinhalte dieser Eltern zu nennen –, dann resultiert daraus die ständige Unterdrückung natürlicher Gefühle. Ein Kind kann nun einmal nicht in die Welt der Erwachsenen hineinwachsen, ohne sich zwischendurch auch einmal zu ängstigen oder zu weinen. Das dauernde Verbot solcher Gefühle überfordert die Selbstbeherrschung des Kindes. Da es andererseits aber aus Angst vor dem Tadel der Eltern seinen Gefühlen auch keinen freien Lauf lassen darf, wird das Vorbild bald abgelehnt, und das Kind wächst dann häufig zu einer ängstlich-neurotischen Persönlichkeit heran, die mit ihren Gefühlen nicht umzugehen versteht.

Eine dritte Möglichkeit ist denkbar, wenn Eltern, die selbst unter erheblichen Ängsten und Depressionen leiden, sich deswegen ablehnen. In gutgemeinter Absicht versuchen sie oft, ihren Kindern durch Erziehung ein ähnliches Schicksal zu ersparen. Im Prinzip gibt es dagegen auch nichts einzuwenden. Praktisch führt diese Einstellung dann aber sehr häufig zur unerbittlichen Strenge gegen alle Verhaltensmuster des Kindes, die auch nur entfernt an Angst erinnern. Diese Strenge bildet gewissermaßen den „Blitzableiter“ für die unbewußte Selbstablehnung der Eltern. In einem solchen familiären Klima bleibt oft kein Raum mehr für Gefühle. Emotionale Kälte und Strenge lassen ein Kind unter Umständen zerbrechen, und es nimmt dann gerade das ängstlich-depressive Verhalten an, das von den Eltern bekämpft wurde. Auch in solchen Fällen hilft nur die psychotherapeutische Beratung der Eltern oder Behandlung der gesamten neurotischen Familie weiter.

Neben dem Vorbild der Eltern bilden *Gebote und Verbote, Belohnungen und Strafen* den zweiten maßgeblichen Erziehungsfaktor. Es ist unmöglich, in der

Kindererziehung ohne diese Mittel auszukommen. Jede Gesellschaft, jede Gruppe innerhalb der Gesellschaft, stellt Normen und Verbote für das Verhalten ihrer Mitglieder auf. Sie dienen der Selbsterhaltung der Gemeinschaft. Übertretungen werden mit fein abgestuften Sanktionen belegt. Sie reichen vom Entzug der emotionalen Zuwendung der anderen bis hin zur Haftstrafe, die durch eine von der Gesellschaft dazu legitimierte Institution (Gericht) verhängt wird. Die Art der sozialen Sanktionen hängt entscheidend davon ab, welche Bedeutung dem Verstoß gegen die Normen für die gesamte Gesellschaft zukommt. Wer auf einer Party in unpassender Kleidung erscheint, wird für diesen Fehler vielleicht durch die Zurückhaltung der anderen büßen – eine milde, dem geringen Verstoß angemessene Form der Bestrafung. Wer dagegen die Eigentumsgarantie der Gesellschaft und ihr Verbot der Gewaltanwendung gegen andere verletzt, indem er zum Beispiel einen Raubüberfall begeht, muß unweigerlich mit seiner Inhaftierung rechnen, weil er gegen grundsätzliche Normen verstoßen hat.
Wächst ein Kind ohne Verbote, Sanktionen und Belohnungen auf, kann es nie ein zutreffendes Bild von den Spielregeln der Gesellschaft erwerben, in der es als Erwachsener eigenverantwortlich zu leben hat. Diskussionen um den grundsätzlichen Wert solcher Erziehungsmaßnahmen sind also von vornherein müßig. Hilfreich und notwendig ist es hingegen, über die richtige Form nachzudenken, denn bis zur Pubertät werden Kinder weit mehr durch die Art als durch den Inhalt der erzieherischen Maßnahmen beeinflußt. Hierbei unterlaufen Eltern viele, oft schwerwiegende Fehler.
Zu den gravierendsten Fehlern in der Kindererziehung gehört zweifellos der *Liebesentzug.* Dabei spielt es keine Rolle, ob die Eltern ihn aussprechen – etwa mit dem häufigen Satz „Wenn du so böse bist, mag ich dich nicht mehr!" – oder durch ihr Verhalten zum Ausdruck bringen. Um das zu verstehen, wollen wir uns zunächst einmal die Situation vergegenwärtigen, in der sich ein Kind befindet. Es ist zur Befriedigung seiner lebenswichtigen materiellen Bedürfnisse – wie Nahrung, Kleidung, Wohnung – vollkommen auf die Eltern angewiesen und hängt auch bei der Befriedigung seiner geistig-seelischen Bedürfnisse weitgehend (je nach Alter) von ihnen ab. Seine Bedürfnisse werden hauptsächlich wegen der Gefühle befriedigt, die zwischen Eltern und Kindern bestehen. Die juristische Sorgepflicht der Eltern spielt dabei keine Rolle, das Kind kann sie nicht kennen. Entzug dieser Zuwendung als Erziehungsmaßnahme bedeutet für das Kind deshalb nicht nur, daß die Eltern vorübergehend unzufrieden mit ihm sind. Vielmehr stellt der Liebesentzug eine existentielle Bedrohung dar, wie sie stärker kaum denkbar ist. Zwar kann die Erfahrung, daß der Liebesentzug nicht von Dauer ist und die Befriedung lebenswichtiger Bedürfnisse nicht gefährdet, bleibende seelische Schäden verhindern. Aber nicht selten wird das Kind doch dauerhaft frustriert, verunsichert und verängstigt. Die Folgen können ein ganzes Leben zerstören.
Ohne Sanktionen kommt Erziehung nicht aus, Liebesentzug muß aber vermieden werden. Wenn eine Strafe notwendig ist, darf sie niemals Angst vor dem Verlust der elterlichen Zuwendung erzeugen – im Gegenteil. Das bestrafte Kind muß gerade in diesem kritischen Augenblick spüren, daß seine Eltern ihm trotz allem ihre Zuneigung bewahren. Dazu ist es unbedingt notwendig, dem Kind

seinen Fehler und den Sinn der Strafe zu erklären. Auch kleine Kinder bringen dafür Verständnis auf, wenn man kindgemäß mit ihnen spricht. Auf diese für die Eltern sicher unbequeme Art lernt das Kind angstfrei, sich den Ansprüchen der Umwelt anzupassen oder – was ebenso wichtig ist und nur gelingt, wenn keine Angst besteht – unberechtigte Anforderungen zurückzuweisen. Gerade dieser zweite Aspekt wird oft übersehen, obwohl er für Lebensmut und Lebensfreude besonders bedeutungsvoll ist. Wie soll ein Mensch sich selbst und seine Bedürfnisse gegen den Anpassungsdruck der Umwelt behaupten können, wenn er in der Kindheit dafür mit Liebesentzug bestraft wurde? Die primäre Sozialisation soll ja keine kritiklosen „Anpasser" heranziehen, sondern kritisch-selbstbewußte Menschen, die aus Einsicht und in freier Willensentscheidung die grundlegenden Normen und Regeln der Gesellschaftsordnung respektieren.
Aus dem gleichen Grund ist auch die Erziehung durch körperliche Bestrafung grundsätzlich abzulehnen. Natürlich wird kaum ein Kind schon ernste neurotische Störungen zeigen, nur weil den Eltern einmal „die Hand ausgerutscht" ist. Erklärt man ihm anschließend, warum es dazu kam, nimmt das Vertrauensverhältnis und die gefühlsmäßige Geborgenheit des Kinds dadurch keinen Schaden. Es wird wahrscheinlich sogar mehr Respekt vor seinen Eltern bekommen, die einen Fehler offen zugeben, und daraus für sein späteres Leben Nutzen ziehen. In jedem Alter sind Kinder fähig, für die Probleme und Schwierigkeiten der Eltern Verständnis aufzubringen.
Allerdings darf die *körperliche Züchtigung* nie zum selbstverständlichen Instrument der Erziehung werden. Der körperliche Schmerz mag noch so belanglos sein, der Liebesentzug aber, der sich in der körperlichen Bestrafung ausdrückt, kann eine nie mehr heilende seelische Wunde hinterlassen.
Natürlich ist die Versuchung groß, langatmige Erklärungen und Diskussionen über den Sinn einer Erziehungsmaßnahme mit einer Ohrfeige „schlagartig" zu unterbinden und damit die Ruhe wieder herzustellen. Kinder haben dem „Argument" körperlicher Gewalt nichts entgegenzusetzen. Mit Erziehung freilich, die auf der Basis des Vertrauens überzeugen soll, hat das nichts zu tun.
Die seelischen Auswirkungen einer demütigenden Erziehung durch körperliche Strafen sind vielfältig. Manche Kinder machen gewissermaßen „aus der Not eine Tugend" und werden zu Masochisten, die später sexuelle Befriedigung nur über den perversen Weg körperlicher Schmerzen und/oder seelischer Erniedrigung erlangen können. Andere „rächen" sich später an der Gesellschaft, indem sie – im Grunde getreu dem Vorbild der prügelnden Eltern folgend – durch Gewalt zu erzwingen versuchen, was man ihnen nicht freiwillig gibt. Aber auch wenn sie nicht alle unweigerlich in der „Folterkammer" eines Bordells oder auf der Anklagebank enden müssen, überschatten die Kindheitserfahrungen doch das weitere Leben. Viele finden nie zu einer tiefen, aufrichtigen Gefühlsbindung an einen anderen Menschen, bleiben ewig mißtrauisch und verschlossen. Andere werden zu willfährigen „Duckmäusern" oder grausamen „Radfahrern", die nach oben buckeln, nach unten aber treten, solange sie keinen Widerstand zu befürchten haben.
Eltern können es nicht verantworten, um ihrer eigenen Bequemlichkeit willen das Risiko einer solchen Entwicklung ihrer Kinder in Kauf zu nehmen. Wenn sie

mit ihrer Aggressivität nicht aus eigener Kraft fertig werden, bedürfen sie der psychotherapeutischen Hilfe. Häufig beruhen ihre Erziehungsmethoden nämlich auf dem Vorbild, das ihnen in der eigenen Kindheit vorgelebt wurde. Aus geprügelten Kindern werden erfahrungsgemäß oft prügelnde Eltern.

Über der körperlichen Gewalt, die Eltern gegen ihr Kind ausüben können, darf man die subtile *seelische Gewalt* nicht vergessen. Unter Umständen spürt ein Kind sie noch weit schmerzhafter als die körperliche Züchtigung, was keine Rechtfertigung für Prügelstrafe bedeuten kann. Die starke gefühlsmäßige Abhängigkeit des Kinds von seinen Eltern macht es in dieser Hinsicht ungemein verletzbar. Natürlich kann niemand von den Eltern verlangen, daß sie zu jeder Zeit für die emotionalen Bedürfnisse des Kinds bereit sind. Der Vater oder die Mutter, die abends gestreßt aus dem Betrieb nach Hause kommen oder von der Hausarbeit erschöpft wurden, haben Anspruch darauf, sich zunächst zu erholen und abzuschalten. Beim besten Willen können sie für ihre Kinder keine sofort anteilnehmenden, tröstenden oder ratenden Gesprächspartner sein. Darauf kommt es ohnehin nicht an. Kinder begreifen sehr wohl, daß der Arbeitsalltag die Eltern ermüdet hat und sie zunächst einmal Ruhe brauchen – man muß es ihnen nur kindgerecht erklären. Die Eltern, die ihr Kind einfach wortlos zur Seite schieben oder mit ihm schimpfen, wenn es sie am Abend schon im Flur mit seinen Erlebnissen oder Problemen „überfällt", erschüttern seine gefühlsmäßige Geborgenheit. Im Kind entsteht der Eindruck: „Nie ist jemand da für mich!" Später, wenn die Eltern sich erholt haben und aufnahmebereit sind, ist das Kind meist zu stark enttäuscht, zusätzlich vielleicht auch noch müde und hungrig, als daß es noch mit der gleichen Begeisterung erzählen könnte. Über ständige Enttäuschungen dieser Art kommt es oft auch im späteren Leben nicht hinweg. Bald wendet es sich innerlich von den Eltern ab und vollzieht auch die räumliche Trennung so früh wie möglich, weil die Familie aneinander vorbeilebt und keine Geborgenheit schenkt. Vermutlich fällt es den Betroffenen zeitlebens schwer, befriedigende zwischenmenschliche Kontakte aufzubauen und zu pflegen. Sie vereinsamen, Angstzustände und neurotische Depressionen stellen sich ein, weil das verlorene Urvertrauen in eine von Gefühlen getragene Beziehung nie mehr vollständig herzustellen ist.

Dabei ist die Lösung des Problems denkbar einfach. Kinder verstehen und akzeptieren durchaus, daß auch die Eltern das Bedürfnis haben, sich zwischendurch – sei es nun nach Feierabend oder aus anderen Anlässen – zurückzuziehen. Ein für das Kind verständliches, offenes Gespräch sorgt dafür, daß es sich in solchen Fällen nicht zurückgestoßen fühlt und sein Urvertrauen nicht verliert. Wenn möglich, empfiehlt sich zusätzlich eine klare Vereinbarung, an die sich alle Familienmitglieder halten, zum Beispiel: „Wenn Vati (oder Mutti) nach Hause kommt, braucht er (sie) eine halbe Stunde Ruhe, dann hat er (sie) Zeit für dich!" Dadurch wird der Konflikt zwischen den berechtigten Interessen der Eltern und den nicht minder berechtigten Bedürfnissen der Kinder ohne Frustrationen aus dem Weg geräumt.

Natürlich helfen solche Gespräche und Vereinbarungen nicht, wenn Eltern ihre Kinder aus anderen Motiven ständig zurückweisen – vielleicht weil ihnen ihre Bequemlichkeit, der Sportplatz, Kegelclub, das Fernsehprogramm oder andere

Interessen vorgehen. Darüber muß man sich klar werden, ehe man Kinder zeugt, und sich dann für sie (mit allen Unbequemlichkeiten) oder für die eigenen Interessen und gegen Kinder entscheiden. Die dauernde Zurückweisung, die durch gute materielle Fürsorge und Erfüllung aller materiellen Wünsche nie wettgemacht werden kann, kommt sonst einer Mißhandlung des Kinds gleich, das zum seelischen Krüppel wird und häufig auf der Couch des Psychiaters oder vor dem Richter landet.

Auch das Gegenteil, die zu intensive Beschäftigung mit dem Kind, ist vom Übel. Die gefühlsmäßige Zuwendung und Fürsorge in allen Dingen kann ein Kind unter Umständen förmlich „erdrücken" oder überfordern (manchmal beides zugleich) und verfälscht sein Bild von der Wirklichkeit. Dadurch entstehen hochgeschraubte Erwartungen an das Leben, die nicht erfüllt werden und mit dem Sturz in eine tiefe Depression enden können. Ständige Überforderung dagegen kann zur allgemeinen Lebensangst führen, jede eigene Leistung lähmen und das Selbstwertgefühl entscheidend und dauernd schwächen. Deshalb gilt es, bei der Erziehung das rechte Maß zu finden, eigene Schuldgefühle und Ängste auszuschalten, falsche Vorbilder zu überwinden und die Vorstellung abzulegen, daß die Kinder erreichen müßten, was man selbst vielleicht anstrebte, aber nie erlangte.

Richtige Erziehung basiert auf dem *Respekt vor der heranwachsenden Persönlichkeit* des Kinds, die niemals identisch mit der seiner Eltern sein kann. Deshalb dürfen sie nie ihre Vorstellungen und Erwartungen mit Gewalt gleich welcher Art aufzwingen. Ihre Aufgabe als Erzieher besteht ausschließlich darin, die Möglichkeiten zur Entfaltung zu bringen, die in einem Kind angelegt sind, damit es sich im späteren Leben im Rahmen der unabdingbaren Regeln und Normen unserer Gesellschaftsordnung weitgehend selbst verwirklichen kann. Ob die Anlagen, die in einem Kind schlummern, ihren persönlichen Erwartungen, Wünschen, Hoffnungen und ehrgeizigen Bestrebungen entsprechen, darf keine Rolle spielen, sonst wird durch die Erziehung der Weg in die Angst, Depression und Lebensuntüchtigkeit vorgezeichnet.

Partnerschaftliches Verhalten der Eltern zu ihren Kindern als Vorbedingung einer solchen weitgehend angstfreien Erziehung, die Lebensmut und Lebensfreude ermöglicht, kann und muß man erlernen. Und hier kommen wir zu unserem Beispiel vom Anfang mit der Maschine zurück: Ohne fachmännische Anleitung geht das nicht. Das Vorbild der eigenen Eltern oder anderen Menschen aus der näheren Umgebung genügt nicht. Schon in den höheren Klassen der Schule sollten nicht nur die Fragen der Sexualität geklärt, sondern auch Erziehungsprobleme behandelt werden. Später, wenn der Kinderwunsch dann realisiert werden soll, ist zumindest die vertiefende Information durch Fachliteratur notwendig, noch besser aber der Besuch einer „Elternschule". Treten während der Erziehung Schwierigkeiten auf, darf die Beratung durch überall vertretene Erziehungsberatungsstellen der Kommunen oder konfessioneller Träger oder die Konsultation des Schulpsychologen nicht aus falscher Scham verzögert werden, bis das Kind „in den Brunnen gefallen" ist. Rat und praktische Hilfe finden Eltern also überall, sie müssen sich nur rechtzeitig im Bewußtsein ihrer Verantwortung darum bemühen.

Leben im Einklang mit sich selbst

Jeder Mensch besitzt eine Vielzahl individueller Bedürfnisse, Bestrebungen, Triebansprüche und Vorstellungen, die er innerhalb der unverzichtbaren Normen und Gebote unserer Gesellschaftsordnung befriedigen will. Wie weit ihm das gelingt und ob er unzulässige und unzumutbare Beschränkungen von außen zurückweisen kann, ohne grob gegen die soziale Ordnung zu verstoßen, hängt zum wesentlichen Teil von seiner Erziehung ab. Die angstfreie Erziehung ohne die Sanktion des Liebesentzugs, über die das vorangegangene Kapitel berichtete, bildet eine der Grundvoraussetzungen.

Leben im Einklang mit sich selbst läßt sich am besten – wenn auch nicht ganz zutreffend – mit dem in Mode gekommenen Begriff der *Selbstverwirklichung* umschreiben. Es bedeutet aber nicht nur Verwirklichung der Anlagen, Fähigkeiten und Talente, die einem Menschen mitgegeben wurden oder die er sich im Lauf des Lebens erwarb. Dazu gehört auch die Bejahung biologischer Bedürfnisse, insbesondere des Sexualtriebs. Im Vergleich zur moralistisch-verklemmten Einstellung zum Geschlechtsleben der früheren Generationen kennen wir heute eine freizügigere Haltung als je zuvor. Trotzdem können viele Menschen diesen Urtrieb noch nicht ohne falsche Hemmungen (das heißt nicht hemmungslos) ausleben. Nicht zuletzt bedeutet Leben im Einklang mit sich selbst aber auch, den ethisch-moralischen Grundsätzen zu gehorchen, die jedem Menschen bei der Erziehung eingeprägt werden und die er später individuell weiterbildet. Gemeinhin bezeichnet man den Komplex dieser Grundsätze als Gewissen. Sigmund Freud prägte dafür den Begriff „Über-Ich" und definiert es als eine Kontrollinstanz, die vor allem in der Phase der frühkindlichen Sozialisation unter dem Einfluß der elterlichen Erziehung und der sozialen Umwelt entsteht. Ein zu strenges Über-Ich kann ebenso wie ein unterentwickeltes Gewissen Ursache vieler seelischer Störungen werden.

Man kann nur verwirklichen, wovon man ein klare Vorstellung hat. Deshalb setzt Selbstverwirklichung die ungeschminkte *Selbsterkenntnis* voraus. Damit beginnen die Probleme. Wohl jeder Mensch neigt mehr oder minder stark dazu, sich selbst so zu sehen, wie er gerne sein möchte. Fehler und Schwächen werden verharmlost oder übersehen. Dieser „milde Selbstbetrug" ist zwar verständlich und verzeihlich, kann der Selbstverwirklichung aber erheblich im Weg stehen. Deshalb müssen wir lernen, uns selbst mit einigermaßen objektiven Augen so zu sehen, wie wir wirklich sind. Unsere positiven Eigenschaften und natürlichen Bedürfnisse sollten wir uneingeschränkt bejahen, die unerwünschten Züge entweder unserem angestrebten Idealbild anpassen oder zumindest vorbehaltlos annehmen, um Konflikte zu vermeiden.

Eine ausgezeichnete Möglichkeit zur Selbsterkenntnis bietet die Oberstufe des autogenen Trainings (AT). Die führt den Übenden hinab in jene Tiefen der Seele, die dem Tagesbewußtsein gewöhnlich verschlossen bleiben. Auch die symbolträchtige Bildersprache der Träume hilft bei der Selbsterkenntnis. Jeder Mensch träumt jede Nacht mehrmals, insgesamt mehrere Stunden lang, auch wenn er sich morgens nicht mehr daran erinnert. Diese Träume sind der Schlüssel zum Unbewußten. Wer sie in Erinnerung behält und deuten kann, gewinnt dabei tiefe Einblicke in sein Selbst und erkennt Eigenschaften, Wünsche und Bestrebungen, die er sich vielleicht niemals bewußt eingestanden hätte. Auch in der Psychoanalyse wird die Traumdeutung eingesetzt, um die Wurzeln neurotischer Störungen wieder bewußt zu machen und durch diese Erweiterung der Selbsterkenntnis zu verarbeiten.

Vertiefte Selbsterkenntnis kann einen Menschen aber auch mit Tatsachen und Einsichten konfrontieren, denen er vielleicht noch nicht gewachsen ist. Unter Umständen begünstigt das den Ausbruch einer seelischen Krise, die der Betroffene nicht verarbeiten kann. Deshalb sollte die AT-Oberstufe ebenso wie die Deutung von Trauminhalten möglichst unter fachmännischer Anleitung erlernt werden. Nach dieser „Probezeit" eignen sich die beiden Methoden dann auch zur Selbsthilfe.

Vollständige Selbsterkenntnis wird keinem Menschen je gelingen – auch nicht durch jahrelange Psychoanalyse. Sobald wir uns aber besser kennen, können wir daran gehen, im Einklang mit uns selbst zu leben. Das erfordert die Bereitschaft, alles Gewohnte in Frage zu stellen und zu reformieren, wenn es der eigenen Persönlichkeit nicht oder nicht mehr entspricht. Viele unserer Gewohnheiten behalten wir ja nur deshalb jahre- bis jahrzehntelang bei, weil sie uns so vertraut geworden sind, daß wir über ihren Sinn überhaupt nicht mehr nachdenken. Dadurch werden neue Wege blockiert, die der im Lauf der Zeit weiterentwickelten Persönlichkeit jetzt eher entsprächen, aber über dem Gewohnten nicht gesehen werden. Wir verfehlen dabei aber die Verwirklichung unserer Persönlichkeit, werden frustriert und dauernd unzufrieden mit uns selbst und unseren Lebensverhältnissen, ohne einen konkreten Grund angeben zu können. Sicher ist das Neu- und Umlernen unbequem, unter Umständen auch schmerzhaft. Aber dieser Prozeß dient der seelischen Gesundheit. Wer spürt, daß er diese Entwicklung nicht ohne Hilfe einleiten oder durchstehen kann, sollte sich rechtzeitig fachmännischer Beratung versichern.

Selbstverwirklichung erfordert also den Mut, sich selbst und die vertrauten Regeln und Normen der Gesellschaftsordnung in Frage zu stellen. Dazu gehört auch eine gute Portion *Selbstsicherheit.* Je nach Anlagen, Erziehung und Lebensgeschichte verfügen die Menschen über ein unterschiedliches „Potential" an Mut und Sicherheit. Der eine wird, weil er richtig erzogen wurde und durch seine persönliche Leistung viel Selbstvertrauen gewann, vielleicht gar noch mit einem „guten Nervenkostüm" oder dicken „Fell" ausgestattet ist, sich unbeirrt von äußeren Widerständen den ihm persönlich gemäßen Weg erkämpfen und trotz aller damit verbundenen Unannehmlichkeiten seelisch stabil und gesund bleiben. Ein anderer dagegen, von Natur aus sensibel, wenig belastbar und alles andere als eine Kämpfernatur, durch falsche Erziehung noch zusätzlich geschädigt und bisher ohne nennenswerte Erfolgserlebnisse im Leben geblieben, paßt sich lieber weitgehend seiner Umwelt an. Er läßt sich gewissermaßen leben und gewinnt um den Preis der Selbstverwirklichung eine Art sozialer Sicherheit. Menschen dieser Art erscheinen auf den ersten Blick als angenehme Zeitgenossen. Sie gehen nicht auf die Straße, um für berechtigte Interessen, mit denen sie sich identifizieren, zu demonstrieren. Sie üben keine Kritik – zumindest nicht offen – an ihrer Mitwelt, und man hat keinen nennenswerten Widerstand von ihnen zu erwarten, selbst wenn sie im Recht

sind. Stoßen sie auf Hindernisse, dann stecken sie ihre eigenen, ohnehin schon bescheidenen Bedürfnisse und Ansprüche rasch noch weiter zurück.
Aber gerade deshab können sie ihrer Mitwelt auch wenig geben. Das heißt nicht, daß sie dazu nicht in der Lage wären. Gerade unter den zurückhaltenden, bescheidenen Menschen, die „nichts aus sich machen" und die man deshalb leicht übersieht, befinden sich viele hochbegabte Personen mit sehr positiven Eigenschaften. Infolge ihrer inneren Unsicherheit wirken sie aber unscheinbar, und der Kontakt mit ihnen bringt der Umwelt beim ersten Anlauf keinen Gewinn. Deshalb führen sie trotz (besser wegen) ihrer enormen Anpassungsbereitschaft, die den Umgang mit ihnen erleichtert, sehr oft ein ziemlich isoliertes und für die Gemeinschaft fruchtloses, für sie selbst unbefriedigendes Leben.
Eine offene Gesellschaft wie die unsrige lebt aber gerade davon, daß alle ihre Mitglieder nach Selbstverwirklichung streben und so eine Fülle individueller Eigenschaften, Absichten, Bestrebungen und Meinungen ins gesellschaftliche Leben einbringen, aus denen sich dann die Vielfalt des Gemeinschaftslebens entwickelt. Der Versuch, innerhalb der unabdingbaren Grenzen einer Gesellschaftsordung, die ihrem Erhalt dienen, möglichst viele Aspekte der eigenen Persönlichkeit zu verwirklichen, hat also nichts mit Egoismus auf Kosten anderer zu tun, sondern dient im Gegenteil der Gemeinschaft mehr als die willfährige Anpassung.
Das Streben nach Selbstverwirklichung ist tief in jedem Menschen verankert und kann als eines seiner natürlichen Grundbedürfnisse verstanden werden. Wie immer, wenn grundlegende Ansprüche ungenügend oder überhaupt nicht befriedigt werden, führt auch das frustrierte Bedürfnis nach Selbstverwirklichung zu seelischen Störungen. Die Aufgabe wesentlicher Teile der Persönlichkeit, die über das zur Erhaltung der sozialen Gemeinschaft unverzichtbare Maß hinausgeht, führt in den meisten Fällen zu mehr oder minder stark ausgeprägten depressiven Zuständen, die häufig noch von Minderwertigkeitsgefühlen und Ängsten begleitet werden. Das vermindert die ohnehin geringe Kraft zur Selbstverwirklichung noch weiter. Im Einzelfall kann daraus allerdings auch Aggressivität gegen die Umwelt entstehen.
Unsere Gesellschaft braucht Menschen, die im Einklang mit sich selbst und mit der sozialen Ordnung leben, fruchtbare Ideen durchsetzen, Eigeninitiative entwickeln, also die bunte Vielfalt des gesellschaftlichen Lebens ausmachen und seine stetige Weiterentwicklung fördern. Wer so mit sich selbst in Harmonie lebt, kommt im allgemeinen auch mit seiner Umwelt besser aus, als wenn er seine individuellen Ansprüche ständig unterdrückt. Da er seine eigenen Bedürfnisse bejaht und nicht unzumutbar eingeschränkt sieht, kann er auch die Ansprüche der anderen tolerieren. Weil er sich stark genug weiß, legitime Bedürfnisse durchzusetzen, wird er zur Gesellschaft insgesamt ein positives Verhältnis erlangen können, denn sie behindert nicht die Entfaltung seiner Persönlichkeit, sondern bietet ihm sogar die Grundlagen der Selbstverwirklichung. Deshalb ist der kritiklose, eingeengte und unglückliche Anpasser nur scheinbar der angenehmere Mitmensch.
Es widerspräche grob dem Gedanken der Selbstverwirklichung, pauschale „Rezepte" dazu anzubieten. Im Grunde beginnt sie mit der Entscheidung für

den individuell richtigen Weg in dieser Richtung. Daher konnte es unmöglich Aufgabe dieses Kapitels sein, dem Leser die eigene Entscheidung abzunehmen, also eine Möglichkeit zur Selbstverwirklichung vorzuschreiben. Nur im Rahmen der individuellen Psychotherapie ist es möglich und zulässig, Anregungen zur Selbstverwirklichung zu geben, nachdem die Hemmungen abgebaut wurden, die dem Leben in Einklang mit eigenen Ansprüchen, Bedürfnissen und Eigenarten möglicherweise im Weg stehen. Aber auch der Fachmann kann und wird dem Patienten niemals sein Rezept aufdrängen. Er versetzt ihn lediglich in die Lage, sich frei zwischen den verschiedenen Möglichkeiten zu entscheiden, diese überhaupt zu erkennen und zu nutzen.

Selbstverwirklichung bildet ein Bollwerk gegen viele seelische Krankheiten. Sie sollte daher zur ständigen, selbstverständlichen Psychohygiene des Alltags gehören.

Positive Erwartungen erlernen

Mit dem triumphalen Aufschwung von Naturwissenschaft und Technik vor allem im 20. Jahrhundert entwickelte sich beim Menschen das Gefühl für das Irrationale, wissenschaftlich nicht genau Erfaßbare und technisch nicht Machbare immer weiter zurück. An seine Stelle traten zunehmend Vernunft und Willen.

Unser Seelenleben besteht aber nicht nur aus Denkakten und Willensanstrengungen. Weit größeren Raum nehmen Gefühle, Instinkte und das Unbewußte ein, seelische Inhalte also, die von Verstand und Willen unabhängig sind, aber diese beiden rationalen Funktionen steuern können. Wie groß die Sehnsucht des heutigen Menschen nach dem Irrationalen als Reaktion auf die einseitige Betonung der Vernunft wieder geworden ist, beweist nicht zuletzt die große Zahl seelisch Kranker, die sich in der kühlen Verstandeswelt nicht mehr wohlfühlen. Sie werden leicht zum Opfer von Scharlatanen, die skrupellos dieses Vakuum ausnützen, das die analytische Psychologie auch nicht annähernd ausfüllen kann. Auch der Zulauf, den Hellseher, Wahrsager, Propheten und die Gurus der asiatischen Sekten finden, bestätigt eindringlich, daß der moderne Mensch in seiner von Wissenschaft und Technik weitgehend beherrschten Welt „friert".

Auf irrationaler, wenngleich wissenschaftlich bestätigter Basis beruht auch die Macht unserer Einstellungen, Vorstellungen und Erwartungen in unserem Leben. Fortwährend unterliegen wir alle ihrem Einfluß, der uns meist überhaupt nicht bewußt wird. Sie bestimmen entscheidend mit, ob wir eine Prüfung bestehen oder beim Chef eine Gehaltserhöhung durchsetzen, in gefährlichen Situationen kühlen Kopf bewahren, Schwierigkeiten in der Ehe meistern oder die Beziehung daran scheitern lassen, uns gesund fühlen oder krank werden, ja sogar, ob wir sterben oder vor dem scheinbar sicheren Tod gerettet werden. So unwahrscheinlich das auch klingen mag, zahlreiche Untersuchungen unter wissenschaftlicher Kontrolle bestätigen diese Tatsachen unzweideutig. Zwei Beispiele aus der Praxis sollen das veranschaulichen.

Fall 10

Dieser Fall wird von dem bekannten Psychiater E. Wiesenhütter beschrieben. Der Monteur einer Elektrizitätsversorgungsgesellschaft führte an einer Freilandleitung Reparaturen aus. Versehentlich berührte er dabei ein Kabel, von dem er annehmen mußte, daß es unter Hochspannung steht. Er war auf der Stelle tot. Die Rekonstruktion des Unfalls ergab aber, daß es sich dabei nicht um einen gewöhnlichen Betriebsunfall handelte, wie auf den ersten Blick zu vermuten war. Der Strom in dem Kabel, das der Monteur berührte, war zu der Zeit nämlich auch abgeschaltet, nur wußte er nichts davon. Der Bedauernswerte war also eindeutig das Opfer einer negativen Erwartung geworden, die ihn auf noch nicht genau geklärte Weise sofort tötete.

Negative Vorstellungen können also den Tod eines Menschen herbeiführen. Darf man von positiven Erwartungen in Todesgefahr eine ähnliche Macht erwarten?

Fall 11

Der Schweizer Psychiater C. Baudouin schildert einen Fall, der diese Frage beantwortet. Eine Patientin litt unter unheilbarem Kehlkopfkrebs. Der Facharzt gab ihr bestenfalls noch drei Monate Lebenserwartung. Trotz dieser eindeutigen Prognose stellte er bei einer Nachuntersuchung aber fest, daß sich der einwandfrei als bösartig identifizierte Tumor sogar verkleinert hatte. Auf Befragen gab die Patientin an, daß sie eine seelische Heilmethode anwendete. Zum Glück unterstützte der Arzt sie in ihrem Glauben daran und die Besserung schritt monatelang weiter fort. Plötzlich kam es aber aus zunächst nicht erkennbarer Ursache zur Verschlechterung des Befindens. Die Patientin hatte ihren Wohnsitz gewechselt und neue Bekanntschaften geschlossen. Einer dieser neuen Bekannten machte ihre seelische Heilmethode schlecht. Das verunsicherte die Frau derart, daß die Krankheit wieder Macht über sie erhielt. Der Arzt riet ihr, den Wohnsitz nochmals zu wechseln und in Zukunft mit niemandem mehr über ihre Krankheit zu reden. Sein Vertrauen in ihre Selbsthilfemethode gab auch ihr den Glauben daran zurück, und die vor kurzem noch Todgeweihte lebte noch einige Jahre weitgehend beschwerdefrei.

Mit anderen, ähnlichen Beispielen aus der medizinischen Fachliteratur könnte man ganze Bücher füllen. Trotzdem wird die Macht positiver Erwartungen und Vorstellungen weder in der Medizin noch in der Psychotherapie ausreichend genutzt. In ihrem einseitig-übersteigerten Glauben an die Vernunft und Technik mißachten die Fachleute vielfach die seelischen Grundgesetze.
Auch der von Ängsten verfolgte, verunsicherte und seiner Kraft zum Glauben beraubte heutige Mensch nutzt die Macht der Erwartungen und Vorstellungen zu wenig und dann hauptsächlich negativ. Seine Erfahrungen scheinen ihm darin sogar recht zu geben, denn häufig werden seine ängstlichen Erwartungen

Wirklichkeit oder von ihr sogar noch übertroffen. Natürlich bestätigt ihn das in seiner negativen Grundeinstellung, da ihn niemand über den Zusammenhang zwischen negativer Grundhaltung und dem Eintritt dessen, was er befürchtete, aufklärt. Er versucht, logische Erklärungen zu finden, wo jede Vernunft an der irrationalen Eigengesetzlichkeit unbewußter seelischer Vorgänge scheitern muß. Er wehrt sich durch Anspannung seines Willens gegen sein vermeintliches Schicksal, anstatt die seelischen Grundgesetze zu nutzen, indem er die negativen Vorstellungen einfach „umpolt".

Obwohl wir heute noch nicht genau wissen, wie negative Erwartungen einen Menschen sogar töten und positive Vorstellungen ihn vor dem nach menschlichem Urteil sicheren Tod bewahren können, kennen wir doch schon die seelischen Grundgesetze, die dahinter stehen. Sie gelten universal für jeden Menschen und sind ebenso unabänderlich wie alle anderen Naturgesetze.

Das erste seelische Grundgesetz beruht auf der Tatsache, daß die Sprache unseres von Willen und Denken unabhängigen Unbewußten aus Bildern besteht. Alles, was wir uns an Bildern einverleiben (also „einbilden" im eigentlichen, positiven Sinn) oder durch bildhafte Vorstellungen in uns selbst erzeugen, kann sich auch verwirklichen. Das gilt für positive wie (leider) negative Erwartungen und Vorstellungen. Scheitern kann die Verwirklichung bildhafter Vorstellungen nur dann, wenn ihnen andere, mindest ebenso starke bildhafte Vorstellungen entgegenstehen. Dann kommt es zu einer Art Konflikt. Gerade die Vorstellungskraft, die Fähigkeit zur Einbildung, steht in unserer nüchternen Welt heute nicht mehr hoch in Kurs. Nur die aus Angst und Depressionen geborenen negativen Vorstellungen sind meist stark genug, um ins Bewußtsein durchzubrechen, weil sie aus dem rational unkontrollierbaren Unbewußten stammen.

Natürlich spielt der Willen in unserem Leben auch eine Rolle. Er kann die Erwartungen und Vorstellungen kanalisieren, also in die Richtung lenken, die uns im Augenblick nützt. Wer über einer Prüfungsaufgabe schwitzt, dem nützt es wenig, wenn ihn positive Vorstellungen vom Verlauf des kommenden Wochenendes erfüllen. Er braucht den Willen, um solche jetzt eher störenden Vorstellungen auszuschalten und zielgerichtete positive Erwartungen zu entwickeln. Diese können unbewußt schon vorhanden sein, aber erst mit Hilfe willentlicher Konzentration auf die aktuelle Situation ins Bewußtsein treten und das Gelingen der Prüfung wirksam unterstützen.

Um keine Mißverständnisse aufkommen zu lassen, muß an dieser Stelle eine Warnung eingeschoben werden. Positive Vorstellungen nützen wenig, wenn nicht die Voraussetzungen zu ihrer Verwirklichung vorhanden sind. Um bei unserem Beispiel zu bleiben: Wer tatsächlich nichts für die Prüfung gelernt hat, der wird sie nicht bestehen, auch wenn er sich noch so intensiv vorstellt „Ich schaffe es!". Positive Vorstellungen können aber die Blockaden überwinden, die Unsicherheit, Aufregung und Prüfungsangst geschaffen haben. Umgekehrt kann ein gut vorbereiteter Prüfling trotz Angst und Nervosität auch ohne speziell für die Prüfung entwickelte positive Vorstellungen bestehen, weil sein Wissen in jedem Fall ausreicht. Es gibt genügend Beispiele von Menschen, die am Prüfungstag mit der Angst erwachten, es niemals zu schaffen. Ihre unbewußte,

durch gründliche Vorbereitung erworbene Sicherheit überwand dann doch alle Ängste. Den negativen Vorstellungen, die ins Bewußtsein drangen, stand die unbewußte, stärkere positive Erwartung gegenüber.
Diese Lebenserfahrung steht auch im Einklang mit dem zweiten seelischen Grundgesetz, das besagt: Wenn der Willen den Vorstellungen widerspricht, dann siegen immer die Vorstellungen. Dabei ist es gleichgültig, ob die Vorstellungen bewußt werden oder im Unbewußten bleiben und ob eine schwächere bewußte Vorstellung mit einer stärkeren unbewußten kollidiert.
Auch das letzte seelische Grundgesetz, wonach Willensziele ohne in die gleiche Richtung zielende bildhafte Vorstellungen nur schwer (wenn überhaupt) zu verwirklichen sind, meist erhebliche Widerstände hervorrufen und nicht selten sogar zum Gegenteil führen, wird durch die Alltagserfahrung bestätigt.
Die meisten von uns werden eine der folgenden Situation bereits einmal erlebt haben:
Stundenlang wälzt man sich schon unruhig im Bett hin und her, aber der Schlaf kommt nicht. Schafezählen, kalte Wickel und schließlich der Vorsatz „Ich will jetzt endlich schlafen!" helfen nicht. Die meisten werden schließlich zermürbt doch zur Schlaftablette greifen.
An einem anderen Abend nimmt man sich vielleicht vor: „Ich will nicht einschlafen!" Möglicherweise erwartet man noch späten Besuch, soll jemand in der Nacht am Bahnhof abholen oder möchte eine späte Sendung im Radio- oder Fernsehprogramm nicht versäumen. Aber trotz des festen Willens wird man sehr oft unversehens einschlafen.
Auf den ersten Blick mögen solche Reaktionen als paradox erscheinen. Das dritte seelische Grundgesetz liefert dafür aber eine vernünftige Erklärung. Da sich die Betroffenen zu sehr auf den Willen verließen, aber keine entsprechenden bildhaften Vorstellungen dazu entwickelten, provozierte die Willensanstrengung schließlich heftige Widerstände, die den Sieg davontrugen. Die meisten Menschen sind ja in sich widersprüchlich. Auf den nächtlichen Gast aus unserem Beispiel kann man sich einerseits freuen, andererseits aber die Mühen und Umstände scheuen, die sein Besuch verursacht. Die damit verbundenen negativen Erwartungen und Vorstellungen erweisen sich dann immer als sehr störend, wenn nicht gleichzeitig durch genügend positive Vorstellungen ein Gegengewicht geschaffen wird.
Kein Säugling kommt mit der Neigung zu ängstlich-negativen Erwartungen zur Welt. Das Vorbild der Eltern und der Einfluß ihrer Erziehungsmethoden prägt entscheidend mit, ob er sich im späteren Leben mit vorwiegend negativen Vorstellungen und ängstlichen Erwartungen plagen muß, oder ob er mit der Kraft positiver Erwartungen alles erreichen kann, was in ihm angelegt ist und nur noch entfaltet und verwirklicht werden muß.
Neben der Erziehung spielt auch die Art eine Rolle, wie im späteren Leben negative Erfahrungen, Enttäuschungen und Verluste verarbeitet werden. Verdrängung solcher unangenehmer Ereignisse führt sehr oft zur ängstlich-depressiven Grundeinstellung, die dann negative Erwartungen und Vorstellungen prägt. Aus der Verarbeitung dagegen geht der Mensch gestärkt hervor und kann sich auch zukünftig in positive Erwartungen versetzen. Zwar wird er dadurch

Enttäuschungen und ähnliche unangenehme Erfahrungen nicht dauernd verhindern können. Sie gehören zu „Ebbe und Flut" im menschlichen Leben. Aber er kann vermeiden, daß die unabänderlichen negativen Seiten des Lebens ihn so stark beeinflussen, daß er bald nur noch negativ denkt und handelt.
Positive Vorstellungen und Erwartungen kann man bewußt erlernen. Es genügt allerdings nicht, damit erst dann zu beginnen, wenn man bereits unter Angstzuständen oder Depressionen leidet. Im allgemeinen beherrschen sie unser Denken, Fühlen und Handeln nämlich so stark, daß wir uns nicht mehr zu positiven Inhalten durchringen können. Positives Denken eignet sich daher vornehmlich zur Vorbeugung solcher Störungen oder zur Nachbehandlung und Vermeidung von Rückfällen, wenn die akute Phase der seelischen Störung überwunden wurde. Je eher man damit beginnt, desto günstiger sind die Aussichten, überhaupt nie unter ernsteren seelischen Störungen leiden zu müssen. Sogar zur Selbstverwirklichung tragen positive Vorstellungen und Erwartungen oft entscheidend bei.

Wie trainiert man positive Vorstellungen?

Die Antwort klingt verblüffend einfach: Indem man keine negativen Gedanken und Erwartungen zuläßt. In der Praxis gelingt das natürlich nicht so leicht, wie es sich liest. Viele Menschen tun sich nämlich schwer mit der Entwicklung bildhafter Vorstellungen. Wir stellten ja schon eingangs fest, daß Vorstellungs- und Einbildungskraft in unserem nüchtern-rationalen Alltag keinen hohen Stellenwert mehr besitzen und mangels Übung zunehmend verkümmern. Die negativen Bilder dagegen, geboren aus den Ängsten und Konflikten im unbewußten Bereich der Seele, sind machtvoll genug, um ins Bewußtsein vorzudringen. Sie müssen nicht erst mit Hilfe der Vorstellungskraft bildhaft entwickelt werden, sondern treten von Anfang an und durch Denken und Willen unbeeinflußbar in Form von Bildern auf.
Zur Entwicklung der Vorstellungs- und Einbildungskraft, die bewußt positiv gelenkt werden kann, eignen sich vor allem verschiedene Yoga-Übungen. Mit ihrer Hilfe kann man bei konsequentem täglichem Training in verhältnismäßig kurzer Zeit wieder lernen, nicht nur rational, sondern vor allem auch bildhaft zu denken. Am besten erlernt man Yoga in Kursen, die von Fachleuten heute auch an vielen Volkshochschulen schon für eine geringe Kursgebühr angeboten werden. Außerdem gibt es ausreichend einschlägige, auch für Laien verständliche Fachliteratur.
Da der asiatische Kulturkreis für Europäer nur schwer zugänglich ist, wählt man am besten die modifizierte Anleitung zum West-Yoga. Die folgenden Übungen aus dieser Technik veranschaulichen beispielhaft, wie die Einbildungs- und Vorstellungskraft wieder geweckt werden kann.

Übung 1

Legen Sie sich locker und entspannt aufs Bett und schließen Sie kurze Zeit die Augen. Atmen Sie ruhig und tief und lassen Sie die Gedanken einfach kommen und gehen. Sobald Sie ein leichtes Gefühl der Schwere und Wärme spüren und innerlich ruhig geworden sind, öffnen Sie die Augen und betrachten etwa eine halbe Minute lang konzentriert den ersten Gegenstand, auf den Ihr Blick fiel. Er sollte sich etwa 2 bis 3 m entfernt befinden. Dann schließen Sie die Augen wieder und stellen sich diesen Gegenstand so intensiv und detailliert wie möglich vor. Dazu geben Sie sich mit einem tiefen Atemzug den Vorsatz: „Von diesem Moment an erfüllt mich nur noch die Vorstellung von . . . (hier folgt die Bezeichnung des Gegenstands) vollkommen!“ Sobald Sie das Objekt deutlich genug vor dem inneren Auge wahrnehmen, atmen Sie tief aus und öffnen wieder die Augen. Nun vergleichen Sie Ihre Vorstellung mit dem realen Gegenstand. In gleicher Weise wird die Übung noch viermal wiederholt, um das Ergebnis zu verbessern. Tägliche Durchführung mit wechselnden Gegenständen trainiert die Vorstellungskraft ausgezeichnet und schafft so die Voraussetzungen für die Entwicklung beliebiger positiver Erwartungen je nach Bedarf.

Übung 2

Setzen Sie sich entspannt vor einen Tisch und atmen Sie mit geschlossenen Augen einige Male tief und ruhig. Dann öffnen Sie die Augen und betrachten zwei Minuten lang konzentriert einen beliebigen Gegenstand auf dem Tisch. Die Augen werden wieder geschlossen, und Sie versuchen, sich 30 Sekunden lang ganz intensiv diesen Gegenstand vor Ihrem inneren Auge vorzustellen. Dann öffnen Sie wieder die Augen, stellen das Objekt außer Sichtweite und zeichnen es nach dem inneren Bild so genau wie möglich nach. Durch tägliches Training wird das Ergebnis immer besser. Wenn Sie nichts mehr an Ihrer Skizze verbessern können, wählen Sie einen neuen Gegenstand für die weiteren Übungen.

Übung 3

Setzen Sie sich wie bei Übung 2 vor den Tisch und stellen Sie im Abstand von etwa einem Meter eine brennende Kerze so auf, daß sich die Flamme in Augenhöhe befindet. Sie muß ganz ruhig brennen (Luftzug meiden, Docht vorher zurechtschneiden). Dann betrachten Sie die Flamme eine Minute lang ganz konzentriert. Danach schließen Sie die Augen und stellen sich die ruhig brennende Flamme anfangs etwa eine halbe Minute ganz intensiv vor. Anschließend öffnen Sie die Augen wieder und vergleichen das innere Bild mit der Wirklichkeit. Im Lauf der Zeit steigern Sie die Vorstellung von der Flamme bis auf fünf Minuten. Das geistige Bild wird dabei immer klarer und deutlicher.

Natürlich fällt es anfangs jedem schwer, sich intensiv auf die bildhaften Vorstellungen zu konzentrieren. Ohne diese Probleme müßte man die bildhafte Vorstellungs- und Einbildungskraft ja überhaupt nicht trainieren. Die Gedanken gleiten immer wieder ab und müssen dann zum Inhalt der Vorstellung zurückgeführt werden. Nur durch konsequentes Training lassen sich diese Anfangsschwierigkeiten bewältigen. Wer nur einige Male übt und dann entmutigt aufgibt, wird sich auch im Alltag sehr schwer mit der Entwicklung positiver Vorstellungen tun.

Sobald die Übungen zu befriedigenden Resultaten führen, kann man die wiedererwachte Fähigkeit der Einbildung und Vorstellung praktisch nutzen.

Möglichkeiten dazu gibt es jeden Tag. Es muß nicht gerade eine Prüfung bevorstehen, auch auf andere schwierige Aufgaben, eine Sitzung oder ein ähnliches berufliches Ereignis kann man sich durch positive Erwartungen so einstimmen, daß keine Ängste auftreten und ein günstiges Ergebnis erzielt wird.
Mindestens ebenso wichtig sind die positiven Vorstellungen, die man für den privaten Lebensbereich entwickeln kann. Probleme in der Ehe, mit Angehörigen oder Freunden zum Beispiel lassen sich immer besser lösen, wenn man den anderen positiv gegenübertritt, anstatt Ablehnung und Aggressivität gegen sie zu zeigen. Mit Hilfe der Vorstellungskraft kann man sich ein positives Bild der durch die Schwierigkeiten gefährdeten zwischenmenschlichen Beziehung einverleiben und dieses vielleicht sogar auf den Partner übertragen. Dadurch werden beide offener für Lösungen, die bei negativen Einstellungen zueinander überhaupt nicht in Betracht gezogen worden wären. Ähnliches gilt für viele andere Probleme, die mit Hilfe der Vorstellungskraft zufriedenstellender zu bewältigen sind, so daß kein Raum für die Entwicklung von Angstzuständen und Depressionen bleibt.
Positive Einstellungen helfen aber auch dann noch, wenn uns Schicksalsschläge treffen, die unabänderlich sind. Wer mit negativen Erwartungen und Vorstellungen erfüllt ist, wird in solchen Situationen oft das Gefühl der Hoffnungslosigkeit und des Ausgeliefertseins empfinden. Er starrt auf sein Unglück und übersieht dabei den Lichtblick „am Ende des Tunnels". Dauernde Ängste und Depressionen können als Folgen auftreten, schlimmstenfalls sogar Selbstmordgedanken. Mit Hilfe positiver Erwartungen erkennt man aber auch in scheinbar ausweglosen Situationen noch, daß auf Regen irgendwann unweigerlich Sonnenschein folgt. Vielleicht entdeckt man sogar im größten Unglück noch eine gute Seite. Dadurch werden alle Kräfte mobilisiert, und man zieht sich – gleichsam am eigenen Schopf – wieder aus der verfahrenen Situation heraus.
Die Ausbildung des positiven Denkens ist nicht nur mit Hilfe von Yoga-Übungen, sondern auch durch autogenes Training möglich. Im allgemeinen genügt es, wenn die sechs Grundübungen des AT beherrscht werden. Sobald man die Stirnkühle erreicht hat, kann man sich selbst durch bildhafte Suggestionen in positive Erwartungen versetzen. Am besten und billigsten erlernt man AT an Volkshochschulen in Gruppen. Wer den Einzelunterricht vorzieht, wendet sich an einen mit AT erfahrenen Arzt, Heilpraktiker oder Psychotherapeuten. Bietet sich aus persönlichen Gründen keine Möglichkeit zum AT-Unterricht, so kann man das Training auch mit Hilfe eines Buchs oder einer Tonkassette erlernen. Wir kommen im nächsten Kapitel noch ausführlicher darauf zurück.
Positive Erwartungen, Einstellungen und Vorstellungen mobilisieren die Widerstands- und Selbstheilungskräfte der Seele. Mit ihrer Hilfe kann man Erziehungsfehler ausgleichen, kleine Alltagsprobleme leichter lösen, schwere Enttäuschungen und Schicksalsschläge verarbeiten, anstatt sie zu verdrängen, und sich selbst verwirklichen. Die Ausdauer, die zu Beginn des Trainings erforderlich ist, um die Anfangsschwierigkeiten zu meistern, zahlt sich immer aus. Wenn negative Einflüsse (etwa aus der Vergangenheit) anfangs zu mächtig sind und dem Training im Weg stehen, dann kann der Therapeut darüber hinweghelfen.

Als Technik zur Gesundheitsvorsorge sollten positive Erwartungen, Einstellungen und Vorstellungen möglichst lebenslang täglich neu erarbeitet und geübt werden.

Überleben im Alltagsstreß

Noch in den fünfziger Jahren des 20. Jahrhunderts galt der Streß vor allem als Problem jener Männer, die sich auf der Karriereleiter zur Spitze emporgearbeitet hatten. Der Begriff „Managerkrankheit" entstand. Heute spricht man kaum noch von ihr. Auf Grund langjähriger Studien wissen wir inzwischen, daß die Männer und Frauen in den Chefzimmern und Vorstandsetagen Streß verbreiten, ihm aber selten zum Opfer fallen. Erfolgreiche Karriere erwies sich als wirkungsvolle „Streßbremse". Die schädlichen Streßfolgen betreffen vor allem die Mitarbeiter in nachgeordneten Positionen der Betriebshierarchie.
Wir wissen heute auch, daß Streß sich keineswegs nur auf das Berufsleben beschränkt. Streß ist allgegenwärtig – in der Schule, im Haushalt, in der Freizeit, ja selbst im Altenheim oder Krankenhaus – und manchen verfolgt er bis in den Schlaf.
Trotzdem verkennt man die Problematik, wenn man nur vom „schlechten Streß" als Krankheitsfaktor spricht. In der richtigen Dosis bildet er ein wahres Lebenselixier und hält uns bis ins hohe Alter hinein körperlich, geistig und seelisch fit und beweglich. Streßmangel schadet der Gesundheit ebenso wie übermäßiger Streß und kann unter Umständen lebensbedrohlich werden. Amerikanische Lastwagenfahrer, die ihre riesigen Trucks oft stundenlang über monotone Highways steuern, landeten schon öfters im Straßengraben, weil panische Angst als Folge des Streßmangels sie lähmte oder Sinnestäuschungen zu Fehlreaktionen führten. Einige erlebten zum Beispiel, wie rosarote Kaninchen, groß wie Elefanten, am Straßenrand neben ihnen herhoppelten. Das Bewußtsein schafft sich offenbar mit solchen und ähnlichen Sinnestäuschungen selbst Reize, wenn es an einem gewissen Grundstreß mangelt.
Wenn wir hier vom „Überleben" im Alltagsstreß berichten, dann kann sich das also nur auf den schädlichen übermäßigen oder zu lange anhaltenden Streß beziehen, der in der Tat zum Krankheitsfaktor ersten Ranges für körperliche und geistig-seelische Funktionen werden kann. Allerdings kommt es nicht allein auf Dauer und Art der Streßfaktoren an. Manche Menschen suchen förmlich den Streß und fühlen sich erst dann so richtig wohl, wenn andere unter den Belastungen schon zusammenzubrechen drohen. Das beweist, daß wir bei individuell richtigen Streßreaktionen durchaus auch mit hohen Streßbelastungen leben können, ohne gesundheitliche Schäden davonzutragen. Anti-Streß-Training bedeutet also, die richtigen Reaktionen auf Streß einzuüben.
Am besten erträgt man Streß mit Hilfe des autogenen Trainings. Diese von Professor Schultz vor ungefähr 50 Jahren aus seinen Erfahrungen mit der Hypnose entwickelte Technik zur Selbstbeeinflussung beruht auf unserer Fähigkeit, uns durch bildhafte Vorstellungen selbst positiv zu beeinflussen. Dabei werden auch jene Funktionen normalisiert, die dem Denken und Wollen nicht unterliegen, also auch die Reaktionen auf Streß.

Im Grund reagiert der Mensch auf Streß so primitiv wie der Urmensch, der einem Höhlenbären begegnete. Das vegetative Nervensystem schaltet auf Angriff oder Flucht um, andere Möglichkeiten wurden von der Natur nicht vorprogrammiert. Dazu mobilisiert der Körper alle Kräfte, die Sinnesorgane werden geschärft. Gehirn, und Nerven stehen unter Hochspannung, um sekundenschnell richtige Entscheidungen treffen und die Befehle dazu weiterleiten zu können; im Augenblick überflüssige Funktionen werden auf „Sparflamme" geschaltet, um keine Energie zu vergeuden. Im seelischen Bereich kann der akute Streß vor allem zu Angstgefühlen führen.

Im allgemeinen nützt es dem heutigen Menschen aber wenig, wenn er sich auf Angriff oder Flucht vorbereitet. Der Streß unserer Tage kann meist nicht auf diese Weise beseitigt werden. Die mobilisierten Energien und körperlich-vegetativen Umschaltungen erweisen sich deshalb in den meisten Fällen als überflüssig. Sie müssen wieder normalisiert werden. Die beste Möglichkeit dazu wäre der Verbrauch der aktivierten Energien durch körperliche Anstrengung. Praktisch läßt sich das aber nicht verwirklichen. Der Autofahrer, im kilometerlangen Stau auf der Autobahn gestreßt, kann nicht einfach aussteigen und seine Energie durch einen Dauerlauf verbrauchen. Der vom Chef getadelte Angestellte muß an seinen Arbeitsplatz zurück, ohne die Streßreaktionen körperlich abarbeiten zu können. Deshalb kann akuter Streß noch lange nachwirken, bis der Organismus sich selbst wieder reguliert hat.

Noch schlimmer sieht es aus, wenn Streß dauernd besteht. Dann kann eine Normalisierung überhaupt nicht mehr vollständig erfolgen. Es kommt zum Anpassungssyndrom mit dauernden körperlichen Funktionsstörungen und bleibenden seelischen Veränderungen, vor allem depressiven Verstimmungen. Die Rolle, die dabei auch die Überträgerstoffe des Gehirns spielen, lernten wir weiter vorne schon kennen.

Mit dem Willen lassen sich Streßreaktionen nicht steuern, da die Umschaltung über das – der bewußten Beeinflussung nicht zugängliche – vegetative Nervensystem zustandekommt. Möglich ist das nur durch positive, bildhafte Vorstellungen, wie man sie beim autogenen Training erlernt. Mit ihrer Hilfe bleibt der Geübte auch in schwierigen Situationen ruhig und überlegen und schwächt die unerwünschten Streßreaktionen soweit ab, daß keine schädlichen Folgeschäden mehr zu befürchten sind. Da die postitiven Vorstellungen beim Geübten dazu neigen, sich gegen alle Widerstände zu verwirklichen, kann man mit AT tatsächlich bald immer und überall selbst bei stärkstem Streß einen kühlen, klaren Kopf behalten.

Autogenes Training (AT)

Autogenes Training basiert auf der Beobachtung von Professor Schultz, daß Schwere und Wärme bei der Umschaltung des vegetativen Nervensystems während der Hypnose-Einleitung regelmäßig auftreten. Deshalb stellt sich der Übende bei den ersten beiden AT-Grundübungen vor, wie Schwere und Wärme in einen seiner Arme ziehen. Diese Beschränkung auf ein Glied erwies sich als nützlich, denn man kann sich besser auf einen begrenzten Körperabschnitt als

auf den ganzen Körper konzentrieren. Die Schwere und Wärme, die man durch Messungen nachweisen kann, dehnt sich beim Geübten automatisch auf den restlichen Körper aus (Generalisierung).
Wenn nach etwa vier Wochen durch die Vorstellungen Schwere und Wärme deutlich spürbar werden, beruhigt man die Herzfunktionen, die durch Streß besonders oft ungünstig verändert werden. Der Volksmund kennt dazu viele Sprüche, man denke an „Das Herz blieb vor Schreck stehen" oder „Das Herz schlägt bis zum Hals". Allerdings reagiert unser Herz auf Vorstellungen besonders sensibel, und während dieser AT-Übung treten häufiger unerwünschte, aber nicht gefährliche Nebenwirkungen auf. Wer AT im Selbststudium erlernt, sollte die Herzübung ausfallen lassen und gleich zur Atemübung weitergehen.
Atmung und Seelenleben stehen in enger Beziehung zueinander. Rund 50 Prozent aller Menschen, die heute in Industriestaaten leben, leiden unter Atemfehlhaltungen, vor allem hektischer Kurzatmung. Deshalb kann die Harmonisierung der Atmung viel zum richtigen Umgang mit Streß beitragen. Wer in jeder Situation ruhig und tief atmet, behält dadurch immer seine überlegene Gelassenheit. Allerdings darf die Atemübung nicht in der willentlichen Steuerung der Atmung bestehen, das schadet eher. Man „läßt einfach atmen", gibt sich dem natürlichen Rhythmus der Atmung hin und findet so in kurzer Zeit zu mehr Ruhe und Gelassenheit.
Im Oberbauch befindet sich ein mächtiges Nervengeflecht des vegetativen Nervensystems, das für die Steuerung der Bauchorgane – insbesondere der Verdauungsorgane – verantwortlich ist. Daraus erklärt sich, weshalb Streß so häufig zu Verdauungsstörungen bis hin zu Magengeschwüren führt. Mit der Vorstellung von strömender Wärme im Leib kann dieses „Sonnengeflecht" (Solar plexus) harmonisiert werden.
Die letzte AT-Grundübung erzeugt einen Hauch von Kühle auf der Stirn. Ihre Bedeutung wird ohne viel Worte klar, wenn man sich an die Volksweisheit vom „kühlen Kopf" erinnert, den man in allen Situationen behalten sollte.
Die folgende Übersicht veranschaulicht den Ablauf des Autogenen Trainings für Anfänger in den ersten zwölf Wochen.

Grundhaltungen

Geeignet ist jede entspannte Haltung. Manche AT-Anfänger üben sogar mit gutem Erfolg in der Bauchlage, andere in der Einschlafstellung. Aus seinen Erfahrungen mit Patienten entwickelte Professor Schultz aber drei zum Training besonders geeignete Grundhaltungen.
Passive Sitzstellung: Dazu benötigt man einen Sessel mit hoher Rückenlehne und Armlehnen. Der Kopf wird gegen das Rückenpolster gelegt, die Arme ruhen auf den Seitenlehnen, die Beine werden leicht gespreizt, und die Füße stehen fest auf dem Boden.
Aktive Sitz-(Droschkenkutscher-)haltung: Diese Stellung erinnert an die des Kutschers, der entspannt auf dem Bock sitzt und auf Fahrgäste wartet. Sie kann vom Fortgeschrittenen praktisch überall zum Training eingenommen werden, ohne daß es auffällt, etwa in der Bahn oder in der Wartehalle des Flughafens. Man setzt sich dazu auf einen Stuhl oder eine Bank ohne Armlehnen, richtet sich

im Sitzen auf und „sackt" dann locker nach vorne, aber nicht zu weit, sonst wird der Bauch beengt. Übergewichtige werden in dieser Stellung unter Umständen Mißempfindungen im Bauch spüren. Die Unterarme ruhen auf den Oberschenkeln, die Hände hängen locker zwischen den Schenkeln herab, die Beine werden leicht gespreizt, und die Füße stehen fest auf dem Boden. Der Kopf hängt leicht nach vorne, der Unterkiefer wird schwer, aber er öffnet sich nicht.
Liegehaltung: Die meisten Anfänger üben in dieser Stellung am besten. Der Körper liegt flach auf einer Decke am Boden, auf dem Bett oder einer Couch, der Kopf ruht ein wenig erhöht auf einem Kissen. Die Arme werden in den Ellbogen leicht angewinkelt, die Handflächen zeigen nach unten, und mit zunehmender Entspannung fallen die Fußspitzen locker ein wenig nach außen. Manche Menschen spüren in dieser Haltung Mißempfindungen vor allem in der Schultergegend und am Rücken. Dann werden die betroffenen Körperpartien durch Kissen und Decken unterpolstert, so daß man ganz bequem liegt. Da solche unangenehmen Gefühle auf eine Verkrümmung oder andere krankhafte Veränderung an der Wirbelsäule hinweisen können, sollte man gelegentlich mit dem Fachmann darüber sprechen.

In den ersten Tagen des Trainings probiert man die verschiedenen Übungshaltungen oder individuelle Stellungen aus, bis man die richtige gefunden hat. Diese sollte dann immer beibehalten werden. Lediglich zum Training außer Haus empfiehlt es sich, die aktive Sitzhaltung zusätzlich zu erlernen, damit man sich nach einiger Übung bei passender Gelegenheit überall rasch entspannen kann. Ständiger Wechsel der Haltungen während des Grundtrainings verzögert oft den Eintritt der Wirkung.
Das folgende Übungsschema sollte möglichst genau eingehalten werden. AT basiert nicht zuletzt auch auf diesem genauen Trainingsplan, der wenig Raum für individuelle Abweichungen läßt, dadurch aber auch Fehlern beim Training vorbeugt und die Wirkung verbessert, weil ständige Wiederholung gleicher Haltungen und Vorstellungen bald zur Verankerung im Unterbewußtsein führt. Von dort her tritt die Wirkung dann automatisch ein.
Bei allen Übungen ist die Zurücknahme der Übungszustände sehr wichtig. Wenn man sie vergißt, bleibt oft noch lange Zeit unangenehme Schwere, Kribbeln, Taubheit oder eine ähnliche Mißempfindung zurück. Sie kann aber rasch unterbrochen werden, indem man sich nochmals in den AT-Zustand versetzt, der bei der Übung erreicht wurde, und dann zurücknimmt. Lediglich in zwei Situationen ist die Zurücknahme nicht erforderlich: Wenn man beim Training einschläft oder durch einen kurzen Schock (Telefon, Klingeln und ähnliches) aufgeschreckt wird. Die Arme sollen bei der Zurücknahme immer kräftig gebeugt und gestreckt werden.

Übungsplan 1. und 2. Woche: Armschwere

Die Schwerevorstellung konzentriert sich auf einen Arm, denn auf beide Arme gleichzeitig kann man sich schwerer konzentrieren, und ständiger Wechsel beeinträchtigt die Wirkung. Rechtshänder wählen den rechten, Linkshänder den linken Arm.

Einleitung	Ich bin ganz ruhig.	1mal
Armschwere	Rechter Arm ganz schwer.	6mal
	Ich bin ganz ruhig.	1mal
	Rechter Arm ganz schwer.	6mal
	Ich bin ganz ruhig.	1mal
	Rechter Arm ganz schwer.	6mal
Zurücknahme	Arme beugen und strecken, tief atmen, Augen auf.	1mal

Übungsplan 3. und 4. Woche: Armwärme

In der 3. Woche geht man zur Wärmevorstellung über. Dabei spielt es keine Rolle, ob die Schwere sich schon deutlich einstellt oder bereits in der ersten Übungsphase automatisch auch Wärme aufgetreten ist. Die Schwere wird beim weiteren Training intensiver, und die Wärme erreicht man zuverlässiger, wenn man sie systematisch trainiert. Rechtshänder wählen wieder den rechten, Linkshänder den linken Arm.

Einleitung	Ich bin ganz ruhig.	1mal
Armschwere	Rechter Arm ganz schwer.	6mal
	Ich bin ganz ruhig.	1mal
Armwärme	Rechter Arm ganz warm.	6mal
	Ich bin ganz ruhig.	1mal
	Rechter Arm ganz warm.	6mal
	Ich bin ganz ruhig.	1mal
	Rechter Arm ganz warm.	6mal
Zurücknahme	Arme beugen und strecken, tief atmen, Augen auf.	1mal

Schwere und Wärme erfassen bei konsequentem Training bald automatisch auch den übrigen Körper (Generalisierung).

Übungsplan 5. und 6. Woche: Herzübung

Normalerweise geht man in der 5. Woche zur Herzübung weiter, auch wenn Schwere und Wärme sich noch nicht ganz intensiv einstellen. Das Ergebnis bessert sich mit zunehmender Übung immer mehr. Die Herzübung kann aber zu unerwünschten Nebenwirkungen führen. Herzkranke dürfen sie deshalb nur unter fachmännischer Anleitung erlernen, Gesunde sollten ebenfalls zu dieser Übung den Therapeuten aufsuchen oder gleich zur Atemübung weitergehen. Wer die Herzübung dennoch selbst erlernen will, achte auf alle unangenehmen Empfindungen in der Herzgegend. Sie können, müssen aber nicht auftreten. Bei den ersten Anzeichen von Herzbeschwerden unterbricht man das Training mit der Zurücknahme und übt zukünftig nach der Armwärme gleich die Atemberuhigung oder erlernt die Herzübung beim Fachmann.
Die Vorstellungen bei der Herzübung können in „Puls ruhig und regelmäßig" oder „Herz schlägt ruhig und kräftig" (nie langsam) abgewandelt werden, das hängt von den individuellen Reaktionen ab.

Einleitung	Ich bin ganz ruhig.	1mal
Armschwere	Rechter Arm ganz schwer.	6mal
	Ich bin ganz ruhig.	1mal
Armwärme	Rechter Arm ganz warm.	6mal
	Ich bin ganz ruhig.	1mal
Herzübung	Herz ruhig und regelmäßig.	6mal
	Ich bin ganz ruhig.	1mal
	Herz ruhig und regelmäßig.	6–12mal
Zurücknahme	Arme beugen und strecken, tief atmen, Augen auf.	1mal

Übungsplan 7. und 8. Woche: Atemübung

Dies Übung soll den Atemrhythmus nicht willentlich beeinflussen, sondern die natürliche, harmonische Tiefatmung fördern. Um dies deutlich zu machen, empfiehlt Professor Schultz hier das zielsetzende „Es atmet mich", eine Vorstellung, die verdeutlicht, daß die Atmung nicht willentlich gelenkt werden darf.

Einleitung	Ich bin ganz ruhig.	1mal
Armschwere	Rechter Arm ganz schwer.	6mal
	Ich bin ganz ruhig.	1mal
Armwärme	Rechter Arm ganz warm.	6mal
	Ich bin ganz ruhig.	1mal
Herzübung	Herz ruhig und regelmäßig.	6mal
	Es atmet mich.	1mal
Atemübung	Atmung ruhig und regelmäßig.	6mal
	Es atmet mich.	1mal
	Atmung ruhig und regelmäßig.	6–12mal
Zurücknahme	Arme beugen und strecken, tief atmen, Augen auf.	1mal

Patienten mit Erkrankungen der Atmungsorgane sollten diese Übung erst nach Rücksprache mit dem Therapeuten durchführen.

Übungsplan 9. und 10. Woche: Leibübung

Mit dieser Übung werden die Verdauungsorgane entspannt, die besonders häufig von seelisch-nervösen Störungen betroffen sind. Das gelingt gut, indem man sich wohltuende Wärme im Sonnengeflecht vorstellt. Dieses mächtige Nervengeflecht befindet sich in der Tiefe des Bauchraums hinter dem Magen und versorgt viele Organe im Bauch.

Die Vorstellung der Wärme im Sonnengeflecht kann bei Bedarf abgewandelt werden, wenn man mit dem Begriff Sonnengeflecht keine bildhafte Vorstellung verknüpfen kann. Statt dessen gebraucht man dann die Vorstellung der Wärme im Bauch, Leib oder in der Magengegend. Die individuell geeignete Vorstellung muß der Anfänger selbst finden.

Einleitung	Ich bin ganz ruhig.	1mal
Armschwere	Rechter Arm ganz schwer.	6mal
	Ich bin ganz ruhig.	1mal

Armwärme	Rechter Arm ganz warm.	6mal
	Ich bin ganz ruhig.	1mal
Herzübung	Herz ruhig und regelmäßig.	6mal
	Es atmet mich.	1mal
Atemübung	Atmung ruhig und regelmäßig.	6mal
	Ich bin ganz ruhig.	1mal
Leibübung	Sonnengeflecht strömend warm.	6mal
	Ich bin ganz ruhig.	1mal
	Sonnengeflecht strömend warm.	6–12mal
Zurücknahme	Arme beugen und strecken, tief atmen, Augen auf.	1mal

Übungsplan 11. und 12. Woche: Stirnübung

Diese Übung vollendet die Entspannung. Nie darf die Vorstellung der Kühle in „kalt" abgewandelt werden, sonst drohen Kopfschmerzen oder Ohnmacht als Folge der Minderdurchblutung des Gehirns.

Einleitung	Ich bin ganz ruhig.	1mal
Armschwere	Rechter Arm ganz schwer.	6mal
	Ich bin ganz ruhig.	1mal
Armwärme	Rechter Arm ganz warm.	6mal
	Ich bin ganz ruhig.	1mal
Herzübung	Herz ruhig und regelmäßig.	6mal
	Es atmet mich.	1mal
Atemübung	Atmung ruhig und regelmäßig.	6mal
	Ich bin ganz ruhig.	1mal
Leibübung	Sonnengeflecht strömend warm.	6mal
	Ich bin ganz ruhig.	1mal
Stirnübung	Stirn ein wenig kühl.	6mal
	Ich bin ganz ruhig.	1mal
	Stirn ein wenig kühl.	6–12mal
Zurücknahme	Arme beugen und strecken, tief atmen, Augen auf.	1mal

Allein diese sechs Grundübungen, die man bei täglichem Training durchschnittlich nach zwölf Wochen beherrscht, können zum richtigen Umgang mit Streß genügen. Unmerklich wird man im Lauf des Trainings ruhiger und gelassener. Verbessert wird dieser Effekt noch, wenn man sich im Anschluß an Stirnkühle noch durch formelhafte Vorstellungen selbst günstig gezielt beeinflußt.

Voraussetzung für den Übungserfolg ist das regelmäßige autogene Training. Anfänger sollten dreimal täglich, zumindest aber morgens und abends üben, Fortgeschrittene mindestens jeden Abend. Das erfordert nicht viel Zeit, und allmählich kommt man soweit, daß man sich die gewünschten Zustände der Ruhe, Schwere und Wärme nur einmal vorzustellen braucht, um sie sofort zu erleben. Die vegetative Umstellung gelingt beim Geübten in Sekundenschnelle. Die verkürzte Vorstellung lautet: Ruhe – Schwere – Wärme – Herz und Atmung ruhig und regelmäßig – Sonnengeflecht strömend warm – Stirn ein wenig kühl. Auch im Alltag kann man sich bei Bedarf mit einem tiefen Atemzug und entsprechenden Vorstellungen schlagartig beruhigen und entspannen, zum Beispiel eine zehnminütige Kurzschlafpause einlegen oder schädliche Streßreaktionen eindämmen. So rasch und spürbar ist das durch keine andere Selbsthilfetechnik möglich.

Auf die zahllosen anderen Anwendungsgebiete des AT soll hier nicht weiter eingegangen werden. Hingewiesen sei aber noch darauf, daß die bildhaften positiven Vorsatzformeln im Anschluß an die Übung der Stirnkühle auch gegen leichtere Angstzustände und Depressionen helfen, gleichgültig aus welchen Ursachen sie entstanden. Die Formulierung der geeigneten Vorstellungen bleibt stets dem Übenden überlassen. Als Grundregel gilt: Sie sollen möglichst kurz und klar, bildhaft und positiv formuliert werden. Am besten erlernt man das in einem Kurs oder aus einem Buch.

Besonders gute Erfahrungen mit AT erzielen viele Anfänger, wenn sie es zu Hause mit Hilfe einer Tonkassette erlernen. Im Gegensatz zum Buch kann man eine Kassette fast „nebenbei" immer wieder abhören und erzielt durch diese Berieselung nach den Erkenntnissen der Lernpsychologie meist schnellere, intensivere Wirkungen. Der Lernstoff wird durch die Berieselung ins Unbewußte aufgenommen. Dieser Bereich unserer Seele vergißt nichts, und was daraus wieder an die Oberfläche des Bewußtseins gelangt, läuft ohne viel Nachdenken weitgehend automatisch ab. Gerade die bald spürbare erste Wirkung hilft dem Anfänger über die Schwierigkeiten zu Beginn des Trainings hinweg und motiviert ihn zum Durchhalten. Deshalb eignet sich die meist rasch wirksame Kassette in der Praxis so gut.

Eine preiswerte, wohlüberlegte Tonkassette, die zu jedem handelsüblichen Kassettenrekorder paßt, bietet die Firma Biozan GmbH, Abteilung Bildung und Wissen, Postfach 211442, in 6700 Ludwigshafen, zum Preis von DM 19,80 zuzüglich Porto und Verpackung unter der Bestellnummer B 19 an. Sie kann jedem empfohlen werden, der keine Gelegenheit zum Besuch eines AT-Kurses hat. Aber auch dem Kursabsolventen hilft die Kassette beim Training. Von entscheidender Bedeutung kann es dabei sein, daß der Text der Kassette zwar zum Erlernen des AT anleitet, die eigentlichen Übungen aber dem Hörer selbst überlassen bleiben. Er steht nicht unter fremdem Einfluß, der unbewußt von vielen Menschen abgelehnt wird.

Autogenes Training allein trägt schon sehr viel zur Vorbeugung unerwünschter Streßfolgen bei. Fast jeder kann und sollte es erlernen und als selbstverständlichen Bestandteil der täglichen körperlich-seelischen Gesundheitspflege lebenslang ausüben. Daneben gibt es noch einige andere Hilfsmittel zum „Überleben" im Alltagsstreß, die zusätzlich eingeübt werden sollten. Dazu gehören:

Abhärtung und Bewegung

Vor allem in USA schicken manche Firmen ihre leitenden Angestellten für einige Tage zum Anti-Streß-Training, dessen extrem harte körperliche und seelische Anforderungen eher an das Überlebenstraining erinnern, das Spezialtruppen der Armee absolvieren. Der Erfolg gibt ihnen recht, die Angestellten kehren „gestählt" in den Berufsalltag zurück. Einfacher und bei regelmäßiger Anwendung mindestens ebenso wirkungsvoll sind abhärtende Wasseranwendungen nach Pfarrer Kneipp, vor allem Wassertreten, kalte Güsse und Wechselduschen (warm/kalt). Dadurch erzielt man über den Körper eine seelische „Abhärtung" gegen Streß. Zusätzlich sollte man regelmäßig für ausreichend Bewegung an der frischen Luft sorgen, um überschüssige Streßenergien zu verbrauchen. Dauerlauf im Wald bewährt sich dazu besonders. Wir kommen später noch ausführlich darauf zurück.

Ziele erkennen

Wer nicht so recht weiß, was er will oder wie er seine Ziele erreichen kann, verzettelt seine Kräfte und steht bald unter erheblichem Streß. Deshalb empfiehlt es sich, in großen Zügen einen Lebensplan zu entwerfen und zu überlegen, wie man ihn verwirklichen kann. Ziele und Lösungen arbeitet man am besten schriftlich aus und achtet dabei auf klare, unmißverständliche Formulierungen. Anschließend geht man daran, die einzelnen Ziele zeitlich zu ordnen. Dazu stellt man Jahres- und Monatspläne mit erreichbaren Zielen auf, die dann auch mit aller Energie realisiert werden sollen. Um die Planungen noch überschaubarer zu machen, unterteilt man nochmals in Wochenpläne und ordnet die täglichen Aufgaben nach ihrer Dringlichkeit in einem Tagesplan ein. Dadurch verwirklicht man mit einem Minimum an Streß viel leichter und schneller die Ziele und Erwartungen, und die Erfolgserlebnisse geben neuen Auftrieb. Einmal wöchentlich nimmt man sich etwas Zeit und geht die Erfahrungen der vergangenen sieben Tage durch, analysiert die Ursachen von Mißerfolgen und arbeitet Erfolge heraus, die vielleicht nicht ganz bewußt wurden. Allerdings darf diese Planung nicht zum beengenden „Korsett" werden, das überhaupt keinen Freiraum mehr für Spontaneität läßt. Zu strenge Planung behindert die Lebensfreude und wird selbst zum Streß.

Selbstbehauptungstraining

Ein gewisses Maß an Egoismus und Selbstbehauptung ist unbedingt notwendig, um übermäßigen Streß zu vermeiden und seelisch gesund zu bleiben. Wer zum Beispiel nie „Nein" sagen kann, wird allzuleicht ausgenutzt und kann sich wohl nie selbst verwirklichen. Durch Übung kann man die Persönlichkeit so aufbauen, daß sie sich im Rahmen der unverzichtbaren sozialen Normen und Regeln kraftvoll behaupten und durchsetzen kann. Einige Ratschläge dazu gaben wir bereits im Kapitel über das Leben im Einklang mit sich selbst, und auch die Anregungen zum Überleben im Streß dienen der besseren Selbstbehauptung. Unter Umständen muß Selbstbehauptung aber auch mit Hilfe des Psychotherapeuten erworben und gefestigt werden.

Entscheidungstraining

Vielen Menschen fällt es schwer, sich klar und eindeutig für oder gegen etwas zu entscheiden. Es sind keineswegs die „Dümmsten" und Lebensuntüchtigen, die unter Entscheidungsschwäche leiden. Gerade der intelligente, phantasiebegabte und sensible Mensch wird versuchen, die Tragweite seiner Entscheidungen zu überblicken und dadurch sehr viele Für und Wider entdecken, die ihm die Entscheidung ungemein erschweren. Dadurch setzt man sich aber unter starken Streß. Zunächst wird die Entscheidung immer weiter vor sich hergeschoben – wenn man sich dann unter äußerem Druck doch entscheiden mußte, grübelt man hinterher ständig, ob nicht diese oder jene andere Lösung doch besser gewesen wäre. Daraus können sich sogar Angstzustände und Depressionen entwickeln. Deshalb ist es für die seelische Gesundheit und zur Streßvorbeugung ungemein wichtig, Entscheidungen richtig vorzubereiten und durchzudenken, dann ohne Zaudern zu fällen und hinterher auch zu der Entscheidung zu stehen. Innerhalb gewisser Grenzen, die in der Persönlichkeit verankert sind, kann man das erlernen. Ewige Zauderer brauchen unter Umständen aber psychotherapeutische Hilfe, denn dahinter kann sich auch eine seelische Störung verbergen.

Intelligenz- und Kreativitätstraining

Logisches Denken, das bis zur Gewohnheit trainiert wurde, hilft uns in vielen Lebenslagen. Wir behalten auch in verworrenen Situationen die Übersicht und können Probleme rasch und sachlich richtig lösen. Dadurch wird der Streß erheblich vermindert und die Leistungsfähigkeit gesteigert. Eine gute Hilfe zum Training des logischen Denkens sind die Denksportaufgaben, die manche Zeitschriften veröffentlichen.

Mit der Intelligenz allein ist es aber nicht getan. Aufgaben löst man leichter und mit einem Minimum an Streß, wenn man kreativ denkt, also neue Ideen und Lösungen erarbeitet. Ähnlich wie das Gedächtnis kann man auch die Kreativität trainieren. Dazu gehört zum Beispiel das Denken in Bildern, die Betrachtung von Problemen aus verschiedenen Blickwinkeln, die Kunst der Improvisation und die Fähigkeit, neue Ideen zu analysieren, also verständlich und transparent zu machen.

Gedächtnis- und Konzentrationstraining

Ein gutes Gedächtnis kann das Leben ungemein erleichtern. Es kommt vor allem darauf an, die Gedächtnisinhalte bei Bedarf jederzeit abrufen zu können. Dazu bewährt es sich, sie mit bildhaften Vorstellungen zu verknüpfen und möglichst noch Gefühle daran zu binden.

Schließlich muß auch die Konzentrationsfähigkeit intakt sein, denn wer konzentriert arbeitet, leistet mehr bei weniger Streß.

Es kann nicht die Aufgabe dieses Buches sein, zu Entscheidungsfreudigkeit, besserer Gedächtnisleistung und Konzentration, mehr Kreativität und logischem Denken anzuleiten. Im Buchhandel werden zahlreiche Programme zum Selbsttraining angeboten. Auch manche Volkshochschulen führen schon entsprechende Kurse durch, deren Besuch sehr zu empfehlen ist.

Wir konnten das Streßproblem in diesem Kapitel auch nicht annähernd vollständig abhandeln, sondern nur Anregungen zur Selbsthilfe geben. Der interessierte und betroffene Leser kann sich dann selbst ausführlich informieren. Anti-Streß-Training gehört gerade heute, da Streß zum täglichen Begleiter geworden ist, zu den unverzichtbaren Maßnahmen der regelmäßigen körperlich-seelischen Gesundheitsvorsorge. Es schützt vor Angst und Depressionen ebenso wie vor vielen anderen seelischen und organischen Störungen und hilft uns, ein erfülltes, gesundes Leben zu führen.

Der „Trauerarbeit" nicht ausweichen

Jeder von uns empfindet Trauer, wenn ein Mensch seines Lebenskreises stirbt. Wir trauern aber auch, wenn eine zwischenmenschliche Beziehung aus anderen Ursachen zu Ende geht, zum Beispiel durch Trennung oder Scheidung. Zwar kann sich die Trauer in solchen Fällen hinter anderen, negativen Gefühlen verbergen, vorhanden ist sie aber in jedem Fall. Im weiteren Sinn empfinden wir Trauer schließlich auch nach vielen anderen Schicksalsschlägen.

Alle diese Lebenserfahrungen müssen in der Folgezeit individuell verarbeitet werden, damit man darüber hinwegkommt. Diesen Vorgang bezeichnet man in der Psychologie als Trauerarbeit. Der heutige Mensch neigt eher dazu, solche Verluste und negativen Ereignisse möglichst rasch zu vergessen, zu verdrängen. Er weicht der Trauerarbeit aus, bezahlt dafür aber mit seiner seelischen Gesundheit.

In der Regel unterstützt ihn die Umwelt noch bei der Verdrängung, erwartet sogar Selbstbeherrschung von ihm. Denn so wie der einzelne Mensch strebt auch die Gesellschaft insgesamt danach, negativen Lebenserfahrungen auszuweichen. Offensichtliches, lautstarkes Trauern und Jammern ist bei uns nicht mehr gefragt, die bei den Mittelmeervölkern üblichen, für die seelische Gesundheit wichtigen Gefühlsausbrüche muten uns übertrieben und kitschig an. Aus dieser Unterdrückung natürlicher Gefühle resultieren bei vielen Menschen langdauernde depressive Verstimmungen und Angstzustände, die von Aggressivität und psychosomatischen Erkrankungen vor allem am Herzen („gebrochenes Herz") und den Verdauungsorganen, manchmal sogar von Persönlichkeitsveränderungen, begleitet werden.

Davor schützt nur die aktive Verarbeitung des Leids, das über einen gekommen ist, und die Einsicht der Mitwelt, daß der Trauernde ein Recht auf diese Trauergefühle hat und bei ihr nicht behindert werden darf. Im Grunde gilt es also, eine gesunde innere Einstellung zum Leid als unvermeidbarem Bestandteil des menschlichen Lebens wiederzufinden.

Die Trauerarbeit hängt von vielen individuellen Faktoren ab. Eine wichtige Rolle spielt dabei, wie stark wir von dem Verlust betroffen wurden. Ein altes Ehepaar, das jahrzehntelang eng und harmonisch zusammenlebte, reagiert beim Verlust eines der Partner natürlich ganz anders als junge Menschen, die nach kurzer Ehe entdecken, daß sie doch nicht zusammenpassen, und sich deshalb zur Scheidung entschließen. Trotzdem kann man einige Trauerreaktionen in ähnlicher Weise bei fast allen Betroffenen nachweisen. Die meisten neigen anfangs dazu, sich von der Umwelt zu isolieren, um sich ausschließlich mit dem Verstorbenen oder aus anderer Ursache getrennten Menschen zu beschäftigen. Sie nehmen gewissermaßen Abschied von ihm. Der Appetit wird meist deutlich beeinträchtigt, Verstopfung und Durchfälle können auftreten. Sehr oft sind die Betroffenen unfähig, sich durch Arbeit abzulenken. Wer in der ersten Zeit – oft unter dem Druck der Umwelt, die dringend dazu rät – in die Arbeit flüchtet,

reagiert abnorm und behindert die notwendige Trauerarbeit.
Rund die Hälfte aller Trauernden klagt über Schlafstörungen, aber fast alle fühlen sich müde und abgespannt. Weinen als Ausdruck der Trauer können allerdings nur etwa 50 Prozent, obwohl es ungemein befreiend wirkt. Wahrscheinlich ist dafür auch die Erwartung der Mitmenschen mit verantwortlich, die ein unterdrücktes Schluchzen akzeptieren, aber nicht das erleichternde Weinen – zumindest nicht in der Öffentlichkeit.
Die moderne Psychologie warnt nachdrücklich vor der trügerischen, weit verbreiteten Hoffnung, sich durch Verdrängung und Oberflächlichkeit vor der Trauerarbeit „drücken" zu können. Unsere heutige Einstellung zur Trauer entspringt dem kollektiven, krankhaften Bedürfnis, die Augen vor den schmerzlichen Realitäten des Lebens zu verschließen. Sie führt zu einem verzerrten Weltbild, das die Grundlagen für seelische Störungen schafft, insbesondere Angst und Depressionen begünstigt. Wir müssen daher zurückfinden zum Durchleiden der Trauer, aus der wir gestärkt und stabilisiert hervorgehen und wieder offen für das Leben und seine neuen, positiven Erfahrungen werden.
Ungemein wichtig für die Trauerarbeit ist das richtige Verhalten der Mitmenschen gegenüber den Betroffenen. Billige Ratschläge wie das beliebte „Kopf hoch!" oder gar der Versuch, den Trauernden durch Zerstreuungen und Vergnügungen abzulenken, sind grundverkehrt. Er spürt dahinter den Anspruch der Ratgeber, so rasch wie möglich wieder ein „angenehmer", unterhaltsamer Mensch zu werden, und wird versuchen, durch Verdrängung diesen Ansprüchen gerecht zu werden. Damit verzögert sich aber die Trauerarbeit, kann vielleicht überhaupt nicht abgeschlossen werden.
Natürlich spricht nichts dagegen, wenn Freunde und Angehörige vorsichtig versuchen, den Trauernden zeitweise von seinem Verlust abzulenken, sobald er die ersten Tage bis nach der Beerdigung überstanden hat. Das zeigt ihm, daß er noch dazugehört. Und vor allem älteren Menschen hilft es, wenn man sie in der Folgezeit um Hilfeleistungen bittet, sie sinnvoll beschäftigt, damit sie sich nicht nutzlos fühlen. Es kommt auf die richtige Art und Weise an. Wer einen Trauernden zu ausgelassenen Festen „schleppt" oder mit Aufträgen überhäuft, begeht nicht nur eine Taktlosigkeit, er behindert auch die Trauerarbeit. Sie dauert individuell unterschiedlich lang und kann durch Anregungen von außen zwar erleichtert, aber kaum abgekürzt werden.
In den ersten Tagen (akute Trauerphase) soll die Umwelt Anteil nehmen und selbst Trauer zeigen, wenn das angebracht ist und – wegen der vielleicht nur oberflächlichen Beziehungen zu einem Verstorbenen – nicht gekünstelt wirkt. Oft hilft es dem Trauernden am besten, wenn man einfach da ist, schweigend menschliche Nähe spüren läßt und unaufdringlich wartet, bis er selbst sprechen möchte. Außerdem können die von dem Trauerfall weniger betroffenen Mitmenschen in praktischen Dingen viel helfen. Das Leben geht ja weiter, aber in seiner Trauer steht der Betroffene den Anforderungen des Alltags oft hilflos gegenüber. Er ist dankbar für jede Besorgung, die man ihm in diesem ersten Stadium der Trauerarbeit abnimmt.
Der Trauernde selbst sollte sich nicht der Umwelt zu Gefallen mühsam beherrschen und seinen Schmerz hinter einer Maske verbergen. Er leidet und hat

ein Anrecht darauf, dieses Leid zu zeigen. Wenn ihn die Mitwelt so nicht annimmt, dann ist es meist besser, allein zu trauern, als sich übermenschliche Selbstbeherrschung auferlegen zu müssen.

Falsch wäre es auch, in Arbeitswut, Alkohol, Psychopharmaka oder eine große Reise zu fliehen. Zwar kann die Trauer dadurch unterdrückt werden, aber sie wird nicht bewältigt. Vielmehr sollte man zunächst in der gewohnten Umgebung bleiben und die Lebensgewohnheiten nicht radikal ändern, Alkohol – zumindest im Übermaß – meiden und Arzneimittel zur Beruhigung, Stimmungsaufhellung oder zum Schlafen nur im Notfall und nach ärztlicher Verordnung einnehmen. Eine Urlaubsreise sollte frühestens ein Jahr nach dem Trauerfall, der Scheidung oder einem vergleichbaren Ereignis angetreten werden. Vorher ist man wegen der Trauerarbeit seelisch kaum dazu in der Lage.

Nach einigen Monaten, wenn der akute Schmerz überwunden ist, sollte man darangehen, sich an die Beziehung zu dem verlorenen Menschen bewußt zu erinnern und über diese Erinnerungen auch mit der Umwelt sprechen. Dabei hüte man sich aber davor, den Mitmenschen auf die Nerven zu fallen – sonst steht man mit seinen Erinnerungen bald allein. Auch die Arbeit, die vorher schwergefallen ist, sollte jetzt wieder in geregelten Bahnen ablaufen. Man beginnt gewissermaßen, sich in der neuen Lebenssituation einzurichten, sich damit abzufinden und nach neuen Lebensinhalten zu suchen.

Allerdings werden bis zur völligen Verarbeitung der Trauer im Durchschnitt mindestens zwei Jahre vergehen. Im Alter kommt der Mensch vielleicht überhaupt nie mehr ganz von seiner stillen Trauer los. Aber auch das ist normal und läßt bei richtig bewältigter Trauerarbeit doch noch genügend Raum für neue, positive Lebenserfahrungen.

Zur Trauerarbeit nach dem Tod eines nahestehenden Menschen gehört schließlich auch noch die Trauerkleidung. Sie wird heute oft nur noch zur Beerdigung angelegt. Die Beachtung solcher Trauerriten darf aber nicht als bloße Äußerlichkeit abgetan werden. In allen Kulturen, bei allen Völkern wurden im Lauf der Entwicklung solche Rituale ausgebildet und tief im Bewußtsein der Menschen verankert. Sie tragen mit dazu bei, über einen schmerzlichen Verlust hinwegzukommen. Wer sie mißachtet, läuft nach neuesten psychologischen Forschungen Gefahr, mit der Trauerarbeit nie fertig zu werden und ernsten seelischen Schaden zu nehmen.

Natürlich kann man am Tragen oder Nicht-Tragen von Trauerkleidung nach einem Sterbefall nicht ablesen, ob und wie intensiv die Betroffenen trauern und leiden. Aber man kann daran erkennen, ob sie die Trauerarbeit annehmen oder zu verdrängen suchen.

Trennung und Tod als unausbleibliche Lebenserfahrungen treffen den Menschen immer tief. Das gilt für die gefühlsbetonten Südeuropäer ebenso wie für die „kühleren" Mittel- und Nordeuropäer, das galt für den Menschen in vorchristlicher Zeit ebenso, wie es für den heutigen Menschen gilt. Unterschiede zwischen den Völkern und zwischen den Menschen verschiedener Epochen gibt es nur bei der Verarbeitung solcher Erfahrungen. Die Selbstbeherrschung und Zurückhaltung, die den Normen unserer Gesellschaft entspricht, erwies sich als seelischer Krankheitsfaktor. Deshalb müssen wir zurückfinden zur natürlichen Trauerarbeit, denn nur über das Durchleiden unserer Verluste gelangen wir wieder zu seelischer Stabilität und Gesundheit, den Grundvoraussetzungen neuer Lebensfreude.

Die Behandlung organischer Ursachen von Angst und Depressionen

Die körperlich verursachten Ängste und Depressionen lassen sich durch die bisher vorgestellten Selbsthilfetechniken naturgemäß weder vermeiden noch behandeln. Ihnen liegen krankhafte organische Veränderungen zugrunde, die zunächst fachmännisch untersucht und dann je nach Befund ausgeheilt werden müssen. Normalerweise verschwinden mit der körperlichen Behandlung auch die seelischen Folgen. Manchmal erlebt man allerdings, daß die seelische Störung sich verfestigt und verselbständigt hat, also nach der Besserung der organischen Krankheit fortbesteht. In solchen Fällen empfiehlt sich die anschließende Psychotherapie. Allein durch seelische Behandlung erzielt man bei organisch verursachten seelischen Erkrankungen keine nennenswerte Besserung.
Da die Therapie grundsätzlich dem Fachmann vorbehalten bleibt, können wir uns im folgenden darauf beschränken, die verschiedenen Hilfsmöglichkeiten nur kurz vorzustellen. Der Schwerpunkt liegt dabei auf der unterstützenden Reform der Lebensgewohnheiten, die der Patient nach Anweisung seines Arztes selbst durchführen muß.

Herzangst ist heilbar

Zu Beginn der Therapie muß der Fachmann diagnostisch sorgfältig in Herzangst mit organischen Ursachen (vor allem Angina pectoris) und die vorwiegend aus seelischen Ursachen entstandene Herzneurose unterscheiden. Im ersten Fall liegt der Schwerpunkt der Behandlung auf der Besserung der organischen Veränderung durch Arzneimittel, im zweiten ist stets Psychotherapie angezeigt. In der Regel erfordert die sichere Diagnose umfassende Herz-Kreislauf-Funktionsprüfungen, vor allem die Ableitung der Herzaktionsströme (EKG). Der Patient kann innerhalb der vom Therapeuten vorgegebenen Anweisungen selbst zur Heilung beitragen, darf sich aber nie auf die Selbstbehandlung beschränken. Die Therapie richtet sich nach den Ursachen. Je nach Einzelfall sind Medikamente mit krampflösender, herzstärkender, blutdrucksenkender Wirkung, zusätzlich Arzneimittel zur Normalisierung erhöhter Blutfettwerte und für die verbesserte Sauerstoffversorgung des Herzmuskels erforderlich. Als „klassisches" Mittel bei anfallweiser Herzangst gilt nach wie vor das gefäßerweiternde Nitroglyzerin. Es wird inzwischen auch in Form von Salben zum Auftragen über der Herzgegend angeboten und bewährt sich gut zur Linderung der Anfälle. Als Nebenwirkung kann es zum „Nitro-Kopfschmerz" kommen, eine unerwünschte Folge der Gefäßerweiterung. Ansonsten sind Nitroverbindungen

recht gut verträglich und werden zum Teil rezeptfrei in Apotheken abgegeben. Trotzdem sollten sie nur nach fachmännischer Verordnung verabreicht werden. Zur Stärkung des Herzmuskels bei gleichzeitiger Normalisierung der aus seelischer Ursache gestörten Herzfunktionen und zur Dämpfung der allgemeinen ängstlichen Übererregbarkeit eignen sich verschiedene Heilpflanzen sehr gut. Hauptmittel sind Weißdorn, Herzgespann und der giftige Fingerhut. Zubereitungen aus Herzgespann empfehlen sich dann, wenn die seelisch-nervösen Ursachen eindeutig im Vordergrund stehen. Gegen eher organisch verursachte Beschwerden am Herzen eignet sich dagegen der Weißdorn besser. In schweren Fällen muß er durch Fingerhut-Glykoside (Digitalis) unterstützt werden, die heute aus der Herztherapie nicht mehr wegzudenken sind. Zur besseren Sauerstoffversorgung des Herzmuskels wie auch der übrigen Gewebe kann vor allem Vitamin B 15 beitragen. Diese auch als Oxypangamsäure bekannte Substanz wirkt sehr gut und erzeugt keine Nebenwirkungen. Erklärt sich die mangelhafte Sauerstoffversorgung aus dem Blutbild (Blutarmut), kommen je nach Bedarf Arzneimittel mit Eisen, Vitamin B 12, Kobalt und Kupfer zur Anwendung.
Erhöhte Blutdruckwerte lassen sich oft allein durch salzarme Ernährung, autogenes Training und Herzgespann, Weißdorn oder Mistel schonend, aber dauerhaft normalisieren, ohne daß unerwünschte Nebenwirkungen zu erwarten sind. Es kommt vor allem auf die konsequente Durchführung der Therapie an. In schweren Fällen müssen allerdings Arzneimittel zur Normalisierung des Hochdrucks verabreicht werden, da sonst das Herz übermäßig belastet wird. Neben Zubereitungen aus der Indischen Schlangenwurzel (Rauwolfia), die zugleich beruhigend wirken, eignen sich im Einzelfall auch chemische Beta-Blocker. Diese Arzneimittel blockieren die Beta-Rezeptoren, das sind bisher nur theoretisch bekannte, noch nicht sicher nachgewiesene Strukturen im Körper, die durch biochemische Überträgerstoffe (Hormone wie Adrenalin) beeinflußt werden. Unter anderem sind sie für Angina pectoris und die blutdrucksteigernde Verengung der anderen Blutgefäße verantwortlich. Beta-Blocker wirken zuverlässig bei derartigen Beschwerden, insbesondere auch in den Fällen, die auf seelisch-nervöse Erregtheit zurückzuführen sind. Allerdings können sie auch zu zahlreichen Nebenwirkungen führen, eignen sich also nur bedingt zur Langzeittherapie.
Nicht selten kann der entscheidende Durchbruch bei der Behandlung der Herzangst aber erst erzielt werden, wenn man allein oder unterstützend neben anderen Medikamenten Magnesium einnimmt. Hauptsächlich ist dieses Mineralsalz wohl als Bestandteil der Knochen (neben Kalzium und Phosphor) bekannt. Daneben spielt es aber noch für viele andere, zum Teil lebenswichtige Körperfunktionen eine wichtige Rolle. Die Bedeutung von Magnesium für den Herzmuskel veranschaulicht am besten die Tatsache, daß 80 Prozent aller Herzinfarktpatienten unter Magnesiummangel leiden. Die Versorgung der Bevölkerung mit Magnesium liegt heute im argen, da falsche Ernährung und Verarmung der Ackerböden an wichtigen Mineralstoffen eine ausreichende Zufuhr mit der Nahrung nicht mehr sicherstellen. Rund 10 Prozent der Gesamtbevölkerung leidet daher unter Magnesiummangel. Verstärkt wird er

noch durch den gleichfalls verbreiteten Vitamin-B-Mangel, da dieses Vitamin für den Magnesiumhaushalt von großer Bedeutung ist.
Mit Hilfe des bei sachgerechter Einnahme völlig unschädlichen Magnesiums können viele Gesundheitsstörungen günstig beeinflußt werden. Es entspannt die verkrampften Herzkranzgefäße und auch die anderen Blutgefäße, verhindert also oft Angina pectoris mit den begleitenden Angstzuständen und Bluthochdruck. Erhöhte Blutfettwerte kann Magnesium außerdem normalisieren. Dadurch wird Ablagerungen in den Gefäßwänden vorgebeugt, die Herzangst und Depressionen erzeugen könnten. Zusätzlich normalisiert Magnesium die Nervenfunktionen, insbesondere auch das vegetative Nervensystem, wirkt allgemein beruhigend und sorgt für besseren Schlaf, ohne daß man mit unerwünschter Schläfrigkeit und verminderter Leistungsfähigkeit rechnen müßte. Auf andere wichtige Aufgaben des Mineralstoffs im Stoffwechsel, Nervensystem und sogar bei seelischen Funktionen soll hier nicht weiter eingegangen werden.
Magnesium kann in vielen Fällen die Therapie der Herzangst wirksam unterstützen. Vor der Einnahme der rezeptfrei erhältlichen Magnesium-Spezialitäten sollte aber der Therapeut informiert werden, damit er bei Bedarf die Behandlung anpaßt und Befunde richtig beurteilen kann.
Wie wichtig Vitamin B mit Magnesium bei nervös-seelischer Herzangst werden kann, veranschaulicht die folgende Krankengeschichte.

Fall 12
Die Patientin, eine sehr sensible Frau mit anlagebedingtem zu niedrigem Blutdruck, „spürte" ihr Herz schon als junges Mädchen häufig. Im Zuge der hormonellen Umstellungen, die den Wechseljahren vorausgingen, und der damit verbundenen seelischen Veränderungen nahmen die Herzbeschwerden zu, ohne daß sich organische Ursachen nachweisen ließen. Bei der geringsten Aufregung schlug ihr das Herz bis zum Hals, ihr wurde schwindlig und sie mußte sich ins Bett legen. Schließlich traute sie sich überhaupt nicht mehr aus dem Haus, fühlte sich alt, verbraucht und zu nichts mehr nütze und vernachlässigte sich vollkommen. Selbst Nahrung nahm sie nur noch unregelmäßig zu sich.
Die Untersuchung ergab ausgeprägte Angst vor den Wechseljahren, die sie auf das Herz übertrug. Indem sie sich selbst als schwer herzleidend verstand, konnte sie vor der Aufgabe fliehen, die mit dem bevorstehenden Klimakterium auf sie zukam. Eine Herzkrankheit war für sie das kleinere Übel, obwohl ihr diese Zusammenhänge natürlich nicht bewußt waren.
Zwar gelang es im Rahmen der Psychotherapie bald, diese Ursachen aufzuzeigen. Die Herzangst ließ aber nicht nach. Unverändert verbrachte sie den größten Teil des Tages im Bett, da dann keine nennenswerten Herzbeschwerden auftraten.
Deshalb wurde die Gesprächstherapie durch Verordnung von Magnesium mit einem Vitamin-B-Präparat ergänzt. Erst damit gelang der Durchbruch. Innerhalb weniger Tage waren die Herzbeschwerden fast

> wie weggeblasen. Die Patientin gewann neuen Antrieb, von ihrer Angst vor einem unheilbaren Herzleiden war keine Rede mehr. Durch Umstellung der Ernährung gelang es inzwischen, ihr auf natürlichem Weg ausreichend Vitalstoffe – also auch Vitamin B und Magnesium – zuzuführen. Bis heute hält der Behandlungserfolg an. Abgesehen von gelegentlichem Schwindel und Wetterfühligkeit als Folgen des zu niedrigen Blutdrucks treten keine Beschwerden mehr auf.

Unentbehrlich neben der gezielten medikamentösen Therapie des Fachmanns ist die vernünftige Lebensweise mit sinnvollem Wechsel von Streß, Erholung und Schlaf und die richtige Ernährung. Die Kost darf nur wenig Fett enthalten und soll leicht verdaulich sein, da schwere und große Mahlzeiten das Herz belasten. Aus dem gleichen Grund müssen Erkrankungen im Bereich der Verdauungsorgane unbedingt vollständig ausgeheilt werden. Das gilt vor allem dann, wenn sie mit Blähungen einhergehen, denn dabei wird das Zwerchfell nach oben gedrängt und beeinträchtigt die Herzfunktionen unter Umständen so stark, daß ein Angina-pectoris-Anfall auftritt. Reduktionskost ist erforderlich, wenn Übergewicht das Herz zusätzlich belastet. Durch Diät erreicht man außerdem (zusätzlich zu Magnesium) eine Besserung erhöhter Blutfettwerte. Nikotin muß wegen seiner verkrampfenden Wirkung gemieden werden.
Viele Patienten, die unter Herzangst leiden, trauen sich körperlich überhaupt keine Belastung mehr zu. Das ist grundverkehrt, gleichgültig ob organische oder rein seelisch-nervöse Ursachen hinter den Herzbeschwerden stehen. Ein Muskel, der nicht ständig trainiert wird, erschlafft zunehmend, das gilt auch für das Herz. Natürlich darf man keine sportlichen Höchstleistungen erzwingen wollen, aber regelmäßiges Ausdauertraning ist unverzichtbar. Bei organischen Ursachen der Herzangst bespricht man Art und Umfang der Therapie durch Bewegung stets mit dem Fachmann; seelisch-nervöse Herzstörungen erfordern in der Regel keine besonderen Vorsichtsmaßnahmen.
Weitere unterstützende Selbsthilfetechniken gegen Herzangst sind autogenes Training (Herzübung nur unter fachmännischer Anleitung!), Yoga, Atemgymnastik und das Einüben positiver Erwartungen und Vorstellungen. Vollständige Ausheilung aller Herzbeschwerden ist auch dann erforderlich, wenn „nur" eine seelisch-nervöse Funktionsstörung am Herzen besteht, denn daraus kann sich im Lauf der Zeit eine organische Krankheit entwickeln.

Kontrolliert mit Alkohol umgehen

Alkohol in kleinen Dosen kann unser Wohlbefinden erhöhen und nach einer gerade eben vorgelegten Studie aus England beim älteren Menschen sogar die Lebenserwartung erhöhen. Im Übermaß zugeführt kann er uns zu langem Siechtum, sozialem Abstieg und Abbau der Persönlichkeit verurteilen. Daher gilt die Warnung vor unkontrolliertem, übermäßigem und gewohnheitsmäßigem Alkoholkonsum nicht nur zur Vorbeugung von Angstzuständen und Depressionen, wie sie bei vielen Alkoholabhängigen auftreten, sondern geht jeden an, der nicht völlig abstinent lebt.

Gerade seelisch kranke, gehemmte, unsichere, ängstliche und depressive Menschen neigen dazu, im Alkohol Trost zu suchen. Damit beginnt im Grund bereits die Gefahr der Abhängigkeit, auch wenn die Tagesdosis zunächst noch weit unter der bei Dauergebrauch für den Organismus gefährlichen Tagesmenge liegt. Sie beträgt für Männer maximal 80 g reinen Alkohols am Tag, für Frauen dagegen nur 20 bis 30 g, weil ihre Leber schon durch den komplizierten Hormonhaushalt größeren Belastungen ausgesetzt ist. Das Risiko besteht anfangs in der positiven Erfahrung, daß Alkohol Hemmungen, Unsicherheit und Ängste unterdrückt, Depressionen und Probleme gleichgültig werden läßt. Es liegt nahe, daß diese Erfahrung bei Bedarf wiederholt wird. Allmählich wird das Trinken – nicht zuletzt gefördert durch die in unserer Gesellschaft übliche Einstellung zum Alkohol – zum festen Bestandteil der Lebensführung. Man trinkt nicht mehr nur aus akutem Anlaß, sondern schon „vorbeugend".
Allmählich paßt sich der Körper (vor allem die Leber) der regelmäßigen Vergiftung an und baut den Alkohol schneller ab. Deshalb tritt die erhoffte angenehme Wirkung bald nicht mehr so deutlich ein. Folglich erhöht der Gewohnheitstrinker die Alkoholtagesmenge. Schließlich überschreitet er unbemerkt die Schwelle zur körperlichen Abhängigkeit. Aus dem früher seelisch vom Genußgift Alkohol abhängigen Menschen ist ein von der Droge Alkohol auch körperlich Abhängiger geworden. Aus eigener Kraft wird er nicht mehr davon loskommen, auch wenn er sich selbst und seiner Umwelt immer wieder einredet, daß er jederzeit willentlich aufhören könnte. Wer sich das sagt, stellt damit unter Beweis, daß er hochgradig alkoholgefährdet, vielleicht sogar schon abhängig ist.
Als Krankheit erfordert Alkoholismus intensive medizinische und psychotherapeutische Behandlung, meist eine Entziehungskur in einer geschlossenen Abteilung einer Klinik. Danach kann nur lebenslange strenge Abstinenz vor Rückfällen schützen, die mit unerbittlicher Konsequenz in kurzer Zeit Leben und Gesundheit vollends ruinieren. Natürlich wird niemand ernsthaft ein Alkoholverbot als Ausweg fordern. Die Prohibition in USA in den zwanziger und dreißiger Jahren unseres Jahrhunderts bewies, daß Verbote nur zur Kriminalisierung von Alkoholkonsum führen, die Probleme aber nicht lösen. Den einzigen Schutz bietet nach heutigem Wissen der kontrollierte, nicht gewohnheitsmäßige gelegentliche Alkoholgenuß – solange man noch in der Lage ist, kontrolliert zu trinken. Wer Probleme hat, Enttäuschungen erlebte, unter Ängsten und Hemmungen leidet, sollte bewußt darauf verzichten, dagegen Alkohol zu trinken; es könnte der erste Schritt zur Abhängigkeit sein.
Die Umwelt eines Alkoholabhängigen muß begreifen, daß Alkoholismus eine Krankheit darstellt, nach neueren Erkenntnissen vielleicht sogar mit körperlichen Anlagen in Zusammenhang steht, die allerdings nicht zwangsläufig zur Abhängigkeit führen müssen. Der Alkoholkranke kann beim besten Willen nicht die Ansprüche erfüllen, die seine Angehörigen an ihn stellen. Ihre Vorwürfe und Forderungen treiben ihn nur noch tiefer in die Flucht in den Alkohol hinein. Verständnis und uneingeschränkte Zuwendung, so schwer sie auch fallen mag, bilden neben ärztlicher und psychotherapeutischer Intensivbehandlung die Grundvoraussetzungen für die Heilung. Nur in der gefühlsmäßigen Geborgen-

heit seiner Mitwelt kann der Alkoholkranke während der Entziehungskur lernen, ohne Alkohol mit seinen Problemen fertig zu werden und anschließend lebenslang „trocken" zu bleiben. Heilung von Alkoholabhängigkeit im eigentlichen Sinn gibt es nicht. Auch nach jahrelanger Abstinenz kann ein einziger Schluck Alkohol – selbst eine versehentlich verzehrte Weinbrandbohne – den teuflischen Mechanismus der Sucht wieder in Gang setzen.
Wertvolle Arbeit für Alkoholabhängige leisten die Selbsthilfegruppen der Anonymen Alkoholiker (AA), die heute in allen größeren Städten der Bundesrepublik vertreten sind. Sie helfen nach dem Prinzip der Gruppentherapie, allerdings ohne psychotherapeutisch vorgebildete Fachleute. In der Gruppe findet der Alkoholkranke Menschen, die seine Abhängigkeit nicht nur theoretisch kennen, sondern die Hölle der Sucht selbst durchlitten haben. Deshalb können sie ihn unvoreingenommen verstehen und ihm durch ihre Erfahrungen den Mut geben, sich auf das Unvorstellbare einzulassen – ein Leben ohne Alkohol. Gerade während der ersten fünf Jahre nach einer Entziehungskur sind Alkoholabhängige auf diesen Rückhalt in der Gruppe besonders angewiesen, denn in dieser Zeit beträgt die Rückfallquote rund 50 Prozent.
Die Anonymen Alkoholiker kennen keine Mitgliederkartei und keine Beitragspflicht. Der Abhängige kann nüchtern oder betrunken zu einem Meeting kommen, reden oder still dasitzen, am Schluß etwas Geld in einen Hut legen oder sich einfach davonmachen. Es gibt keine Satzungen und keine Abhängigkeit von staatlichen Stellen oder privaten Spendern. Die Gruppen arbeiten unabhängig und finanzieren sich selbst aus dem, was die Teilnehmer an den Meetings in den Hut legen. Einzige Voraussetzung für die Teilnahme ist der aufrichtige Wunsch, mit dem Trinken aufzuhören. Wer erwartet, als Alkoholabhängiger hier zu lernen, wie man kontrolliert trinkt, ist an der falschen Adresse. In der Bundesrepublik wurde die erste AA-Gruppe 1960 in Karlsruhe gegründet. Heute gibt es rund 800 solcher Gruppen für Alkoholiker und etwa 150 Gruppen für Angehörige von Alkoholkranken (Al-Anon für erwachsene, Al-Ateen für jugendliche Mitglieder der Familie eines Abhängigen). Sie kennen sich alle nur beim Vornamen. Die meisten Alkoholiker finden den Weg zu AA erst dann, wenn sie keinen anderen Ausweg mehr sehen. Meist kommen sie mißtrauisch und widerwillig. Erst dank der positiven Erfahrungen in der Gruppe bauen sie im Lauf der Zeit diese Einstellung ab.
Lassen wir zum Abschluß einen anonymen Alkoholiker zu Wort kommen, der – obwohl seit zehn Jahren „trocken" – auf die Hilfe seiner Gruppe nicht verzichten will.
„Ich heiße Walter. Ich bin Alkoholiker, solange ich lebe. Ich kann nicht normal trinken. Ein Glas, und ich gehe in die Hölle. Sobald ich den Geschmack von Alkohol kriege, zerbrechen alle Kontrollen, alle Sperren. Eine versehentlich zerbissene Kognakbohne genügt, und der Automatismus der Sucht beginnt – und ich habe keine Macht mehr darüber, wo er aufhört. Grundlagen meines heutigen Überlebens: Das Erlebnis, daß ich nicht allein mit der Krankheit Alkoholismus dastehe, daß es Alkoholiker gibt, die sich erfolgreich gegen diese tägliche Abhängigkeit wehren. Ich lebe, weil ich heute nicht trinke, weil ich diesen Tag das erste Glas stehen lasse."

Wohlgemerkt, dieser Mann trinkt seit zehn Jahren keinen Tropfen Alkohol mehr und führt ein gutbürgerliches Leben. Dennoch vergißt er niemals das oberste Gebot jedes Alkoholkranken, der seine Abhängigkeit in den Griff bekommen will: Heilung ist nicht möglich, man bleibt Alkoholiker ein Leben lang. Nur diese harte Feststellung kann vor Rückfällen schützen.
Über seine Erfahrungen mit Al-Anon, der Gruppe für erwachsene Angehörige, berichtet Walter:
„Nach 14jähriger Hölle ging meine Frau schließlich zu Al-Anon. Unser Verhältnis entspannte sich sofort, denn durch die angehäufte Problemerfahrung der Angehörigen in Al-Anon besiegte sie ihre panische Angst vor meinem Trinken. Diese Verhaltensänderung war für mich so befreiend, daß sie sogar durch meine Trunkenheit hindurchdrang – was einiges heißen will, denn damals war ich bei 80prozentigem Rum mit Beruhigungs- und Schlafmitteln gelandet. Obschon betrunken, gestand ich mir ein: Wenn sie sich so verändert hat und wenn das in AA passiert ist, dann müssen das Realisten sein, dann müssen das Profis sein."
Natürlich ersetzt die Gruppentherapie bei den Anonymen Alkoholikern nicht die Entziehungskur. Sie trägt aber oft dazu bei, daß sich der Alkoholkranke überhaupt der Entziehung unterzieht – und sie ist fast immer unentbehrlich für das weitere Leben ohne Alkohol. Die Angehörigen lernen in den Gruppen, mit den Problemen besser fertig zu werden und Verständnis für den Kranken aufzubringen. Das kommt der ganzen Familie zugute.

Lebererkrankungen konsequent ausheilen

Schwere Erkrankungen der Leber entstanden früher häufiger bei Alkoholkranken. Inzwischen betreffen sie aber auch viele Menschen, die zeitlebens vernünftig und kontrolliert mit Alkohol umgingen. Das erklärt sich hauptsächlich aus falscher, zu kalorienreicher und fetter Ernährung, Bewegungsmangel, Mißbrauch von Genußmitteln und der steigenden Giftbelastung durch Abgase, Wasserverschmutzung und chemische Rückstände in der Nahrung. Außerdem scheinen auch Depressionen auf noch nicht genau geklärte Weise die Leber zu belasten, während umgekehrt Erkrankungen der Leber die Neigung zu Depressionen erhöhen.
Nur der Fachmann kann Leberleiden sicher diagnostizieren und dann gezielt behandeln. Oft sind zur Klärung umfangreiche labordiagnostische Untersuchungen erforderlich, ehe ein Leberschaden eindeutig festzustellen oder auszuschließen ist. Warnzeichen der Lebererkrankungen sind vor allem unklare, chronische oder häufig wiederkehrende Beschwerden im Oberbauch, Druck unter dem rechten Rippenbogen, tastbare Leberschwellung, dauernde Verdauungsstörungen, Gelbsucht oder Krampfadern auf der Bauchdecke in der Nabelgegend. Auch rötliche Verfärbung der Handinnenflächen vor allem auf der Kleinfingerseite und sternchenförmige Gefäßerweiterung unter der Haut vor allem im Gesicht und an den Armen deuten im allgemeinen auf einen Leberschaden hin.
Die Therapie dauert meist längere Zeit und muß durch Diät und vernünftige

Lebensweise unterstützt werden. Alle Genußgifte – insbesondere natürlich der Alkohol – und vermeidbare Belastungen durch chemische Substanzen (einschließlich Arzneimittel) sind während und möglichst auch nach der Behandlung strikt zu meiden. Übergewicht muß schonend normalisiert, die Durchblutung durch viel Bewegung im Freien und Kneippsche Wasseranwendungen verbessert werden. Darüber informiert der Therapeut je nach Einzelfall. Als Heilmittel kommen vor allem pflanzliche Wirkstoffe zur Anwendung, die keine Belastung für die Leber bedeuten. Zusätzlich bewähren sich Vitamine der B-Gruppe und Aminosäuren, da sie zur Entgiftung unentbehrlich sind. Langzeituntersuchungen aus neuerer Zeit ergaben, daß vor allem die Mariendistel selbst schwere Leberschäden noch bessern und leichtere Lebererkrankungen heilen kann. Sie wird in Form verschiedener fertiger Zubereitungen in Zukunft sicher einen bevorzugten Platz in der Lebertherapie einnehmen.
Zur Vorbeugung der verbreiteten Lebererkrankungen muß vor allem auf vernünftige Lebensweise und vollwertige, kalorienknappe Ernährung mit viel vitamin- und mineralstoffreicher Rohkost geachtet werden. Wenn man dann noch kontrolliert mit Genußmitteln umgeht und sich regelmäßig ausreichend an der frischen Luft bewegt, bestehen gute Aussichten, nie an einer Leberkrankheit zu leiden. Vor infektiösen Leberentzündungen gibt es zwar keinen absoluten Schutz, aber auch sie heilen rascher aus, wenn die Leber vorher gesund war.
Begleitende Depressionen verschwinden normalerweise, sobald die Leberkrankheit ausgeheilt ist. Psychopharmaka mit stimmungsaufhellender Wirkung sollten nicht eingenommen werden, da ihre chemischen Wirkstoffe die Leber zusätzlich belasten. Lediglich pflanzliche Antidepressiva aus Johanniskraut, die wir später noch kennenlernen, sind erlaubt und im allgemeinen auch gut wirksam.
Wie wichtig bei manchen Depressionen die zusätzliche Lebertherapie ist, demonstriert folgender Fall.

Fall 13

Die Patientin, im Grunde eine resolute Frau, die sich zeitlebens nicht durch Schwierigkeiten unterkriegen ließ, litt seit einiger Zeit unter Depressionen. Im Lauf des Tags hellten sie sich zwar auf, verschwanden aber nie ganz. Nach einem ausführlichen diagnostischen Gespräch erhärtete sich der Verdacht auf eine Depression als Folge der Wechseljahre. Trotzdem führte die dagegen eingeleitete Therapie nur zu einem Teilerfolg.

Als die Grenzen der psychotherapeutischen Behandlung erreicht waren, ohne daß die Patientin wieder vollständig hergestellt gewesen wäre, wurde vorsorglich eine umfassende Leberdiagnostik veranlaßt. Sie ergab einwandfrei eine Funktionsschwäche des Organs. Deshalb kamen im weiteren Verlauf der Behandlung neben psychotherapeutischen Maßnahmen noch gezielt auf die Leber wirkende Arzneimittel zur Anwendung. Danach ging es langsam, aber stetig bergauf. Zwischenuntersuchungen ergaben eine zunehmende Besserung der Leberfunktionen, die Psychotherapie überwand vollends die depressiven Zustände, obwohl vor Beginn der Leberbehandlung keine Besserung mehr möglich erschien. Inzwischen führt die Patientin wieder ein Leben frei von Angst und Depressionen, und ihr Leberbefund hat sich normalisiert.

Normalisierung hormoneller Störungen in Pubertät und Wechseljahren

Ängste und depressive Verstimmungen während der Pubertät und in den Wechseljahren deuten auf verschiedene körperliche und/oder seelische Ursachen hin. Nur der Fachmann kann sie sicher beurteilen und danach die Therapie bestimmen. Reine Psychotherapie genügt oft nicht, weil in diesen biologischen Krisenzeiten stets auch hormonelle Veränderungen im Organismus stattfinden. Umgekehrt kommt man häufig nicht mit der körperlichen Therapie aus, denn wie sich die hormonellen Umstellungen auf das psychische Befinden auswirken, hängt entscheidend von den Einstellungen und Erwartungen der Betroffenen ab.

Beste Voraussetzungen für eine weitgehend normale, beschwerdefreie Umstellung in der Pubertät schafft die frühzeitige, altersgerechte sexuelle Aufklärung. Sie darf nicht erst mit der ersten Monatsblutung oder dem ersten unwillkürlichen Samenerguß beginnen. Frühkindliche Formen der Sexualität beobachten wir bereits beim kleinen Kind und die Frage nach dem „Woher?", die Kinder meist schon vor dem Schulalter stellen, darf nicht unbeantwortet bleiben. Auch Spiele der Kinder untereinander entbehren nicht einer sexuellen Färbung („Doktorspiele"). Sie dürfen nicht tabuisiert oder gar mit Strafen belegt werden, denn sie gehören zur normalen sexuellen Entwicklung. Wer sie behindert, legt damit oft den Grundstein für ernste Pubertätsstörungen und später folgende Sexualneurosen.

Sexuelle Aufklärung beginnt also so früh wie möglich. Am besten richtet sie sich nach dem Interesse des Kindes. Wie wichtig die rechtzeitige Aufklärung ist, beweist die Statistik. Die ersten Anzeichen der geschlechtlichen Reifung (Anschwellung des Brustwarzenhofs) treten bei Mädchen heute im Durchschnitt mit 10,2 Jahren auf. Abgeschlossen ist diese körperliche Reifung dann durchschnittlich im Alter von 15,5 Jahren. Die Jungen sind etwas später dran. Die ersten Reifungszeichen (Wachsen der Hoden) beginnen im Alter von 11,4 Jahren, und mit 16 ist die körperliche Geschlechtsreife abgeschlossen. Mit der ersten Monatsblutung ist bei deutschen Mädchen durchschnittlich im Alter von 12,5 Jahren, mit dem ersten Samenerguß bei Jungen mit 13,9 Jahren zu rechnen.

Natürlich bedeuten diese Reifezeichen noch nicht, daß die körperliche Reife abgeschlossen wäre – erst recht nicht die geistig-seelische Reifung. Das Zusammenspiel der Drüsen muß sich im Lauf der Zeit erst wieder normalisieren. Gewöhnlich gelingt das auch problemlos. Im Alter zwischen 17 und 18 Jahren kommt es dann allerdings nochmals zu einer Phase der vegetativen Labilität. Sie wird weniger von den hormonellen Umstellungen hervorgerufen, als durch Funktionsstörungen im vegetativen Nervensystem, das dem Einfluß des Willens und Bewußtseins nicht unterliegt. Zur gleichen Zeit treten auch erneut seelische Krisen auf.

Grundsätzlich wird man Pubertierenden zur Harmonisierung hormoneller und später vegetativer Funktionen keine Arzneimittel verabreichen. Wenn die psychische Entwicklung dank richtiger Erziehung normal verläuft, werden diese beiden Krisen in der Regel ohne Behandlung überstanden. Allerdings kann nur der Fachmann beurteilen, ob es sich um biologische Krisenzeichen oder krankhafte, behandlungsbedürftige Störungen handelt. Im letzteren Fall sollten vor chemischen Arzneimitteln zunächst milder, aber auf längere Sicht zuverlässig und ohne Nebenwirkungen heilende Naturheilmittel verabreicht werden. Vor allem die Homöopathie bietet hier zahlreiche Möglichkeiten. Hormonbehandlung kommt in erster Linie bei Mädchen mit unterentwickelten inneren Geschlechtsorganen in Frage. Aber auch hier ist man heute schon viel vorsichtiger geworden. Der jugendliche Organismus reagiert auf solche stark wirksamen Medikamente oft sehr heftig, und in ungünstigen Fällen lassen sich Nebenwirkungen erst viel später erkennen. Vertrauen in den Rat des auch über Naturheilmittel ausreichend informierten Arztes und eine positive familiäre Atmosphäre, die den Jugendlichen mit unaufdringlicher gefühlsmäßiger Geborgenheit umgibt, helfen am besten über pubertäre Schwierigkeiten hinweg und erleichtern auch die nachfolgende Adoleszenz, die nach der geschlechtlichen Reife beginnt und in erster Linie durch psychosoziale Reifung gekennzeichnet wird.
Ein weiteres Problem, das ausschließlich Mädchen betrifft, ergibt sich aus der Empfängnisverhütung. Einerseits bietet die „Pille" die einfachste und zuverlässigste Möglichkeit, unerwünschte Schwangerschaften zu verhindern, ohne das natürliche (von den Erwachsenen allerdings oft überschätzte) Bedürfnis der Jugendlichen nach sexueller Erfahrung unzulässig einzuschränken. Andererseits enthält die Pille Hormone, auf die im Jugendalter nach Möglichkeit verzichtet werden sollte, und kann zu unerwünschten körperlichen und/oder seelischen Nebenwirkungen (auch Depressionen) führen. Ein pauschaler Rat ist zu dieser Problematik nicht möglich. Die unerwünschte Schwangerschaft eines Mädchens, das selbst noch ein halbes Kind ist, kann ihr weiteres Leben ebenso zerstören wie eine legale Abtreibung aus sozialer Indikation. Nur der erfahrene Frauenarzt kann die Betroffenen je nach Einzelfall über die am besten geeigneten Möglichkeiten der Schwangerschaftsverhütung beraten.
Schließlich muß noch ein für die seelische Gesundheit häufig gravierender Fehler aufgedeckt werden, den leider auch heute noch manche Eltern begehen. Es geht um die Masturbation, also die sexuelle Selbstbefriedigung. Traditionell gilt sie als schädlich für den Körper. Unheilbare Nervenleiden, Geisteskrankheiten und andere Übel werden den Jugendlichen angedroht. Alle diese Ansichten entsprangen einst einer verklemmten Moral und mangelnder medizinischer Kenntnis. Tatsächlich ist die Selbstbefriedigung ein völlig normales Erproben sexueller Fähigkeiten, das von fast allen pubertierenden Knaben und vielen Mädchen irgendwann einmal praktiziert wird. Gesundheitliche Folgen sind davon nie zu befürchten, wohl aber Angstzustände, depressive Verstimmungen, Schuldgefühle, ja sogar Selbstmordgedanken, wenn die Eltern kritiklos die überkommenen Vorurteile weitergegeben haben. Unter Umständen verhindert diese Masturbationsneurose lebenslang die Entwicklung der normalen Sexualität, was wieder zu Depressionen bis hin zum Selbstmordversuch führen kann.

Nach übereinstimmender Auffassung der Medizin und Psychologie besteht nur eine Gefahr bei der Masturbation. Wird sie zu lange beibehalten, kann es zur psychosozialen Vereinsamung des Menschen kommen, der sich in sexueller Hinsicht selbst genügt und damit einen nicht zu unterschätzenden Antrieb für zwischenmenschliche Kontakte verliert. In der Regel setzt das allerdings voraus, daß bereits vorher die seelische Entwicklung gestört wurde. Der seelisch gesunde Jugendliche wird die Masturbation als einzige Form sexueller Tätigkeit bald wieder aufgeben, und beim Erwachsenen kommt es dann nur noch gelegentlich zu Selbstbefriedigung, die als Variante des normalen Sexualtriebs durchaus akzeptiert werden kann.

Auch für die Wechseljahre von Frau und Mann gilt, daß die körperlichen (hormonellen) Veränderungen desto leichter verkraftet werden, je positiver man sich auf das Klimakterium und die Zeit danach eingestimmt hat. Hormontherapie kommt in erster Linie dann in Frage, wenn klimakterische Beschwerden deutlich verfrüht auftreten. Auch bei ausgeprägten körperlichen und/oder seelischen Störungen kann die vorübergehende Behandlung durch Hormone angezeigt sein. Sobald die schlimmsten Beschwerden überwunden sind, wird man die Hormone aber wieder absetzen müssen, um der Natur nicht unnötig lange ins Handwerk zu pfuschen. Natürliche, bei sachgerechter Anwendung unschädliche Heilmittel (auch hier wieder vorwiegend homöopathische Substanzen) können dagegen auch längere Zeit verabreicht werden, denn sie wirken nicht dem biologischen Ablauf des Klimakteriums entgegen, sondern regulieren ihn so, daß keine nennenswerten Begleiterscheinungen auftreten.

Statt dessen oder zusätzlich (je nach Einzelfall) kann es erforderlich werden, bestimmte organische Störungen gezielt durch Arzneimittel zu behandeln. Das gilt vor allem für das Herz-Kreislauf-System, das von den hormonellen Umstellungen relativ häufig in Mitleidenschaft gezogen wird. Ob dazu die unter Herzangst genannten pflanzlichen Heilmittel genügen oder chemische Wirkstoffe eingesetzt werden müssen, kann nur der Fachmann nach gründlicher Diagnose unterscheiden. Er vermag auch zu erkennen, ob depressive Verstimmungen und Angstzustände sich aus hormonellen Veränderungen oder vorwiegend aus der seelischen Einstellung zum Klimakterium erklären. Das ist für die wirksame Therapie von großer Bedeutung, denn im zweiten Fall kommen vor allem psychotherapeutische Techniken zur Anwendung.

Für pubertierende Jugendliche wie für Erwachsene im Klimakterium empfiehlt es sich, als Basistherapie vernünftig zu leben und auf vollwertige, reizarme Kost zu achten. Bewegung, ausreichend Erholung, Entspannung mit Hilfe des autogenen Trainings und genügend Schlaf schaffen meist die Voraussetzungen dafür, daß der Organismus die hormonellen Umstellungen ohne nennenswerte Beschwerden verkraftet und die körperlichen Funktionen bald wieder ins Gleichgewicht kommen. Rohkostreiche, nicht zu scharf gewürzte Mahlzeiten sorgen für ausreichende Zufuhr lebenswichtiger Vitamine, Mineralstoffe und Spurenelemente, ohne die viele Schutz- und Reglerfunktionen blockiert wären. Indirekt wirkt sich das natürlich auch auf das Seelenleben günstig aus.

Fortschritte in der Altersforschung

Die Lebenserwartung des heutigen Menschen hat sich im Vergleich zur Jahrhundertwende nahezu verdoppelt. Deshalb rückte die Erforschung der Altersvorgänge in den letzten Jahrzehnten immer mehr in den Vordergrund. Zwar bleiben noch immer viele wichtige Fragen unbeantwortet, aber man erzielte doch schon zahlreiche beachtliche Fortschritte in der Vorbeugung und Behandlung von Altersbeschwerden.

Wir unterscheiden zwei Teilgebiete der Medizin, die sich mit dem Altern beschäftigen. Die Gerontologie untersucht die Ursachen und Veränderungen im Alter, betreibt also Grundlagenforschung, während die Geriatrie vor allem als Altersheilkunde zu verstehen ist. Forschung und Therapie arbeiten Hand in Hand, um dem Menschen zu helfen, nicht nur ein höheres Alter als früher zu erreichen, sondern die gewonnene Zeit auch ohne stärkere Beschwerden sinnvoll nutzen und genießen zu können.

Die wichtigsten Voraussetzungen für ein Alter in körperlicher und geistiger Frische ohne seelische Störungen sind schon lange bekannt. Die Altersforschung bestätigt sie jetzt erneut. Nach ihren Untersuchungen gibt es keine „Standardrezepte" für hohes Alter, die pauschal für jeden geeignet wären. Wer von der Veranlagung her für eine hohe Lebenserwartung prädestiniert ist, muß nicht ganz so streng auf seine Gesundheit achten wie derjenige, dessen ungünstigere Erbmasse durch vernünftige Lebensweise wieder ausgeglichen werden muß. Deshalb gibt es Menschen, die ihr Leben lang recht ungesund leben, aber doch alt wurden. Aber das sind die Ausnahmen. Für die Mehrzahl gilt, daß eine in jeder Hinsicht maßvolle Lebensführung und Ernährung mit positiver Einstellung zum Leben am ehesten dazu beiträgt, nicht nur alt zu werden, sondern rüstig und fit dabei zu bleiben.

Zur maßvollen Lebensweise gehören ausreichend Schlaf und vernünftiger Wechsel zwischen Anstrengung und Erholung, Meiden von übermäßigem oder Dauerstreß, eine befriedigende Arbeit, die zwar Erfolgserlebnisse vermitteln, aber nicht von übersteigertem Ehrgeiz bestimmt werden soll, und schließlich die regelmäßige körperliche Ertüchtigung möglichst an der frischen Luft von Kindesbeinen an bis ins hohe Alter.

Die Ernährung muß vollwertig sein, sollte also vor allem reichlich Rohkost und gesäuerte Milchprodukte (Joghurt, Kefir, Quark und ähnliches) enthalten. Fleisch gehört nicht unbedingt dazu, kann aber in Maßen verzehrt werden. Zu süße, zu fette und ganz allgemein zu kalorienreiche Kost dagegen begünstigt viele Krankheiten, die dann erst im höheren Lebensalter deutlich hervortreten.

Gegen das gelegentliche Glas Bier oder Wein, ja sogar gegen eine mit Muße gerauchte Pfeife oder Zigarre, bestehen bei Gesunden keine Einwände. Es kommt wie fast immer im Leben auf das rechte Maß an. Von vielen Menschen, die älter als 100 Jahre wurden, wissen wir, daß sie täglich ihr Achtel oder Viertel Wein tranken.

Viele, vielleicht alle organischen Krankheiten werden durch die seelischen Einstellungen und Erwartungen mit beeinflußt. Diese Erkenntnis der psychosomatischen Medizin gilt mit Sicherheit für Krankheiten wie Asthma, Herzinfarkt, Magengeschwür, wahrscheinlich auch für Krebs. Deshalb spielen unsere

Einstellungen und Erwartungen eine wichtige Rolle für die Gesundheit und damit auch für das Altern. Besonders bedeutsam kann es werden, rechtzeitig eine vernünftige Einstellung zum Alter und Altwerden zu erarbeiten, wie wir es im ersten Teil dieses Buches schon ausführlich beschrieben. Aber auch viele andere Einstellungen und Erwartungen zum Leben und seinen Aufgaben bestimmen unsere Lebenserwartung und die Lebensqualität mit. Und nicht zuletzt muß auch die Selbstverwirklichung als wichtiger Faktor für ein Alter ohne Angst und Depression betrachtet werden.

Die bisherigen Ratschläge tragen vor allem dazu bei, die Gesundheit zu erhalten und ohne übermäßige Beschwerden alt zu werden. Aber auch bei der Behandlung von Alterskrankheiten, die häufig von Depressionen und Angstzuständen aus organischer Ursache begleitet werden, erzielt die Medizin heute beachtliche Erfolge, wenn die Therapie nur rechtzeitig einsetzt. Durchblutungsstörungen und mangelhafte Sauerstoffversorgung aus anderen Ursachen können durch biologische Heilmittel oft zufriedenstellend gebessert werden. Insbesondere der durchblutungsfördernde Gingkobaum und die zur besseren Sauerstoffversorgung nützliche Oxypangamsäure (Vitamin B 15) sind hier zu nennen. Zwar gelingt es noch nicht, einmal verkalkte und verhärtete Blutgefäße wieder elastisch und frei von Ablagerungen zu machen, die Verkalkung kann aber durch Arzneimittel, Diät und andere Naturheilmittel wenigstens aufgehalten werden, und ihre Folgen lassen sich oft deutlich abschwächen. Dadurch bessern sich auch die begleitenden Angstzustände und depressiven Verstimmungen.

Psychopharmaka im eigentlichen Sinn eignen sich bei älteren Menschen nicht so gut. Da sie die Durchblutung nicht selten noch stärker behindern, erlebt man danach häufig paradoxe Wirkungen. Pflanzliche oder homöopatische Psychopharmaka hingegen bessern das seelische Befinden, ohne die Blutversorgung zu verschlechtern. Zwar dauert es länger, bis ihre Wirkung einsetzt, dafür muß man aber auch keine unerwünschten Reaktionen in Kauf nehmen.

Die Funktionen des Herzens werden ebenfalls am besten mit biologischen Heilmitteln gebessert und gekräftigt. Mehr oder weniger ausgeprägt leidet ja fast jeder alte Mensch unter Herzschwäche, die nicht zuletzt auch die Stimmung negativ mit beeinflußt. Vollständig zu heilen ist diese altersbedingte „Ermüdung" des Herzmuskels nicht mehr, wohl aber aufzuhalten und auszugleichen. Weißdorn gehört zu den am besten bewährten Heilpflanzen beim Altersherz, Digitalis kommt in schweren Fällen dazu. Bestehen ernste Durchblutungsstörungen des Herzens, kommt unter Umständen auch eine operative Behandlung in Betracht. Die Herzchirurgie ist heute sehr weit fortgeschritten. Eine gelungene Operation an den Herzkranzgefäßen bedeutet allerdings nicht, daß jetzt für alle Zeit keine Gefahr mehr droht. Das Ergebnis der Operation kann in kurzer Zeit wieder zunichte gemacht werden, wenn die Betroffenen nicht durch vernünftigere Lebensweise und Ernährung zukünftiger erneuter Erkrankung die Grundlagen entziehen.

Es kann nicht Aufgabe dieses Buches sein, auf alle möglichen Alterskrankheiten ausführlich einzugehen. Herz-Kreislauf-Störungen wurden deshalb beispielhaft gründlicher besprochen, weil sie an der Spitze der Alterserscheinungen stehen

und besonders oft von Angst und Depressionen begleitet werden. Grundsätzlich bleibt die Therapie immer dem Fachmann vorbehalten.
Seit geraumer Zeit gibt es zahlreiche Medikamente, die als „Geriatrika" zur Vorbeugung empfohlen werden. „Wunder" darf man davon natürlich nicht erwarten, gleichgültig wie sie zusammengesetzt sind. Leider gibt es aber immer wieder geschäftstüchtige Scharlatane, die den guten Glauben gerade der älteren Menschen ausnutzen, indem sie unterschwellig solche „Wunder" von ihren Heilmitteln versprechen. Seriöse Hersteller von Geriatrika werden nie den Eindruck erwecken, daß ihre Spezialitäten das Altern rückgängig machen könnten. Aus klinischen Prüfungen wissen sie um die Grenzen, aber auch um die zahlreichen Möglichkeiten ihrer Produkte und können sich damit bescheiden, diese Wirkungen anzubieten.
Wir wollen hier keine einzelnen Geriatrika namentlich erwähnen, dazu gibt es zu viele empfehlenswerte Produkte. Reine Vitamin- und Mineralstoff-Zubereitungen genügen unter Umständen schon, denn manche Alterserscheinung erklärt sich aus unzweckmäßiger und unregelmäßiger Ernährung des älteren Menschen. Allerdings kann in solchen Fällen die Umstellung der Ernährungsgewohnheiten oder die konsequente Behandlung von Verdauungsstörungen, welche die ausreichende Verwertung der Nahrungsbestandteile verhindern, wirkungsvoller und preiswerter sein.
Uneingeschränkt zu empfehlen sind dagegen die hauptsächlich durch die Forschungsarbeiten der bulgarischen Wissenschaftlerin Professor Aslan entstandenen Zubereitungen mit dem Wirkstoff Procain. Er erwies sich in zahlreichen klinischen Untersuchungen immer wieder als eine Art „Altersbremse", obwohl man auch davon natürlich keine „ewige Jugend" erwarten kann. Die Anwendung der verschiedenen Procain-Spezialitäten bespricht man am besten mit dem Therapeuten, der den besseren Überblick über die Produkte besitzt. Bei Bedarf kann Procain auch injiziert werden. Lediglich bei der seltenen Procain-Überempfindlichkeit muß auf diese Altersbremse verzichtet werden.
Ähnlich zuverlässig im Rahmen des biologisch Möglichen wirken Ginseng, der mit ihm verwandte Eleutherokokkus und Blütenpollen, die zum Teil noch mit Gelée Royale (Bienenköniginfuttersaft) kombiniert sind. Hier gilt die Warnung vor Geschäftemachern ganz besonders. Alle diese hochwertigen Naturheilmittel, die nicht nur den Organismus des älteren Menschen, sondern auch seelische Funktionen harmonisieren, haben nämlich ihren Preis. Vermeintlich billige Produkte enthalten deshalb oft nur minderwertige Qualität, zum Beispiel zu junge Ginsengwurzeln oder Abfälle aus der industriellen Ginseng-Verarbeitung. Um eine deutlichere Wirkung zu erzielen, werden sie oft mit anderen Arzneistoffen versetzt. Das muß nicht von vornherein gegen ein solches Produkt sprechen, unter Umständen deutet es aber auf nicht vollwertige Grundstoffe hin, die nicht das Geld wert sind. Am besten läßt man sich daher vom Therapeuten beraten, ehe man leichtgläubig den Suggestionen einer raffinierten Produktwerbung verfällt. Für Ginseng gibt es als eines der sichersten Qualitätsmerkmale das Gütesiegel des koreanischen Staates, das nur hochwertige Produkte führen dürfen. Allerdings gibt es auch gute Zubereitungen, deren Hersteller auf das Siegel verzichteten.

Alle die hier vorgestellten Geriatrika dienen vor allem der Vorbeugung übermäßiger Alterserscheinungen und sollten daher kurmäßig längere Zeit verabreicht werden, um den Behandlungserfolg zu stabilisieren. Später empfiehlt es sich, solche Kuren in regelmäßigen Abständen zu wiederholen.
Eine letzte Möglichkeit zur Vorbeugung und Therapie vorzeitiger körperlicher, geistiger und seelischer Alterserscheinungen wurde vor allem wegen ihrer Anwendung bei vielen Prominenten bekannt: die Frischzellentherapie nach Professor Niehans. Sie gilt als Außenseiterverfahren und wird von manchen übermäßig gelobt, von anderen aber als gefährliche Scharlatanerie verteufelt. Fest steht, daß man durch Injektion frischer oder getrockneter Zellextrakte (es gibt auch homöopathisch verdünnte) ausgezeichnete Ergebnisse erzielen kann. Zwar kann es zu gelegentlichen Nebenwirkungen kommen, die aber immer auf das unsachgemäße Durchführen der Therapie zurückzuführen sind. Es kommt bei der Zellgewebstherapie vor allem auf die korrekte Behandlung durch einen erfahrenen Therapeuten an; dann sind nicht mehr Risiken als bei jeder anderen Behandlung zu erwarten. Verbessert und stabilisiert wird das Behandlungsergebnis, wenn man die Injektionskuren in regelmäßigen Abständen wiederholt. Dazu braucht man keineswegs in eine Klinik oder ein Sanatorium zu gehen. Dank fertiger Zellextrakte kann man heute die Therapie problemlos auch ambulant durchführen.
Alle Fortschritte der Medizin bei der Vorbeugung und Behandlung von Alterserscheinungen und Alterskrankheiten dürfen aber nicht darüber hinwegtäuschen, daß die eigenverantwortliche, sinnvolle Gestaltung des Alters unabdingbare Voraussetzung für körperliche Rüstigkeit, geistige Frische und seelische Gesundheit ist. An dieser Aufgabe, die man frühzeitig in Angriff nehmen sollte, führt kein Weg vorbei. Altern bedeutet eine Leistung, die uns das Leben abverlangt. Niemand kann sich ihr auf Dauer entziehen. Von der Art, wie wir diese Leistung erbringen, hängt es mit ab, ob wir im Alter krank und depressiv nur noch dahinvegetieren oder über die Gebrechen triumphieren und auch in diesem Lebensabschnitt noch Lebensfreude, Erfüllung und Selbstverwirklichung finden.

Psychotherapie bei Neurosen

Nicht alle neurotischen Störungen erfordern Psychotherapie. Das wäre schon aus praktischen Gründen unmöglich, denn dem Heer von Neurotikern stünden die vergleichsweise wenigen Therapeuten ohnmächtig gegenüber.
Neurotische Züge und leichtere neurotische Ängste oder Depressionen können im Lauf der Zeit ohne Behandlung verschwinden, denn ähnlich wie der Körper verfügt auch die Seele nach neueren Erkenntnissen über enorme Selbstheilungskräfte. Nicht selten werden solche Neurosen auch durch Gespräche mit Freunden und Angehörigen überwunden. Über diese „kleine" Psychotherapie berichtet der folgende Abschnitt. Schwere Neurosen dagegen erfordern im allgemeinen fachmännische Psychotherapie. Die wichtigsten Möglichkeiten

werden hier vorgestellt, um falsche Erwartungen und die darauf basierende Scheu vor der Psychotherapie abzubauen. Zur Selbsthilfe oder Laien-Psychotherapie eignen sich die meisten der psychotherapeutischen Techniken nicht.

Die „kleine" Psychotherapie

Gespräche zwischen dem Kranken und seinem Arzt oder Psychotherapeuten dürfen als „kleine" Psychotherapie nicht gering geschätzt werden. Im weiteren Sinn gehört zur kleinen Psychotherapie jedes Gespräch über seelische Konflikte, das in verständnisvoller Atmosphäre mit Freunden oder Verwandten geführt wird. Untersuchungen amerikanischer Psychologen beweisen, daß es dabei nicht so sehr auf psychologisches Fachwissen, sondern in erster Linie auf das richtige Verhalten der Gesprächspartner ankommt. Unter dieser Voraussetzung erzielen Laien ebenso gute Ergebnisse wie der ausgebildete Therapeut, der sich an die gleichen Regeln für das Gespräch halten muß. Übrigens kann es auch für Gespräche zwischen Gesunden nützlich sein, diese Regeln zu beherzigen. Manches Mißverständnis und mancher unnötige Streit ließen sich dadurch vermeiden.

Die Aufgabe der kleinen Psychotherapie durch Gespräche besteht vornehmlich darin, dem Kranken zur Selbsterkenntnis und Einsicht in die Ursachen seiner Probleme zu verhelfen, damit er dann um- und neulernen kann. Im allgemeinen ist er sich selbst nicht klar über seine widersprüchlichen Empfindungen und Verhaltensweisen. Das Gespräch bietet die Möglichkeit, die Selbsterkenntnis zu vertiefen.

Deshalb lautet die erste Regel für das psychotherapeutische Gespräch auch: *Gefühle des Kranken in eigenen Worten klar und anschaulich ausdrücken.* Der Therapeut kann das zwar dank seiner Ausbildung eher, aber auch bei der Aussprache zwischen Laien muß der Gesunde versuchen, den Botschaften seines kranken Gesprächspartners auf den Grund zu gehen und sie dann klar zu umreißen. Der Kranke wird sich dann – gleichsam im Spiegel seines Partners – selbst besser verstehen und lernt, bewußt mit seinen Gefühlen umzugehen.

Diese Form des Gesprächs setzt hauptsächlich Zuhören und Einfühlen in die Empfindungswelt des andern voraus. Viele Menschen müssen diese eigentlich selbstverständlichen Voraussetzungen eines Gesprächs, das nicht nur an der Oberfläche bleiben soll, wieder lernen. Deshalb nützt die kleine Psychotherapie oft nicht nur dem seelisch Kranken, sondern bereichert auch seinen gesunden Gesprächspartner.

Natürlich gelingt die Gesprächstherapie leichter bei den Menschen, die sich sprachlich gewandt ausdrücken können. Dies ist aber keine unabdingbare Voraussetzung für erfolgreiche Gesprächstherapie. Der erfahrene Therapeut wird hinter unbeholfenen Formulierungen seines Patienten die „Botschaften" erkennen und in verständlicher Form an ihn zurückgeben können. Allerdings nimmt das mehr Zeit in Anspruch. Unter Umständen empfiehlt sich deshalb eine andere Form der Psychotherapie, die keine Ansprüche an die sprachliche Ausdrucksfähigkeit des Patienten stellt, zum Beispiel Hypnose oder Verhaltenstherapie.

So sehr der gesunde Teil sich auch in die Gefühlswelt des Kranken hineinversetzen und sie anschaulich (bildhaft) wiedergeben soll, er muß sich doch davor hüten, von den Empfindungen selbst ergriffen und überwältigt zu werden. Niemand kann die Gefühle eines anderen voll nachempfinden. Das wäre auch nutzlos, denn es verstellt den klaren Blick. Der Gesunde soll die Empfindungen begreifen, nicht von ihnen ergriffen werden.
Manche Laien, die sich schon einige Zeit mit Psychologie beschäftigt haben, sehen ihre Aufgabe im Gespräch mit einem seelisch Kranken vor allem darin, ihm ihre Analysen und Deutungen an den Kopf zu werfen. Damit beweisen sie, daß sie die Fachbücher umsonst gelesen haben und ihr Teilwissen nur zur Selbstbestätigung auf Kosten des Kranken mißbrauchen. Der ausgebildete Therapeut wird – zumindest anfangs – nur bemüht sein, die Gefühle des Patienten in Worte zu fassen. Seine Analysen und Deutungen behält er für sich, denn er weiß um ihre Schwächen. Erst viel später, wenn er ihrer nach mehrfacher kritischer Prüfung sicher sein kann, wird er vielleicht im Gespräch analysieren. Oft ist es aber besser, dem Kranken zur Selbsteinsicht in die Ursachen seiner Krankheit zu verhelfen.
Psychologische Deutungen zur falschen Zeit – sie mögen noch so zutreffend sein – prallen meist am Kranken ab und führen nur zum Abbruch der Therapie oder zum weiteren Rückzug in die Krankheit. Wenn der Patient diese Einsichten schon verkraften könnte, dann wäre die Behandlung ja überhaupt nicht erforderlich. Deshalb sind Deutungen und psychologische Wertungen zumindest in der Laientherapie immer fehl am Platz.
Im Rahmen der Gesprächstherapie soll sich der seelisch Kranke besser kennenlernen und manche Eigenschaften, die er vielleicht unbewußt schon immer an sich ablehnte, offen in Frage stellen. Das ist ein unangenehmer Prozeß, der zum Neu- und Umlernen aber unentbehrlich ist. Am besten gelingt er in einer Atmosphäre gefühlsmäßiger Sicherheit und uneingeschränkter Zuwendung.
Die zweite Regel für ein Gespräch lautet deshalb: *Gefühlswärme vermitteln und bedingungslose Zuwendung geben.* Wenn der seelisch Kranke sich uneingeschränkt, also mit allen Fehlern und Schwächen, angenommen fühlt und keine Verurteilung oder Ablehnung zu befürchten hat, dann kann er sich auch selbst wieder annehmen und seine Schwächen offen eingestehen. Nur auf dieser Grundlage wird er die Fehler und Verhaltensstörungen verlernen und durch neue, zweckmäßigere Inhalte ersetzen können. Spürt er dagegen Vorbehalte gegen seine Person, wird er in seinen eigenen bestätigt und steht aus Angst vor dem Entzug der Zuwendung unter einem hohen Erfolgszwang in der Phase des Umlernens. Er gefährdet die gesamte Therapie und kann zum Rückzug in die Krankheit führen.
Gefühlswärme und uneingeschränkte Zuwendung gelingen dem Gesunden am besten, wenn er den Patienten als Kranken akzeptiert. Das fällt oft schwer, weil man mit Krankheit immer noch eine organische Störung verbindet, die bei seelisch Kranken nicht vorliegen muß. Dagegen hilft nur die Einsicht, daß es für den Status des Kranken unwesentlich bleibt, ob körperliche Symptome oder Verhaltensstörungen bestehen. Beides deutet auf Krankheit hin und gibt den Betroffenen einen Anspruch darauf, als Kranke anerkannt zu werden.

Gerade seelisch Kranke spüren meist instinktiv sehr genau, ob die gesunde Mitwelt Verständnis und Zuwendung heuchelt oder wirklich empfindet. Wer versucht, den Patienten zu täuschen, indem er seine eigenen Gefühle und Einstellungen hinter einer Maske verbirgt, muß oft erleben, daß der Kranke das Vertrauen verliert und sich noch tiefer in seine Krankheit zurückzieht.
Als dritte Regel für das Gespräch gilt deshalb *der Grundsatz, daß man seelisch Kranken mit aufrichtigem Verhalten (Echtheit) begegnen muß.* Das ist nicht nur deshalb so wichtig, weil der Kranke die „falschen Töne" meist bemerkt, sondern auch unentbehrlich für den Lernprozeß. Wie soll der Patient seine eigenen Fehler und Schwächen erkennen und abbauen können, wenn die Umwelt ihn darüber hinwegtäuscht?
Umgekehrt darf die Echtheit des Verhaltens natürlich nicht schonungslose Offenheit bedeuten, die den Kranken noch tiefer in seine Angst und Depression stößt. Meist begegnen wir anderen Menschen ja mit einer widersprüchlichen Mischung positiver und negativer Gefühle. Zunächst lassen sie überhaupt keine Echtheit zu. Im Alltag verbergen wir die „gemischten Gefühle" hinter der Maske der Höflichkeit. Bei der Gesprächstherapie hingegen darf man sich damit nicht begnügen. Es gilt vielmehr, die Motive der negativen Gefühle herauszuarbeiten. Häufig wenden sie sich dabei zum Positiven, und man kann dem seelisch Kranken dann mit echter Zuneigung und wirklichem Verständnis entgegentreten. Gelingt das nicht, muß man den geeigneten Zeitpunkt für ein offenes Gespräch über die eigenen Empfindungen abwarten. Dabei ist es sehr wichtig, daß keine „Du-Botschaften" abgesandt werden, zum Beispiel „Du bist haltlos!", denn damit gibt man ein Werturteil ab, das den Gesprächspartner vernichtend treffen kann und überhaupt nicht zutreffen muß. Richtig sind *„Ich-Botschaften",* die hervorheben, daß es sich um eine ganz subjektive Empfindung handelt, damit aber kein Urteil abgegeben werden soll. Im obigen Beispiel könnte die Feststellung dann „Ich habe im Augenblick das Gefühl, daß du nach einem Halt suchst!" lauten. Dadurch wird der Gesprächspartner nicht verletzt. Er weiß ja aus eigener Erfahrung, daß man für andere nicht nur positive Empfindungen verspürt, daß sich diese Einstellungen im Lauf der Zeit oft ändern. Zusätzlich tragen solche Ich-Botschaften des gesunden Gesprächspartners auch zur Selbsterkenntnis des Kranken bei.
Unter keinen Umständen darf man die im Verlauf mehrerer Gespräche entstandene zwischenmenschliche Beziehung zur Abhängigkeit ausbauen. Meist sind neurotische Menschen ja ohnehin stark abhängig von Menschen, die früher Einfluß auf sie nahmen, auch wenn diese lange tot oder räumlich weit von ihnen getrennt sind. Ihre Krankheit wurzelt oft in diesen Abhängigkeiten, die sie zwangen, Ansprüche der Umwelt zu verinnerlichen, als eigene anzusehen, um keinen Liebesentzug oder eine andere Sanktion zu riskieren. Aufgabe der Therapie ist es, solche Abhängigkeiten aufzudecken und zu verarbeiten, aber nicht noch neue zu schaffen oder die alten durch andere, ebenso schädliche zu ersetzen. Der Erfolg der kleinen Psychotherapie läßt sich unter anderem auch daran ablesen, ob es dem Kranken zukünftig gelingt, frei von alten, gefühlsbetonten Abhängigkeiten selbst den richtigen Lebensweg in die Zukunft zu erkennen und konsequent zu gehen. Natürlich lassen sich emotionale Abhän-

gigkeiten nicht ganz vermeiden, wenn Menschen miteinander sprechen und Probleme lösen. Im Gegensatz zum Neurotiker wird der Gesunde aber weitgehend frei über solche Abhängigkeiten entscheiden, zum Beispiel für die freiwillige Gefühlsabhängigkeit in einer Ehe oder Freundschaft.

Abhängigkeit entsteht nicht nur dann, wenn man einen seelisch kranken Menschen durch das eigene Verhalten an sich bindet. Man kann sie auch schaffen, indem man ihm Ratschläge erteilt. Hier wird mancher Leser stutzen, denn ein wohlgemeinter Rat erscheint doch auf den ersten Blick hilfreich – gerade auch für den verunsicherten seelisch Kranken. Aber jeder Rat kann immer nur wiedergeben, was der Ratgeber selbst nach seiner Lebenserfahrung und Einstellung in der konkreten Situation des Kranken tun würde. Da er sich aber nicht in dessen Lage befindet, nicht dessen lebensgeschichtliche Entwicklung hinter sich hat, können seine Ratschläge allenfalls für ihn persönlich in der Theorie, aber nie für den Kranken richtig sein.

Das allein wäre noch nicht weiter tragisch. Unvermeidlich steht hinter jedem Rat aber die Erwartung, daß er befolgt wird und die Konflikte des anderen löst. Das weiß der Kranke sehr wohl, denn auch er verhielte sich ähnlich. Also wird er versuchen, die Erwartungen zu erfüllen, die hinter den Ratschlägen stehen. Unter Umständen greift er dazu sogar wieder zur Verdrängung seiner Konflikte und Probleme und kann sich für einige Zeit vielleicht wirklich so verhalten, wie sein Ratgeber es erwartete. Auf Dauer wird er aber bei allem guten Willen doch wieder erkranken, denn die Ursachen seiner neurotischen Störung konnten ja nicht beseitigt werden. Der enttäuschte Ratgeber wird darauf mit neuen Ratschlägen, nicht selten mit Vorwürfen und Entzug der Zuwendung reagieren.

Die letzte Regel für Gespräche mit seelisch Kranken, die man tunlichst auch im Alltag beachten sollte, solange man nicht ausdrücklich um Rat gefragt wird, lautet daher: *Keine neuen Abhängigkeiten schaffen und keine Ratschläge aufdrängen.* Wenn die anderen Regeln der Gesprächstherapie eingehalten werden, dann ergibt sich diese Zurückhaltung von selbst, und der Patient kann frei von Ängsten und äußerem Erwartungsdruck seine ihm gemäßen, individuell richtigen Konfliktlösungen erarbeiten und verwirklichen.

Die kleine Psychotherapie durch Gespräche gehört im Alltag wie in der Praxis des Allgemeinmediziners oder Psychotherapeuten zu den am häufigsten angewendeten Methoden. Sie bewährt sich auch bei depressiven Verstimmungen auf äußere Ereignisse und manchen leichteren Angstzuständen sehr gut. Manche Psychiater sehen in ihr – neben der eigentlichen Psychoanalyse – die einzige legitime Form der seelischen Behandlung, weil sie die Entscheidungsfreiheit des Patienten nicht antastet. Einschränkend muß aber darauf hingewiesen werden, daß nicht alle seelischen Krankheiten allein dadurch zu heilen sind. Insbesondere bei Psychosen genügt die Gesprächstherapie im allgemeinen nicht, weil die Betroffenen zumindest anfangs zur aktiven Mitarbeit unfähig sind. Aber gleichgültig, welche Form psychotherapeutischer Behandlung auch durchgeführt wird, die hier genannten Grundregeln müssen immer beachtet werden, um den Prozeß des Neu- und Umlernens in Gang zu setzen und zu erhalten.

Im weiteren Sinn gehören zur kleinen Psychotherapie auch noch „zudeckende"

Heilverfahren wie Hypnose und Suggestion, auf die wir später noch zu sprechen kommen. Sie versuchen vor allem, die Symptome zu verdecken und die Selbstheilungskräfte der Seele zu aktivieren, damit sie aus eigener Kraft die Ursachen der Krankheit überwindet.

Psychoanalyse und verwandte Heilmethoden

Die aufdeckende „große" Psychotherapie bleibt immer dem dazu speziell geschulten Fachmann vorbehalten. Falsch angewendet kann sie den seelisch Kranken tiefer in die Krankheit, vielleicht sogar in den Selbstmord treiben. Aus diesem Grund darf kein Laie, der sich aus Büchern über das Thema informiert hat, versuchen, seine Kenntnisse nun an einem seelisch Kranken auszuprobieren.

Psychoanalyse bedeutet die Bewußtmachung verdrängter Konflikte und Frustrationen, deren Verarbeitung und schließlich das Neu- und Umlernen im Verhalten gegenüber anderen Menschen. Die Grundregeln, die bei der kleinen Psychotherapie für das Gespräch gelten, sind auch bei der Psychoanalyse unverzichtbar. Die Technik eignet sich vor allem zur Behandlung tiefgreifender neurotischer Störungen und ist meist sehr langwierig. Analysen von 100 bis 400 Stunden Dauer, manchmal bis zu fünf Sitzungen pro Woche, sind keine Ausnahme.

Als Begründer der Psychoanalyse gilt Sigmund Freud (1856 bis 1939). Seine Nachfolger entwickelten die Behandlung weiter, legten neue Theorien und Einsichten zugrunde oder veränderten den praktischen Ablauf. Neben Freud gelten vor allem seine Schüler Alfred Adler und Carl Gustav Jung als „Väter" der modernen Psychoanalyse.

Die Freudsche Analyse arbeitet vorwiegend mit der Traumdeutung. In ihrer symbolhaften Bildersprache bringen die Träume ins Unbewußte verdrängte Erlebnisse zutage, die man schon lange vergessen wähnte. Indem der Therapeut die Symbole deutet, zusätzlich spontane Einfälle und Fehlhandlungen (Versprechen, Verschreiben und ähnliches) dem Patienten erklärt, macht er diese Erlebnisse wieder bewußt. Dabei verlieren sie ihre Bedeutung als Krankheitsfaktor.

Freud stellte in seiner Therapie das sexuelle Lustprinzip (Libido) in den Vordergrund des Seelischen. Damit schuf er sich viele Gegner, denn die Sexuallust ist beileibe nicht die einzige Triebfeder menschlichen Verhaltens. Andererseits darf man nicht übersehen, daß die Sexualität bei vielen Neurotikern zumindest mit eine Rolle spielt, auch wenn sich die Neurose allein daraus nicht erklären läßt.

Der Wiener Psychiater Alfred Adler (1870 bis 1937) wandte sich deshalb bald von seinem Lehrer Freud ab und begründete die Individualpsychologie. Dabei geht er von der Annahme aus, daß die vermeintliche oder tatsächliche Minderwertigkeit eines Organs durch entsprechende seelische Einstellungen kompensiert (ausgeglichen) oder in negativem Sinn überkompensiert werden kann. Diese Lehre von der Minderwertigkeit und ihrer Kompensation bildet die Grundlage seiner Neurosenlehre. Ziel der neurotischen Persönlichkeit ist es danach, das eingeborene Minderwertigkeitsgefühl durch Streben nach größerer Sicherheit zu überwinden und sich im Lebenskampf hinter dem Bollwerk neurotischer Symptome zu verbergen. Wie Freud geht auch Adler davon aus, daß die Wurzeln neurotischen Verhaltens im Unbewußten zu suchen sind.

Als wichtigsten Teil der Persönlichkeit versteht Adler im Gegensatz zu Freud nicht den Sexualtrieb, sondern das Gemeinschaftsgefühl und Streben nach Macht und Anerkennung in der Gesellschaft. Beim Neurotiker wird dieser Antrieb infolge der Minderwertigkeitsgefühle herabgesetzt. Deshalb kann der seelisch Kranke sich nicht sozial optimal angepaßt verhalten.

Große Bedeutung mißt Adler auch der Stellung des Kindes und Jugendlichen in der Familie und später des Erwachsenen im Berufsleben bei, da sie mit für die Befriedigung seines Machtstrebens verantwortlich sind.

Das Ziel der Psychoanalyse nach Adler besteht vor allem darin, die aus sozialen Erfahrungen und frustriertem Machtbetrieb entstandenen neurotischen Fehlentwicklungen aufzudecken und den Betroffenen zu erklären sowie die weitere soziale Entwicklung zu lenken und zu überwachen.

Der Schweizer Psychiater und Hochschullehrer Carl Gustav Jung (1875 bis 1961) schuf, ausgehend von Freuds tiefenpsychologischen Erkenntnissen, seine Lehre von den psychologischen Typen. Er stellt dem nach innen gewendeten introvertierten Menschen den der Außenwelt zugekehrten extrovertierten gegenüber. Aus diesen beiden extremen Einstellungen zur Umwelt können neurotische Störungen mit Komplexen entstehen. In seiner Traumdeutung unterscheidet Jung ein individuelles, durch Verdrängungen gebildetes Unbewußtes vom allen gemeinsamen, kollektiven Unbewußten. Es wird von Archetypen beherrscht, die aus urtümlichen Bildern zusammengesetzt sind und denen wir in Märchen, Mythen und Religionen aller Völker immer wieder in ähnlicher Form begegnen. So wie verdrängte Wünsche und Erfahrungen können auch verdrängte Archetypen nach Jung zu neurotischen Störungen führen.

Jungs analytische Psychotherapie begnügt sich nicht damit, verdrängte Inhalte wieder bewußt zu machen und so zu verarbeiten. Er geht einen Schritt weiter, indem er zu klären versucht, warum sich die neurotischen Symptome ausgerechnet zu einem bestimmten Zeitpunkt bemerkbar machen. Gewissermaßen hinterfragt er den Zweck der Neurose in der aktuellen, gegenwärtigen Lebenssituation, während Freud und seine Anhänger vor allem in die Vergangenheit blicken. Mit seinen Archetypen geht Jung auch mehr als die rationale Analyse Freuds auf das Gemüt ein. Deshalb bewährt sich die Jungsche Analysetechnik oft gerade bei Angstneurosen und neurotischen Depressionen besser als alle anderen Methoden. Sie sieht ihre Hauptaufgabe (ähnlich wie Adlers Individualpsychologie auch) vor allem in der Vorbereitung des Neurotikers auf seine Zukunft. Daher kann sie ihm auch neue geistige Werte und einen neuen Lebenssinn vermitteln.

Allen psychoanalytischen Techniken – auch den hier nicht genannten Varianten – ist gemeinsam, daß der Neurotiker sich einige Zeit gegen die Bewußtmachung der verdrängten Inhalte wehrt. Dieser typische Widerstand gegen Deutung des

Therapeuten kann allerdings auch auf falsche Analysen zurückzuführen sein. Immer mehr Analytiker räumen das heute auch offen ein. Außerdem erzeugt die Psychoanalyse immer Gefühle beim Patienten für den Therapeuten (Übertragung) und umgekehrt (Gegenübertragung). Von ihrer Qualität und der gelungenen Auflösung der Gefühlsbeziehung am Ende der Analyse hängt deren Erfolg wesentlich mit ab.
Psychoanalyse setzt voraus, daß der Patient unter einem erheblichen Leidensdruck steht und von der Intelligenz her zur aktiven Mitarbeit fähig ist. Geisteskranke, intellektuell minderbegabte Neurotiker und Psychopathen ohne Leidensdruck sprechen daher in der Regel nicht oder nur ungenügend auf die Psychoanalyse an.

Ängste „verlernen“ durch Verhaltenstherapie

Jede Form seelischer Behandlung von Neurosen – vielleicht von allen seelischen Krankheiten – beruht auf dem Neu- und Umlernen in gefühlsmäßig warmer, echter Atmosphäre. Gravierende Unterschiede bestehen allerdings in der Art der angestrebten Lernprozesse. Psychoanalyse erfordert eine höhere Art des Lernens durch Einsicht und Verstehen seelischer Vorgänge. Naturgemäß dauern solche Lernprozesse recht lange und können nicht von jedem Menschen erbracht werden.
Die „systematische Desensitivisierung“, bekannter als Verhaltenstherapie, erfordert nur einfaches Verlernen und Neulernen, ohne nach den in der lebensgeschichtlichen Entwicklung verwurzelten Ursachen einer seelischen Krankheit zu forschen. Deshalb wirkt sie ungleich schneller als eine psychoanalytische Technik.
Verhaltenstherapie basiert auf der Lehre des russischen Nobelpreisträgers Iwan P. Pawlow (1849 bis 1936) von den bedingten Reflexen. Seine Versuche mit Hunden, die dieser Lehre zugrunde liegen, wurden weltbekannt. Jeder Hund sondert Speichel ab, wenn er sein Futter sieht. Dieser normale (unbedingte) Reflex tritt auch beim Menschen auf, wenn er Speisen sieht, deren Duft riecht oder nur an sein Leibgericht denkt. (Der Volksmund sagt: „Das Wasser läuft ihm im Munde zusammen.“) Pawlow kombinierte in seinen Versuchen das Vorzeigen des Futters mit einem Glockensignal. Nach einigen Versuchen genügte allein das Klingelzeichen (also ohne Futter), um eine etwas verminderte Speichelproduktion bei den Hunden anzuregen. Dieses Phänomen, für dessen Entdeckung Pawlow 1904 den Nobelpreis erhielt, bezeichnet man als „bedingten Reflex“.
Bedingte Reflexe beobachtet man nicht nur bei Tieren und nicht allein beim Essen. Sie treten auch in vielen anderen Lebensbereichen auf. Die Verhaltenstherapie geht davon aus, daß auch viele seelische Störungen – vor allem Ängste – durch solche Lernprozesse entstanden sind und sich dementsprechend auch wieder verlernen lassen. Ein praktisches Beispiel soll das veranschaulichen.

Fall 14
Die Patientin wagte sich nicht mehr auf die Straße, seit ihr ein Blumenka-

sten so unglücklich auf die Schulter gefallen war, daß sie den Arm zeitlebens nicht mehr unbehindert gebrauchen kann. Die verstandesmäßige Einsicht, daß sich ein derart seltener Unfall mit hoher Wahrscheinlichkeit überhaupt nicht mehr wiederholen wird, half ihr nicht über die Agoraphobie hinweg. Allein der Gedanke an das Betreten der Straße erzeugte panische Angstzustände.

Der Psychoanalytiker versucht in solchen Fällen, die lebensgeschichtlichen Wurzeln dieser irrationalen Angst bewußt zu machen und zu verarbeiten. Der Verhaltenstherapeut dagegen wird sich bemühen, diese Angst einfach wieder verlernen zu lassen. Zunächst lernt der Patient, sich völlig zu entspannen, zum Beispiel durch das autogene Training. Entspannung wirkt nämlich der Angst entgegen. Dann stellt der Therapeut einen Katalog sorgfältig abgestufter Angstreize auf. Er beginnt mit schwachen Reizen, etwa der Vorstellung: „Sie sehen in einem Film, wie jemandem ein Blumentopf auf die Schulter fällt!" Die folgenden Vorstellungen führen über leichte und mittelschwere Angstsituationen bis hin zu stärksten Angstreizen, zum Beispiel: „Sie gehen durch eine enge Straße mit vielen Balkonen. Überall hängen Blumenkästen und werden von einem starken Wind gerüttelt!"
Zur Behandlung wird der Patient aufgefordert, sich zu entspannen. Dann konfrontiert ihn der Therapeut mit dem schwächsten der Angstreize. Der Kranke soll sich diese angsteinflößende Situation so bildhaft wie möglich vorstellen. Zwar wird er einen Anflug von Angst spüren, aber seine Entspannung wird dadurch nicht durchbrochen – vorausgesetzt, der Reiz wurde richtig gewählt. Dieses Erfolgserlebnis gibt ihm neuen Mut. Bei der nächsten Sitzung kann er bereits einen etwas stärkeren Angstreiz ertragen. Nach durchschnittlich 20 bis 30 Sitzungen hat er seine Angst dann soweit verlernt, daß er selbst dem stärksten Reiz aus dem Katalog des Therapeuten ohne Angstanfall entgegensehen kann. Auch im Alltag wird er sich zukünftig wieder angstfrei bewegen. Für jeden Erfolg lobt der Therapeut den Patienten. Rückfälle werden nicht getadelt oder gar durch Gefühlsentzug bestraft, denn das Umlernen gelingt nur dann rasch und störungsfrei, wenn der Kranke sich uneingeschränkt angenommen fühlt.
Gegner der verhaltenstherapeutischen Psychotherapie kritisieren sie als menschenunwürdige Dressur, die auf Tierversuchen beruht. Diese Argumente erweisen sich bei genauerer Betrachtung als wenig stichhaltig. Leider fühlt der Mensch sich immer noch zu sehr als „Krone der Schöpfung" und neigt dazu, seine Verwandtschaft zu den Tieren zu leugnen, obwohl sie von der Verhaltensforschung einwandfrei nachgewiesen wurde. Es ist also nicht einzusehen, weshalb Verhaltensmuster, die wir mit den Tieren gemeinsam haben, nicht zur Heilung seelischer Krankheiten durch Lernen genutzt werden sollen. Auch der Vorwurf der menschenunwürdigen Dressur trifft nicht zu. Erziehung bedeutet immer auch – aber nicht nur – eine Art von Dressur. Sie soll und darf aber den Willen nicht brechen; das gilt für die Verhaltenstherapie wie für das Lernen in Schule und Elternhaus. Ihr Ziel besteht vielmehr darin, den Patienten aus der Knechtschaft bedingter Reflexe zu befreien, also erst dadurch seine uneingeschränkte Willensfreiheit wieder herzustellen.

Eine gewisse Gefahr, die ausschließlich vom Therapeuten ausgeht, kann allerdings nicht geleugnet werden, die Anpassung des Patienten an äußere Verhältnisse, die für ihn individuell unerträglich sind. Dieses Risiko besteht dann, wenn der Therapeut zu sehr auf die rasche Normalisierung des Verhaltens abzielt, weil er vor Beginn der Therapie die Lebenssituation seines Patienten nicht gründlich genug erforschte, um solche unerträglichen Verhältnisse zu erkennen, oder weil er nicht unterscheidet zwischen Verhaltensweisen, die ihm richtig erscheinen, und den für seinen Patienten individuell richtigen, die mit seinen Vorstellungen nicht übereinstimmen müssen.
Dem erfahrenen Verhaltenstherapeuten werden solche Kunstfehler aber kaum unterlaufen. Wenn der Patient im Lauf der Behandlung doch einen solchen unerträglichen Anpassungsdruck spürt, sollte er darüber zunächst mit dem Therapeuten sprechen. Wenn das nichts hilft, empfiehlt es sich oft, den Therapeuten zu wechseln. Eine unerträgliche Anpassung bedeutet Mißbrauch der Verhaltenstherapie, den kein Patient hinnehmen sollte.
Abgesehen davon steht Verhaltenstherapie dank ihrer einfacheren Lernprozesse und der vergleichsweise kurzen Dauer mit entsprechend geringeren Kosten auch einer größeren Zahl seelisch Kranken offen. Diese entscheidenden Vorteile können auch die schärfsten Gegner nicht leugnen. Der Methodenstreit ist daher müßig und schadet nur dem Kranken.

Die Gruppen-Psychotherapie

Die traditionelle Psychotherapie geht davon aus, daß seelische Behandlung nur durch analytische Gespräche und verwandte Methoden zwischen dem einzelnen Kranken und seinem Therapeuten möglich ist. Auf dieser klassischen Einstellung beruhen viele Vorurteile gegen die Gruppentherapie, die bisher auch verhinderten, daß genügend Ausbildungsmöglichkeiten geschaffen wurden. Das ist bedauerlich, denn unter erfahrener Leitung kann die Gruppentherapie zu guten Ergebnissen führen.
Streng genommen gehört die Gruppen-Psychotherapie zu den Methoden der Laienbehandlung. Der Leiter einer Gruppe, ein ausgebildeter Therapeut, lenkt die Gespräche lediglich in die gewünschte Richtung, die therapeutische Hauptarbeit leistet die Gruppe. Gewöhnlich treffen die Mitglieder sich mindestens einmal wöchentlich. An den Sitzungen nehmen acht bis zwölf Personen teil, die nach Alter und Intelligenz möglichst einheitlich ausgewählt wurden. Gruppentherapie setzt voraus, daß sich alle Teilnehmer bei den Diskussionen auf seelische Konflikte und Gefühle beschränken. Dabei muß sich jeder auf die Diskretion der anderen verlassen können. Über Tagesereignisse und ähnliche, für die Therapie belanglose Fragen wird bei den Gruppensitzungen nicht gesprochen. Die letzte Bedingung, nämlich der Verzicht auf private Kontakte außerhalb der Gruppe, wird heute von vielen Therapeuten nicht mehr als unverzichtbar angesehen.
Zu Anfang muß der Therapeut die Voraussetzungen der Behandlung erklären und die Gespräche in Gang bringen. Meist sind vorher zahlreiche Hemmungen zu überwinden. Naturgemäß fällt es den einzelnen Gruppenmitgliedern oft sehr

schwer, unbefangen über persönliche Probleme vor allen zu sprechen. Später wird der Gruppenleiter unauffällig die Gespräche lenken und nutzlose Abschweifungen verhindern.
Theoretische Grundlage der Gruppentherapie bilden die sozialpsychologischen Erkenntnisse über die Gesetzmäßigkeiten, nach denen Beziehungen innerhalb einer Gruppe entstehen und aufrechterhalten werden. Das therapeutische Ziel besteht im Aufdecken und Verarbeiten der eigenen Probleme und im Einüben neuer, sozial besser angepaßter Verhaltensmuster. Das Zusammengehörigkeitsgefühl der Gruppe schafft dabei die emotionale Wärme, die zum Neulernen unentbehrlich ist. Gleichzeitig wirkt die Erfahrung entlastend, daß andere Menschen unter ähnlichen Problemen und Konflikten zu leiden haben. Die gesammelte praktische Leiderfahrung aller Gruppenmitglieder trägt dazu bei, daß die einzelnen Teilnehmer neue Entfaltungs- und Problemlösungsmöglichkeiten aufdecken und an den anderen im therapeutischen Raum der Gruppensitzung zunächst ohne Gefahr von Gefühlsentzug auch erproben können. Schließlich fördert die Gruppentherapie auch die Erziehung zur sozialen Verantwortung für den Mitmenschen. Das kann vor allem für depressive Patienten sehr nützlich sein.
Eine Sonderform der Gruppentherapie, das Psychodrama, beruht auf der Möglichkeit, Konfliktsituationen nach Art eines Schauspiels vor der Gruppe unter Beteiligung des Therapeuten und anderer Gruppenmitglieder darzustellen. In diesem Spiel erkennt der Kranke ebenfalls die Wurzeln seiner Verhaltensstörung und kann neue Verhaltensmuster einüben.
Gruppentherapie gilt als sehr vielseitige psychotherapeutische Technik. Seelisch Gesunde können sich bei den Sitzungen selbst erkennen, Neurotiker die Ursachen ihrer Erkrankung bewußtmachen und verarbeiten. Selbst für schwerkranke Psychotiker kommt die Gruppentherapie in Frage. Allerdings kann sie erst einsetzen, wenn ihre akuten Symptome überwunden sind und sie wieder an der sozialen Kommunikation teilnehmen können. Auch zur alleinigen oder unterstützenden Behandlung von Depressionen und Angstzuständen eignet sich die Gruppen-Psychotherapie gut. Im positiven therapeutischen Klima der Gruppe müssen sie ihre Angst nicht wie im Alltag verbergen, sondern können sie ausleben und mit Hilfe der Zuwendung der anderen verarbeiten. Diese Zuwendung, die seelisch Kranke im Alltag häufig entbehren müssen, kann für sie sehr beglückend und heilungsfördernd sein. Bei schweren Depressionen muß der Teilnahme an der Gruppentherapie allerdings eine gezielte Einzelbehandlung vorangehen, damit der Patient überhaupt wieder zur sozialen Kommunikation in der Gruppe fähig wird.
Die aufdeckende (verbale) Gruppen-Psychotherapie darf nicht mit der Beschäftigungstherapie (averbale Aktivitätstherapie) verwechselt werden. Darauf kommen wir im Kapitel über die Behandlung der Psychosen noch zu sprechen.
Über ermutigende Ergebnisse mit Gruppen, die zunächst vom Fachmann in Gang gebracht wurden und dann ohne ihn weiterlaufen, berichten Therapeuten aus Amerika. Auch bei uns sollten derartige Experimente zur Selbsthilfe viel häufiger gewagt werden, da es an Gruppentherapeuten mangelt. Auf absehbare Zeit bieten solche neuen therapeutischen Ansätze vermutlich die einzige

Chance, die Diskrepanz zwischen dem Heer seelisch Kranker und dem kleinen „Häuflein" von Therapeuten wenigstens zu verringern. In manchen deutschen Städten gibt es bereits Selbsthilfegruppen, die ganz ohne Therapeut auskommen. Sie wurden nach dem Vorbild der Anonymen Alkoholiker speziell für seelisch Kranke aufgebaut und legten sich den Namen „Emotions Anonymous" zu. Auskunft über die nächste dieser Gruppen geben die örtlichen staatlichen und konfessionellen karitativen Institutionen.

Behandlung der kranken Familie

Die Familie eines seelisch Kranken beeinflußt Entstehung und Verlauf von Ängsten, Depressionen und anderen psychischen Störungen oft entscheidend mit. Das gilt nicht nur im Kindesalter, wenn gestörte innerfamiliäre Beziehungen, Überbesorgtheit und ähnliche Erziehungsfehler die Grundlagen späterer Neurosen schaffen. Auch der Erwachsene wird durch die Familie im Krankheitsverlauf positiv oder negativ beeinflußt – insbesondere nach Ablauf der Psychotherapie.

In der Bundesrepublik schenkt man dieser grundlegenden Erkenntnis bisher noch viel zu wenig Beachtung. Eine der Ursachen sind wohl die Behandlungskosten. An der Familientherapie nehmen oft mehrere Therapeuten und die gesamte Familie teil. Dadurch wird die Behandlung natürlich erheblich verteuert. In anderen Ländern, zum Beispiel Schweiz und USA, behandelt man trotz der Mehrkosten in geeigneten Fällen oft schon die ganze Familie. In psychiatrischen Forschungszentren Amerikas wohnt ausnahmsweise sogar die ganze Familie einige Zeit in oder bei der Nervenklinik, um eine umfassende Therapie sicherzustellen. Bei uns wäre das bisher unvorstellbar.

Familientherapie scheitert allerdings nicht allein an den höheren Kosten. Die sozialpsychiatrischen Erkenntnisse haben sich noch lange nicht bei allen Therapeuten „herumgesprochen", und häufig wehren sich auch die Angehörigen hartnäckig dagegen. Viele von ihnen spüren ja instinktiv, daß sie Anteil an der seelischen Störung ihres Familienmitglieds haben. Sie fürchten daher, vom Therapeuten angegriffen und beschuldigt zu werden. Unbewußt spielt oft auch die Befürchtung eine Rolle, daß mit der Heilung des Patienten der „Familien-Sündenbock" verlorengeht, auf den bisher bequem alle Konflikte und Probleme abgewälzt werden konnten. Dank dieses schwächsten Glieds in der Familie können die anderen Mitglieder einer in ihren Beziehungen gestörten Familiengemeinschaft die eigenen seelischen Störungen unter Kontrolle halten.

Fall 15

Der junge Mann lebte in ungünstigen familiären Verhältnissen und litt unter starker Angst vor der Zukunft, die ihm nur sehr vage und ohne Ziele vor Augen stand. Er hatte schon mehrmals ein Studium aufgenommen, aber immer wieder nach kurzer Zeit abgebrochen, weil die Motivation zum Lernen fehlte.

Im Verlauf der Gesprächstherapie stellte sich bald heraus, daß der Patient jeweils Studiengänge in Angriff genommen hatte, die sein Vater ihm nahelegte. Da sie seinen Begabungen kaum entsprachen, sondern vor allem an den späteren Berufsaussichten orientiert waren, studierte er nie konsequent, sondern nur ab und zu, konnte die Ziele also nie erreichen. An seinen Mißerfolgen entzündete sich immer wieder der heftige häusliche Streit zwischen ihm und seinem Vater, aber auch in seiner Abwesenheit zwischen den Eltern.

Einige Gespräche mit der Mutter ergaben bald, daß die Ehe schon lange zerrüttet war – lange ehe es die ersten Probleme mit der Berufswahl des Sohns gab. Auch von Scheidung war die Rede gewesen. In letzter Zeit schien die Ehe aber wieder weniger gefährdet. Beide Elternteile verlagerten ihre Probleme auf den Patienten, der damit zum „Sündenbock" der Familie wurde. Dadurch ersparten sie sich die direkte Konfrontation. Andererseits verbaute diese Rolle als Sündenbock dem jungen Mann natürlich den eigenen Weg ins Leben.

Leider gelang in diesem Fall keine Familientherapie. Der Vater verweigerte die Teilnahme daran, und daraufhin blieb auch die Mutter wieder weg. Schließlich störten sie auch die therapeutische Beziehung zu dem Patienten so nachhaltig, daß dieser von sich aus die Behandlung unterbrach, obwohl erste kleine Fortschritte in Richtung auf mehr Selbständigkeit und Lösung vom Einfluß des Vaters gelungen waren.

Grundsätzlich gelten auch für die Familientherapie die Regeln der Gesprächstherapie. Es gilt vor allem, ein Klima unvoreingenommener emotionaler Wärme und Zuwendung zu schaffen, das direkte Ermahnungen und Vorwürfe seitens des Therapeuten von vornherein verbietet. Der Familientherapeut sucht nicht nach Schuldigen. Er will die falschen, eingeschliffenen Verhaltensmuster innerhalb der Familie allen bewußtmachen und das Neu- und Umlernen bei allen in Gang setzen. Dadurch „saniert" er ein krankheitsförderndes Familienmilieu. Der Kranke kann dann ohne erhöhtes Risiko eines Rückfalls in diese Familie zurückkehren und findet in ihr den Rückhalt und die gefühlsmäßige Geborgenheit, die notwendig sind, damit er sich wieder in das normale Leben eingliedern kann. Vereinfacht ausgedrückt macht der Familientherapeut aus einer gestörten Familie eine therapeutische Gruppe. Das kommt nicht nur dem Patienten, sondern allen zugute.

Aus der Art, wie die Familie während der Therapie miteinander umgeht, kann der Fachmann gleichzeitig Einblick in die sozialpsychologischen Wurzeln der Krankheit seines Patienten gewinnen. Diese Erkenntnisse sind unter Umständen sehr wichtig für die manchmal notwendige begleitende Einzeltherapie des Kranken. Deshalb verdient die Familientherapie viel mehr Beachtung.

Die Kosten erscheinen nur auf den ersten Blick höher. Auf längere Sicht kommt Familientherapie zweifellos billiger. Der geheilte Patient kann in ein für seine weitere seelische Gesundheit günstigeres Milieu entlassen werden, das vor Rückfällen bewahrt. Ohne Familientherapie bleibt das krankheitsfördernde innerfamiliäre Klima hingegen weiter bestehen und zerstört oft rasch wieder den Erfolg der Therapie. Der Kranke wird also aus dem „therapeutischen Schonraum" entlassen, findet die alten, krankmachenden Konflikte und neue Vorurteile vor und flieht vor ihnen bald wieder durch einen anderen Flügel der „Drehtür", die ihn eben erst ins Leben entlassen hatte. Diese „Drehtür-Psychiatrie" führt häufig dazu, daß der Kranke schließlich als unheilbar betrachtet und nur noch medikamentös ruhiggestellt, wenn nicht sogar für den Rest seines Lebens in ein Psychiatrisches Landeskrankenhaus eingewiesen wird. Nicht weil er tatsächlich unheilbar wäre, sondern weil die Mißstände in der Psychiatrie und die Vorurteile der Umwelt ihm von vornherein keine echte Chance ließen. Familientherapie könnte in geeigneten Fällen viel dazu beitragen, den Teufelskreis der „Drehtür-Psychiatrie" zu durchbrechen.

Angezeigt ist die Familientherapie bei vielen neurotischen Verhaltensstörungen einschließlich Angstneurosen, Zwangsphänomenen und neurotischen Depressionen. Ferner kommen auch psychosomatische Erkrankungen als Heilanzeige in Betracht. Neuere Untersuchungen legen ja sogar den Verdacht nahe, daß die kranke Familie die Entwicklung bösartiger Tumoren (Krebs) zumindest begünstigt. Schließlich lohnt sich ein Versuch mit Familientherapie auch bei bestimmten Psychosen. Amerikanische Psychiater, die nicht so leichtfertig wie ihre bundesdeutschen Kollegen an eine krankhafte Stoffwechselstörung als Ursache der Schizophrenie glauben, sondern nach weiteren Wurzeln dieser Krankheit suchen, erzielen durch Familientherapie im Einzelfall oft sehr gute Ergebnisse. Bei uns hingegen gilt dieses verbreitete Leiden (ein Schizophrener auf 100 Gesunde) noch immer – getreu der klassischen Lehrmeinung – als grundsätzlich unheilbar.

Bioenergetik – Harmonie der Seele durch körperliche Übungen

Auch diese relativ junge psychotherapeutische Technik stammt bezeichnenderweise aus Amerika, wo man neuen Denkansätzen in der Psychiatrie viel unvoreingenommener als in Europa gegenübersteht. Der „Vater der Bioenergetik", Alexander Lowen, geht auf Grund seiner langjährigen praktischen Erfahrung davon aus, daß viele seelische Störungen auf die gestörte Harmonie von Körper und Seele zurückzuführen sind. Unter anderem schreibt er in seinem Buch „Der Verrat am Körper" (Scherz-Verlag, München – Bern, 1980):

„Wir behandeln unseren Körper schlimmer als unseren ärgsten Feind. Wenn wir Hunger haben, essen wir, wenn wir Durst haben, trinken wir – wenn aber unser Körper andere elementare Rechte fordert, wie Lust und Zärtlichkeit, Bewegung und Entspannung, dann streiken wir, verweigern dem Körper, was des Körpers sein sollte, und verstoßen damit gegen Grundgesetze der Natur. Kein Wunder, daß darauf nicht nur der Körper mit Beschwerden reagiert, sondern auch die Seele."

Dieser Verrat am Körper muß nach Lowens Bioenergetik-Lehre wieder gutgemacht werden, um vielen körperlich-seelischen Störungen die Grundlage zu entziehen. Die Unfähigkeit vieler Menschen, zu lieben und liebenswert zu erscheinen, rührt im Grunde von tiefsitzenden Ängsten her, die sich durch körperliche Therapie überwinden lassen. Gefühlshemmungen verschwinden, wenn man lernt, den Körper zu entkrampfen; Schlafstörungen und chronische

Müdigkeit mit depressiver Verstimmung lassen sich überwinden, wenn das bioenergetische Zusammenwirken von Körper und Seele harmonisiert wird.
Im Grunde sind also alle körperlichen wie seelischen Vorgänge aus der Sicht der Bioenergetik nur verschiedene Ausdrucksformen eines einheitlichen Lebensprozesses. Die gehemmte Seele kann durch Beseitigung der von ihr verursachten Folgen, der verkrampfte Körper umgekehrt durch Heilung der seelischen Auswirkungen, gebessert werden. Dazu entwickelte Lowen ein Programm körperlicher Übungen mit Atemtechniken, das durch die geistige Verarbeitung persönlicher Probleme und Konflikte unterstützt werden muß. Es stellt die für ein gesundes Leben unentbehrliche psycho-(seelisch)physische (körperliche) Harmonie wieder her und mobilisiert ungenutzte Energien. Falsche Verhaltensmuster und innere Einstellungen verschwinden im Laufe der Zeit, Ängste und Depressionen werden überwunden.
Bioenergetik wird stets unter Anleitung des Fachmanns durchgeführt. Der Patient muß sich allerdings aktiv an der Behandlung beteiligen. Dann erzielt man dauerhafte Heilung jener seelischer Störungen, die noch die aktive Mitarbeit des Kranken zulassen. Schwere Depressionen müssen zunächst auf andere Weise gelindert werden, ehe bioenergetisch behandelt werden kann.
Es ist nicht möglich, auf Einzelheiten dieser inzwischen schon gut bewährten, umfassenden Therapie weiter einzugehen. Ausführliche, auch dem Laien verständliche Erklärungen und praktische Ratschläge enthält das eingangs zitierte Buch Lowens.

Hypnose und Selbstbeeinflussung

Im weiteren Sinn gehören diese beiden psychotherapeutischen Techniken zur kleinen Psychotherapie. Der Unterschied zwischen den beiden Methoden besteht im Prinzip darin, daß Hypnose durch Fremdsuggestion erfolgt, während Selbstbeeinflussung von vielen Menschen auch im Alltag bewußt oder unbewußt angewendet wird. Aber auch die Fremdbeeinflussung hängt davon ab, daß der Patient die Suggestionen annimmt, bedeutet also indirekt doch Auto(Selbst-)suggestion.
Im Alltag und bei leichteren seelischen Störungen ohne eigentlichen Krankheitswert leistet die *Selbstbeeinflussung* unschätzbare Dienste. Sie macht uns wieder Mut, versetzt uns in positive (oder negative) Erwartungen, weckt bestimmte hilfreiche (oder schädliche) Vorstellungen und richtet innere Einstellungen auf bestimmte Ziele aus. Im Grunde gilt dazu, was bereits im Kapitel „Positive Erwartungen erlernen" weiter vorne ausgeführt wurde.
Zur Behandlung seelischer Krankheiten genügt die Autosuggestion des Alltags in der Regel nicht. Vielmehr muß zu diesem Zweck systematisch und unter fachmännischer Anleitung zunächst die Selbstbeeinflussung erlernt und geübt werden. Dann lassen sich viele seelische Störungen allmählich aus eigener Kraft überwinden. Trotzdem darf man die Selbstbeeinflussung nicht als Universalmittel gegen jede Form seelischer Störungen mißverstehen. Nur der Patient, der noch in der Lage ist, heilsame Vorstellungen zu entwickeln, kann Nutzen aus der Autosuggestion ziehen. In einer Phase tiefer Depression oder bei übermäch-

tigen Angstzuständen gelingt das nicht mehr. Dann muß zunächst auf andere Weise behandelt und bei Bedarf später die Autosuggestion zur unterstützenden Selbstbehandlung erlernt werden.
Als zweite grundlegende Voraussetzung der Selbstbeeinflussung gilt die Fähigkeit zur Entspannung. Nur im entspannten Zustand von Körper, Geist und Seele öffnet sich das Unbewußte den gezielten Autosuggestionsformeln. Sie werden darin verankert und bilden eine Art Gegengewicht zu den ebenfalls im Unbewußten vorhandenen Krankheitsursachen. Dabei werden die Selbstheilungskräfte der Seele aktiviert und gewinnen schließlich die Oberhand. Keine Hemmungen, keine Widerstände der Umwelt und keine entgegengesetzten Willensziele können verhindern, daß sie sich (richtige Autosuggestion vorausgesetzt) immer deutlicher durchsetzen und dem Verlauf der Krankheit eine günstige Wende geben.
Als wichtigste Technik der Entspannung, die gleichzeitig auch die gezielte Selbstbeeinflussung ermöglicht, gilt das im Kapitel „Überleben im Alltagsstreß" beschriebene autogene Training (AT). Bewährt hat sich auch West-Yoga, das bestimmte konzentrationsfördernde Körperhaltungen mit Atemschulung und Meditation enthält. Der Europäer muß sich oft erst daran gewöhnen. Da Yoga im Vergleich zum autogenen Training keine nennenswerten Vorteile bietet, eignet sich AT deshalb oft besser. Die Entscheidung bleibt aber dem Einzelnen überlassen, der sich möglichst mit seinem Therapeuten beraten sollte.
Während AT und Yoga systematisch aufgebaut sind, wirken einfache Entspannungsübungen infolge des mangelnden durchgehenden Trainingskonzepts häufig zu unspezifisch. Die Übungen werden so individuell gestaltet, daß man bei einfacher Entspannung nie voraussagen kann, ob der Grad der Entspannung erreicht wird, der zur wirksamen Selbstbeeinflussungstherapie unentbehrlich ist. Im Alltag spielt das keine so wichtige Rolle, wohl aber bei der Therapie seelischer Krankheiten. In solchen Fällen kommt diesem Unterschied möglicherweise entscheidende Bedeutung zu. Daher empfiehlt es sich grundsätzlich, bei krankhaften Störungen immer AT anzuwenden, das bei regelmäßigem Training zu optimalen Resultaten führt. Allerdings nützt auch AT nur wenig, wenn man damit erst beim Ausbruch der Krankheit zu beginnen versucht. Es gehört zur Vorbeugung seelischer Störungen und auch zahlreicher organischer Folgen (psychosomatische Krankheiten).
Hypnose kann auf zweierlei Art betrieben werden. Einmal ermöglicht die Fremdbeeinflussung im schlafähnlichen Zustand der Trance eine „zudeckende" Psychotherapie. Dabei werden die Symptome der Krankheit durch gezielte Suggestionsformeln unterdrückt. Unter Umständen bewirkt das eine rasche Besserung des Allgemeinbefindens. Allein dadurch heilen die Krankheitsursachen aber nicht aus. Die Unterdrückung der Symptomatik bewirkt eine Entlastung und kann die seelischen Selbstheilungskräfte aktivieren, die dann selbst mit den Wurzeln der Krankheit fertig werden. Zudeckende Hypnose kann deshalb bei leichteren bis mittelschweren Angstzuständen, Depressionen und manchmal auch Zwangshandlungen wertvolle Dienste leisten.
Genügt die Wirkung nicht, weil die Selbstheilungskräfte zu schwach oder die Krankheitsursachen zu mächtig sind, kommt im Einzelfall die Kombination der

Hypnose mit Psychoanalyse oder Verhaltenstherapie in Frage. Wie weiter vorne schon erklärt, erfordert Psychonanalyse das Bewußtmachen verdrängter, nicht verarbeiteter Konflikte und Frustrationen. Im Wachzustand wehrt das Bewußtsein die Erinnerungen lange Zeit ab. Diesen Widerstand kann man durch Hypnoanalyse leichter überwinden. Der Patient wird dann in Hypnose versetzt und kann sich in diesem Zustand so genau an jeden beliebigen Zeitpunkt seiner Vergangenheit erinnern, als durchlebte er ihn eben in diesem Augenblick. Das nützt der Hypoanalytiker, um die verdrängten, krankmachenden Inhalte des Unbewußten ins Bewußtsein zu heben, neu erleben und damit sinnvoll verarbeiten zu lassen. Die Erinnerung an das erneute Erlebnis solcher Enttäuschungen der Vergangenheit kann nach beendeter Hypnose bewußt bleiben oder vom Therapeuten wieder – jetzt verarbeitet und ohne Krankheitswert – ins Unbewußte zurückverlagert (vergessen) werden. Auf diese viel zu selten genutzte Weise wird die Analyse bedeutend verkürzt, und dem Kranken kann viel schneller geholfen werden.
Verhaltenstherapie kombiniert mit Hypnose bietet ebenfalls viele Vorteile. Mit Hilfe der in Trance erzielten Tiefenentspannung kann die Reaktion auf Angstreize noch zuverlässiger als bei normaler Entspannung in Schach gehalten werden. Außerdem ist es leichter möglich, dem Patienten die verschiedenen, sorgfältig abgestuften Angstsituationen noch anschaulicher ins Bewußtsein zu rufen, als das im autogenen Training oder durch andere Entspannungstechniken möglich wäre. Je bildhafter der Kranke sich diese Angstreize vorstellt, desto intensiver wirkt natürlich die Erfahrung, daß er sie im Rahmen der Verhaltenstherapie immer wieder überwinden kann.
Hypnose bietet dem damit erfahrenen Therapeuten also eine Reihe von Möglichkeiten zur Allein- oder Kombinationstherapie. Wer ihre Berechtigung heute in Frage stellt, vergißt dabei, daß wir der Hypnose zum Beispiel das autogene Training mit zu verdanken haben und daß auch Sigmund Freud vor der Entwicklung seiner Psychoanalyse mit Hypnose arbeitete. Zu seiner Zeit nahm sie in der Psychotherapie nämlich noch breiteren Raum ein. Erst die neueren Techniken ließen sie in den Hintergrund treten, obwohl sie sich gerade kombiniert mit diesen Methoden sehr gut bewährt. Deshalb erleben wir seit einiger Zeit auch wieder eine Art „Renaissance" der Hypnotherapie, die – wie viele andere Fortschritte in der Psychiatrie auch – ihren Ursprung wiederum in Amerika hat.
Mit Okkultismus hat Hypnose nichts zu tun. Man kann sie dazu und für Showeffekte (miß-)brauchen, aber es hieße das Kind mit dem Bade ausschütten, deshalb die medizinische Hypnose pauschal abzulehnen. Ein erfahrener Hypnotherapeut kann in wenigen Sitzungen ebensoviel (oder mehr) erreichen wie ein Psychoanalytiker. Für den seelisch Kranken spielt es eine untergeordnete Rolle, auf welche Weise ihm geholfen wird, wenn die Wirkung nur so bald wie möglich eintritt und anhält.
Hauptanwendungsgebiete der Hypnose sind neurotische Verhaltensstörungen, Angstzustände, depressive Verstimmungen, Zwangsneurosen und die Funktionsstörungen des Körpers, die aus solchen Störungen hervorgehen. Psychopathen, Alkoholiker und andere Suchtkranke, sehr junge Kinder und hochbe-

tagte Menschen sprechen auf Hypnotherapie oft weniger oder überhaupt nicht an. Bei Psychotikern (auch manisch-depressiv Kranken oder endogen Depressiven) ist in der Regel kein Erfolg zu erwarten. Manche depressiven Psychotiker reagieren auf Hypnose sogar mit Verschlechterung. Das beweist, wie wichtig es ist, daß die Behandlung durch den erfahrenen Therapeuten erfolgt, der nicht nur die Hypnosetechnik beherrscht, sondern auch über psychiatrische Kenntnisse verfügt.

Die meisten Menschen können in Hypnose versetzt werden. Bei einem kleinen Prozentsatz gelingt das sehr rasch, bei einem ähnlich geringen Anteil der Gesamtbevölkerung überhaupt nicht. Wunder darf man von der Hypnose nicht erwarten. Sie leistet im Rahmen ihrer Grenzen gute Dienste, aber nur der Fachmann kann im Einzelfall entscheiden, ob Hypnose allein oder kombiniert mit anderen psychotherapeutischen Techniken angezeigt ist. Manche Menschen können sich nach entsprechender Anleitung des Therapeuten auch selbst in Hypnose versetzen und dadurch außerhalb der Sitzungen in der Praxis viel zur beschleunigten Heilung beitragen. Aber nur wenigen besonders „Begabten" wird es möglich sein, sich dabei in ähnlich tiefe Trance wie bei der Fremdhypnose zu versetzen. Einige „Naturtalente" erreichen ohne jede Anleitung selbständig tiefen Hypnoseschlaf. Die Mehrzahl der Patienten wird sich zur Selbsthilfe aber besser auf autogenes Training und verwandte Methoden beschränken, deren Ergebnisse durch regelmäßige Sitzungen verbessert und beschleunigt werden können.

Seit die Hypnose wieder mehr Anhänger findet, wird auch die Erforschung ihrer Wirkungsweise wieder vorangetrieben. Bis heute wissen wir nämlich noch nicht genau, was Hypnose bedeutet und wie der Zustand wirkt. Es wäre müßig, hier weiter auf die verschiedenen Theorien einzugehen, die bisher alle nur Teilaspekte erklären können. Als „Nebenprodukt" der Forschungen stieß man jedoch auf ein Phänomen, dem höchstes Interesse gebührt, weil es die Psychotherapie und Psychiatrie entscheidend beeinflussen könnte. Ein deutscher Psychotherapeut entdeckte, daß man den hypnotisierten Patienten nicht nur in die frühste Kindheit zurückführen kann, sondern sogar die Schwelle der Geburt überspringen darf, also Erinnerungen an die Zeit im Mutterleib wachrufen kann. Damit nicht genug, er führte seine Patienten noch tiefer in die Vergangenheit, in die Zeit vor ihrer Empfängnis, als noch keine einzige Zelle ihres jetzigen Körpers bestand. Dabei tauchten Erinnerungen an eine frühere Existenz auf, die zum Teil um einige Jahrzehnte, manchmal auch Jahrhunderte zurücklag und von der im Tagesbewußtsein überhaupt keine Erinnerung bestand. Ähnliche Ergebnisse wurden inzwischen auch in Kontrollversuchen von anderen Psychotherapeuten erzielt, so daß man diese Forschungsarbeiten nicht einfach als Scharlatanerie oder Hirngespinste abtun kann.

Wir stehen hier vor einem Rätsel, das bisher keine auch nur annähernd befriedigende Lösung zuläßt, wenn man nicht gerade der asiatischen Lehre von der Reinkarnation (Wiedergeburt) anhängt. Vielleicht wird man einen Zusammenhang mit dem von C. G. Jung angenommenen kollektiven Unbewußten (siehe Kapitel „Psychoanalyse . . .") herstellen können, aber auch das muß vorerst Spekulation bleiben.

Für die praktische Arbeit viel wichtiger erscheint allerdings, daß die Bewußtmachung solcher vergangener Existenzen im Prinzip ähnlich wie die Psychoanalyse seelische Störungen heilen kann. Gerade bei Ängsten scheint eine Beziehung zu solchen aus dem jetzigen Leben nicht erklärbaren Inhalten des Unbewußten häufig zu bestehen. Ob sich daraus in absehbarer Zeit einmal eine neue Form der Psychotherapie ableiten läßt, steht heute noch in den Sternen. Immerhin zeigten diese neuen Ansätze, daß die Hypnotherapie noch für manche überraschende Anwendung gut ist, ihre Wirkung sich also keineswegs in der Verdeckung von Symptomen erschöpft. Sie sollte als selbstverständlicher Bestandteil des therapeutischen Instrumentariums wieder voll in die Behandlung seelisch Kranker integriert und zukünftig nicht mehr in Fernsehshows, im Varieté oder auf dem Jahrmarkt um billiger Effekte willen vorgeführt werden.

Zum Abschluß dieses Kapitels noch ein Tip für Menschen, denen es schwer fällt, sich selbst positiv zu beeinflussen, vielleicht weil sie sich nicht auf die Vorstellungen konzentrieren können. Bei solchen Problemen empfiehlt es sich oft, die Suggestionen auf eine Tonkassette zu sprechen und diese dann immer wieder (möglichst regelmäßig) abzuhören. Die häufige Wiederholung führt nach den Erkenntnissen der Lernpsychologie zu einem „Berieselungseffekt“. Dabei wird das Bewußtsein gewissermaßen umgangen, und die formelhaften Vorsätze gelangen ohne besondere Aufmerksamkeit und Konzentration ins Unbewußte. Von dort her wirken sie unwiderstehlich in den Alltag hinein.
Treten Probleme beim Formulieren der Suggestionen auf, kann der Therapeut eine solche Kassette besprechen. Unter Umständen eignet sich diese Methode auch zur Selbsthypnose. Stattdessen kann man auch für wenig Geld Kassetten zur Selbstbeeinflussung bei der Firma Biozan GmbH, Abteilung Bildung und Wissen, Postfach 21 14 42, 6700 Ludwigshafen, bestellen. Die von Fachleuten erarbeiteten Kassetten passen zu jedem handelsüblichen Kassettenrekorder. Das Programm enthält augenblicklich folgende psychologische Titel, die für Patienten mit Angstzuständen und Depressionen von Bedeutung sind:

- Angstzustände – Eine Anleitung zur Überwindung der Angst. (Bestellnummer B 01)
- Die Depression. (Bestellnummer B 04)
- Kleine Lebenshilfe (I) – Entspannungskassette gegen allgemeine Lebensangst. (Bestellnummer B 16)
- Kleine Lebenshilfe (II) – Entspannungskassette zur Vorbereitung für Prüfung, Schule und Studium. (Bestellnummer B 17)
- Kleine Lebenshilfe (III) – Ruhe und Entspannung als Gegenpol zur Streßsituation. (Bestellnummer B 18)
- Autogenes Training – eine Lebenshilfe für jedermann. (Bestellnummer B 19)

Aus diesem Programm kann sich jeder seelisch Kranke – zur Vorbeugung aber auch jeder noch Gesunde – selbst seine Techniken zur Selbstbeeinflussung zusammenstellen. Im Lauf der Zeit trägt das bei regelmäßigem Training allein oder unterstützend neben anderen psychotherapeutischen Maßnahmen zur Überwindung von Angst und Depressionen bei.

Nach den Erkenntnissen der Lernpsychologie erzielt man mit Hilfe solcher Kassetten besonders gute Ergebnisse, wenn man sie während der nächtlichen Traumschlafphasen abspielt. Dazu benötigt man neben dem Kassettenrekorder eine elektrische Zeitschaltuhr und eine Endloskassette, auf die auch die oben genannten fertigen Kassetten überspielt werden können, wenn man sie nicht selbst besprechen will. Da wir bei normalem Schlaf annähernd genau wissen, wann der Mensch träumt, programmiert man die Zeitschaltuhr wie folgt:

1. Traumschlafphase – 90 bis 120 Minuten nach dem Einschlafen
2. Traumschlafphase – 190 bis 240 Minuten nach dem Einschlafen
3. Traumschlafphase – 270 bis 320 Minuten nach dem Einschlafen
4. Traumschlafphase – 360 bis 410 Minuten nach dem Einschlafen

Letzte Traumschlafphase – 430 bis 510 Minuten nach dem Einschlafen (sie endet nach 10 bis 70 Minuten mit dem Wecken).

Da diese Zeitangaben nur annähernd stimmen, wird es einige Nächte dauern, bis man die individuell richtige Einstellung erreicht hat. Es empfielt sich, regelmäßig zu Bett zu gehen und mit Hilfe des autogenen Trainings rasch in Schlaf zu sinken.

Stattdessen kann man das Endlosband auch ab 3 Uhr oder später – je nach dem Zeitpunkt des Einschlafens – dauernd laufen lassen und erwischt dann bestimmt die letzten Traumschlafphasen. Anfangs kann es zwar zu Schlafstörungen kommen, vor allem bei zu laut eingestelltem Ton, die sich aber in wenigen Tagen wieder von selbst verlieren. Alkohol oder Schlaftabletten dürfen am Abend nicht eingenommen werden, weil sie den Traumschlaf behindern. Wer nicht allein schläft, wird sich am besten im Radiofachgeschäft einen geeigneten Kissenlautsprecher besorgen.

Mit Hilfe dieser Technik kann man übrigens nicht nur psychologische, sondern auch andere Lernprozesse beschleunigen, zum Beispiel leichter Sprachen lernen. Versuche ergaben zum Teil verblüffende Ergebnisse. Schlafstörungen, wie man sie gerade bei depressiven Menschen häufig beobachtet, können den Erfolg der nächtlichen Selbstbeeinflussung allerdings in Frage stellen, weil sich die Traumschlafphasen nicht genau vorprogrammieren lassen. Dann wird man die Kassette besser nur am Tag abhören.

Behandlung durch Arzneimittel

Die Fortschritte in Naturwissenschaft und Technik haben heute vieles machbar und selbstverständlich werden lassen, was unsere Vorfahren noch als Wunder bestaunt hätten. Allerdings gereichte das der Menschheit nicht immer zum Segen, wie die heutigen Krisen beweisen. Es fällt dem moderen Menschen schwer, die immer noch vorhandenen Grenzen des Machbaren zu akzeptieren. Er fühlt sich als eine Art kleiner Gott, dem nichts unmöglich ist.

Diese übersteigerte Erwartung findet ihren Ausdruck unter anderem darin, daß viele seelisch Kranke vom Arzt Medikamente verlangen, die ihre Beschwerden bequem und rasch beseitigen. Die gleiche Erwartungshaltung trifft man auch bei körperlichen Krankheiten, die heute oft auf falsche Lebensweise und Ernährung

zurückzuführen sind. Nicht zuletzt diese Einstellungen der Patienten führten zur Kostenexplosion im Gesundheitswesen.
Nur wenige Ärzte können sich auf Dauer diesen Erwartungen entziehen und den Patienten davon überzeugen, daß er seine Erkrankung in erster Linie selbst durch den unbequemen Weg des Neu- und Umlernens bewältigen muß. Oft mangelt es auch an Zeit für diese Aufklärung, und so bleibt die Tablette auch für den Therapeuten der bequemere Weg.
Selbstverständlich kann und darf man Arzneimittel bei psychischen Krankheiten nicht grundsätzlich ablehnen. Sie befreien viele Patienten in relativ kurzer Zeit von den schlimmsten Beschwerden und machen sie für die dann erforderliche Psychotherapie zugänglich. Diese kann gewöhnlich nicht durch Medikamente ersetzt werden, so einfach und verlockend diese Möglichkeit auch erscheint. Langzeitbehandlung mit Psychopharmaka führt zu zahlreichen, mehr oder minder ernsten körperlichen Nebenwirkungen, verhindert ferner die aktive Verarbeitung der Krankheitsursachen und kann zur suchtartigen Abhängigkeit von den „Glückspillen" führen, unter deren Einfluß die vorher unlösbaren Konflikte klein und recht gleichgültig erscheinen.
Psychopharmaka bedeuten zweifellos einen erheblichen Fortschritt in der Therapie seelischer und psychosomatischer Krankheiten. Aber sie entheben den Patienten – in gewisser Weise auch seinen Therapeuten – nie der Aufgabe, die Lebenskrise zu verarbeiten und gereifter aus ihr hervorzugehen. Das gilt besonders für neurotische Störungen und exogene Depressionen.
Wir kennen heute eine Reihe verschiedener antidepressiver Arzneimittel. Die meisten enthalten chemische Wirkstoffe, auf die hier nicht näher eingegangen werden muß. Welche Wirkstoffgruppen im Einzelfall angezeigt sind, richtet sich nach der Symptomatik. Bei Angstzuständen und Depressionen kommen folgende in Betracht:

- Ataraktika (Tranquilizer) mit leicht entspannender und allgemein beruhigender Wirkung, die sich gegen Angst, Spannungen und innere Unruhe richtet. Dazu gehören so bekannte Psychopharmaka wie Librium® und Valium®. In leichten bis mittleren Fällen kann ihre Wirkung ausreichen.
- Psychotonika (Psychoenergetika) mit antriebssteigernder, anregender Wirkung. Sie sind vor allem bei Antriebsmangel und abnormer Ermüdbarkeit des depressiven Kranken angezeigt.
- Thymoanaleptika, die eigentlichen Antidepressiva, die vor allem die Stimmung heben, zusätzlich teils beruhigend, teils antriebssteigernd wirken. Als Untergruppe kennen wir die Monoaminooxydase-(MAO-) Hemmer, die unmittelbar auf den Stoffwechsel der Überträgerstoffe im Gehirn wirken. Bei ihnen steht die Antriebssteigerung im Vordergrund. Wegen ihrer zahlreichen ernsten Nebenwirkungen werden MAO-Hemmer heute aber so gut wie nicht mehr verabreicht.

Speziell bei Psychosen angezeigte Arzneimittel lernen wir im Abschnitt über Geisteskrankheiten kennen.
Neben diesen chemischen Wirkstoffen, die bei über zwei Dritteln aller depressiv Kranken ansprechen, kennen wir noch natürliche Heilmittel mit beruhigen-

der, stimmungsaufhellender Wirkung. Auch bei Langzeitgebrauch führen sie nicht zu unerwünschten Nebenwirkungen oder suchtartiger Abhängigkeit. Vielmehr schaffen sie günstige Voraussetzungen dafür, daß die Selbstheilungskräfte der Seele mit den Krankheitsursachen aus eigener Kraft fertig werden. Sie eignen sich auch zur Anschlußbehandlung, wenn chemische Psychopharmaka die schwersten Symptome unterdrückt haben, und als Ergänzung der Psychotherapie. Antidepressive Heilpflanzen lernen wir später noch kennen. Hier sollen aus der großen Zahl der biologischen Antidepressiva beispielhaft einige vorgestellt werden, die sich in der Praxis gut bewährt haben.

L-Tryptophan®

Die Tabletten enthalten die Aminosäure L-Tryptophan, aus der durch biochemische Umwandlung im Gehirn die Überträgersubstanz Serotonin entsteht. Serotoninmangel im Gehirn und zu niedrige Tryptophanwerte im Blut lassen sich bei vielen depressiven Menschen nachweisen. Auch für ihre häufigen, ja typischen Schlafstörungen wird Verarmung des Gehirns an Serotonin mit verantwortlich gemacht.

L-Tryptophan ist angezeigt bei Ein- und Durchschlafstörungen verschiedener Ursachen, depressiven Verstimmungen, Depressionen während der Wechseljahre und im Alter sowie bei leichten bis mittelschweren endogenen Depressionen. Nebenwirkungen sind nicht bekannt. Gelegentlich wird bei hoher Dosierung über Schwindel und Übelkeit berichtet. Auch bei Langzeitbehandlung kommt es nicht zur Abhängigkeit oder Gewöhnung. Da der Wirkstoff ungiftig ist, können die Tabletten nie zum Selbstmordversuch mißbraucht werden, bei chemischen Antidepressiva immer eine große Gefahr. Dabei steht L-Tryptophan an Wirkung nicht hinter solchen Psychopharmaka (etwa Imipramin®) zurück.

Die Dosierung richtet sich nach dem Einzelfall. Im allgemeinen gibt man 2 bis 4 mal täglich 2 Tabletten, bei Schlafstörungen etwa ½ Stunde vor dem Schlafengehen 1 bis 2 Tryptophan. Das Mittel ist rezeptfrei in Apotheken erhältlich. Lediglich Patienten mit Leberleiden müssen grundsätzlich (Arzt fragen) darauf verzichten.

Remedium Antidepressivum EKF®

Dieses Antidepressivum enthält als Hauptwirkstoff wieder die Aminosäure L-Tryptophan, allerdings in der ersten homöopathischen Potenz (D 1=1:10). Ferner wurden noch verschiedene andere, bei seelischen Störungen gut bewährte homöopathische Wirkstoffe zugefügt, unter anderem auch Serotonin D 9 und Zwischenhirn(Hypothalamus)extrakt D 6. Die mineralischen und pflanzlichen Wirkstoffe bewirken zusammen mit L-Tryptophan die Normalisierung gestörter Hirnstoffwechselstörungen, die der Depression zugrunde liegen können. Nebenwirkungen sind auch bei Dauergebrauch nicht bekannt, Gewöhnungs- und Suchtgefahr besteht nicht.

Die Tropfen werden vor dem Essen mit etwas Wasser eingenommen. Erwachsene erhalten gewöhnlich 3 mal 15 bis 30 Tropfen am Tag, in akuten Fällen stündlich 15 Tropfen, Kinder entsprechend dem Alter weniger.

Psychoverlan – Psychoverlan forte®
Diese beiden Arzneimittel enthalten Magnesium in chemischer Verbindung mit Brom. Sie eignen sich vor allem als milde Tranquilizer zur Behandlung vegetativer Störungen, wie sie bei Angstzuständen und Depressionen häufig auftreten, zum Beispiel Reizbarkeit, Unruhe, Spannungen, Kopfschmerzen, Schwindel und andere nervöse Kreislaufstörungen. Kinder erhalten Psychoverlan als Saft oder Kapseln, Erwachsene Psychoverlan forte (doppelte Wirkstoffmenge) als Saft oder lackierte Tabletten. Nierenkranke, Patienten mit Harnverhalten und Brom-Allergiker dürfen das Mittel nicht einnehmen.
Im allgemeinen bewirkt Psychoverlan auch bei längerer Einnahme keine unerwünschten Nebenwirkungen. Zusätzliche Einnahme anderer Psychopharmaka oder Alkoholgenuß kann das Reaktionsvermögen (Straßenverkehr, Bedienung von Maschinen und ähnliches) beeinträchtigen. Normalerweise werden Leistungsfähigkeit und Fahrtüchigkeit aber nicht gestört. Die individuelle Dosierung richtet sich nach dem Beipackzettel, wenn der Therapeut keine davon abweichende Dosierung verordnet hat.

Vernelan – Vernelan forte®
Ähnlich wie das ebenso besprochene Psychoverlan enthält auch Vernelan eine Magnesium-Brom-Verbindung, die allerdings auf einer neuartigen chemischen Zusammensetzung beruht. Vernelan eignet sich vor allem für Kinder, das stärkere Vernelan forte für Erwachsene. Nicht geeignet ist Vernelan bei Nierenleiden, Harnverhaltung und Brom-Allergie. Gleichzeitige Einnahme von Alkohol und anderen Psychopharmaka kann das Reaktionsvermögen behindern; normalerweise bleiben Tagesbewußtsein, Arbeitsfähigkeit und Fahrtüchtigkeit aber unbeeinflußt.
Anwendungsgebiete dieser Tranquilizer sind Angstzustände, innere Spannungen, Unruhe, Aggressivität, soziale Anpassungsschwierigkeiten, übermäßiger Streß und Schlafstörungen. Die Dosierung erfolgt individuell entweder nach den Angaben auf dem Beipackzettel oder der Anweisung des Therapeuten.
Selbstverständlich gibt es noch eine große Zahl weiterer biologischer Psychopharmaka. Es ist unmöglich, sie alle auch nur aufzuzählen. Als Hauptmittel eignet sich in vielen Fällen aber L-Tryptophan (auch die homöopathische Zubereitung).

Heilungsaussichten bei „Geisteskrankheiten"

Psychosen brechen zwar schicksalshaft in das Leben des Menschen ein, aber sie müssen nicht als unabänderliches Schicksal hingenommen werden. Erst wenn man kritiklos die traditionelle Ansicht von der grundsätzlich unheilbaren Psychose übernimmt, erfüllt sich diese Erwartung, und die Patienten enden oft in einer psychiatrischen Anstalt. Gerade die amerikanische Psychiatrie lehrt uns aber, daß neue, unkonventionelle Therapieansätze im Einzelfall durchaus zur Besserung oder Heilung führen können. Ein gutes Beispiel dafür bietet die

Familientherapie, die weiter vorne im Kapitel „Behandlung der kranken Familie" beschrieben wurde.
Natürlich spielen Medikamente bei der Behandlung von Psychosen eine größere Rolle als bei reaktiven Depressionen oder Ängsten, die sich lebensgeschichtlich erklären lassen. Trotzdem sollte aber auch bei Psychosen die Persönlichkeitsentwicklung des Kranken nicht außer acht gelassen werden. Oft bietet nur sie die Möglichkeit, durch geduldiges Forschen Ansatzpunkte für die Besserung oder Heilung zu finden, nachdem Arzneimittel den Kranken zugänglicher für die Psychotherapie gemacht haben. Leider scheitert das bei uns oft am Personalmangel in den Kliniken.
Psychosen müssen immer fachärztlich und meist für einige Zeit in der psychiatrischen Klinik behandelt werden. Das gilt vor allem bei akuter Selbstgefährdung durch Selbstmord. Deshalb können wir uns darauf beschränken, die Therapiemöglichkeiten nur kurz zu beleuchten. Selbsthilfe ist nicht möglich, solange die akute Psychose besteht. Später gelten für den gebesserten Kranken und vor allem für seine Umwelt dann die Regeln, die in den vorangegangenen Kapiteln für nicht-psychotische seelische Störungen aufgestellt wurden.

Medikamentöse Unterdrückung von Angst und Depression

Die Psychopharmaka-Gruppen, die wir im vorangegangenen Kapitel vorstellten, genügen oft nicht bei psychotischen Zuständen. Das gilt vor allem dann, wenn sie mit Wahnvorstellungen (depressiver Krankheits-, Verfolgungs-, Versündigungswahn), Sinnestäuschungen (Halluzinationen) und/oder Verwirrtheitszuständen einhergehen. In solchen Fällen sind Neuro(Psycho)leptika angezeigt. Ihre Wirkung richtet sich gegen Angst- und Verwirrtheitszustände, Erregtheit, Halluzinationen und Wahnvorstellungen. In niedriger Dosis werden Neuroleptika auch als Tranquilizer (Ataraktika) verabreicht, die schwächsten gehören nach ihrer Wirkung fast schon zu den Tranquilizern. Manche der Neuroleptika wirken nicht so stark antipsychotisch, sondern deutlicher beruhigend („Chemische Zwangsjacke") und werden vor allem bei manischen und ängstlich gefärbten Erregtheitszuständen eingesetzt. Eine Untergruppe der Neuroleptika, die Monoaminfreisetzer, beeinflussen direkt im Gehirn den Stoffwechsel der biochemischen Überträgerstoffe.
Als stark wirksame chemische Arzneimittel führen Neuroleptika häufig zu erheblichen Nebenwirkungen. Vor allem zu Beginn der Behandlung kommt es oft zur stärkeren Blutdruckabsenkung mit Kollapsneigung. In selteneren Fällen bewirken sie in der 2. bis 4. Behandlungswoche Stauungen der Galle innerhalb der Leber. Manchmal tritt zwischen der 5. und 10. Behandlungswoche (vor allem bei Frauen jenseits des 35. Lebensjahrs) eine lebensbedrohliche Veränderung des für die Abwehr von Krankheiten bedeutsamen weißen Blutbilds (Agranulozytose) auf. Längere Behandlung mit Neuroleptika kann vorübergehend die depressiven Symptome verstärken (depressives Durchgangssyndrom). Besonders häufige und ausgeprägte Nebenwirkungen sind zu erwarten, wenn mehrere Arten von Psychopharmaka miteinander kombiniert und/oder lange Zeit eingenommen werden. Deshalb haben alle diese Medikamente nur dann

eine Berechtigung, wenn das Befinden des Pyschotikers auf andere Weise nicht gebessert werden kann. Ziel der Behandlung muß es sein, ihn sobald wie möglich der ursächlich wirksamen Psychotherapie zugänglich zu machen.
Antipsychotisch wirkende Arzneimittel bedeuten einerseits zwar einen wichtigen therapeutischen Fortschritt, anderseits können sie nur die Symptomatik unterdrücken. Damit steigt die Gefahr des Mißbrauchs, denn wenn man den Kranken so einfach anpassen und ruhigstellen kann, vergißt man leicht, daß allein durch Psychopharmaka keine Heilung möglich ist. Angesichts der chronischen Personalnot und der unbequemen Psychotherapie geistig Kranker ist das auch verständlich. In Einzelfällen kann sich die Selbstheilungstendenz durchsetzen, oder die Krankheit kommt von selbst zum Stillstand – verlassen darf man sich darauf aber nicht.

Sinnvolle Beschäftigung und künstlerische Therapie

Die averbale (wortlose) Aktivitäts(Beschäftigungs)therapie nimmt in vielen bundesdeutschen Kliniken breiten Raum ein. Grundsätzlich gibt es dagegen keine Einwände, denn sonst blieben die Patienten ohne jede Ansprache und Anregung von außen und könnten sich noch tiefer in die Psychose zurückziehen. Leider dient die Beschäftigungstherapie aber meist als Ersatz für die aus Personalnot nicht mögliche intensive Psychotherapie, die allein dauerhafte Besserung oder Heilung versprechen kann. Die wenigen Stunden, die der Kranke mit einer meist stumpfsinnigen Arbeit verbringt, erlauben ihm natürlich keine Einsicht in die Ursachen seiner Erkrankung. Die Einsicht bildet aber die Voraussetzung für die Heilung.
Arbeitstherapie erfüllt also eher eine Alibifunktion. Eine von der Bundesregierung Mitte der siebziger Jahre eingesetzte Sachverständigen-Kommission kam denn auch zu dem Ergebnis, daß in deutschen Nervenkliniken „grob inhumane" Zustände herrschen. Geändert hat sich seit der Abgabe dieses als „Psychiatrie-Enquete" bekannten Gutachtens allerdings nicht viel. Wir sind noch weit entfernt von der „Direkten Psychoanalyse" des Amerikaners John Rosen, der damit bei Psychosen gute Ergebnisse erzielt. Seine Patienten werden rund um die Uhr an sieben Tagen der Woche von zwei bis drei Hilfs(Laien)-therapeuten betreut, mit denen sie in einer Wohnung zusammenleben. Allein durch diesen ständigen Kontakt zur gesunden Mitwelt gewinnen sie schon eine gewisse Stärke gegen die kranken Teile ihrer Persönlichkeit. Diese können sie nicht mehr überwältigen, weil ein Rest an Realitätsbezug doch noch erhalten bleibt. Der Fachtherapeut selbst kommt jeden Tag zum Patienten, manchmal für einige Minuten, dann wieder für mehrere Stunden, das hängt ausschließlich vom Befinden ab. Im Gegensatz zur Psychoanalyse der Neurosen nach Sigmund Freud analysiert er direkt, konfrontiert den Patienten also mit seinen Deutungen, tadelt ihn, macht ihm sogar Vorwürfe. Alles das spielt sich aber in einer Atmosphäre emotionaler Wärme und Zuwendung ab, die dem Kranken das Gefühl der Geborgenheit vermittelt. Der Therapeut übernimmt gewissermaßen die Funktionen eines allmächtigen Beschützers (der „guten Mutter"), der in den Augen des Kranken auch eine gewisse Macht über die Wahnvorstellungen,

Ängste und andere psychotische Symptome ausübt. Sein Tadel richtet sich nicht gegen den Patienten als Gesamtpersönlichkeit, sondern gewissermaßen nur gegen die kranken Teile. Im Lauf der Zeit kann der Psychotiker dabei eingeschliffene falsche Verhaltensmuster ablegen und behutsam neue einüben, bis er seine Krankheit vollständig überwunden hat.
Beschäftigungstherapie eignet sich also lediglich unterstützend neben anderen, gezielt wirkenden aufdeckenden Heilverfahren.
Anders zu beurteilen ist dagegen die künstlerische Therapie, die im weiteren Sinn ebenfalls zur Beschäftigungstherapie gerechnet werden kann, aber eben doch eine deutlichere Heilwirkung auf das Seelenleben ausübt. Die schöpferische Gestaltung von Werkstoffen (Modellieren, Töpfern und ähnliches) oder die Maltherapie bewirken bei seelisch Kranken nicht allein Befriedigung wegen der vollbrachten Leistung. In der Arbeit stellt der Patient sich selbst dar, bringt seine Konflikte, Probleme, Gefühle und Ängste zum Ausdruck. Dadurch hebt er sie ins Bewußtsein und gewinnt ein Stück Selbsterkenntnis, das den unbewußten Wurzeln seiner Krankheit entgegenwirkt. Die Besserung seelisch kranker Menschen kann man deshalb häufig auch daran ablesen, wie sich ihre künstlerischen Arbeiten im Lauf der Zeit verändern.
Neben Malerei und Modellieren eignen sich noch verschiedene andere Kunstformen zur Behandlung seelischer Krankheiten, zum Beispiel Tanz, Ballett oder (im weiteren Sinn) Gymnastik, Schauspiel (auch beim Psychodrama genutzt), Dichtkunst, Musik und Gesang. Wohlgemerkt, dabei geht es nicht darum, Kunsterzeugnisse zu schaffen, die vor dem kritischen Auge des Kunstliebhabers bestehen können – obwohl seelisch Kranke manchmal Kunstwerke von Rang schaffen –, sondern ausschließlich um die Möglichkeit, innere Probleme und Konflikte averbal ausdrücken zu können und Gefühle zu äußern.
Auch das Lesen ausgesuchter Bücher (Bibliotherapie) gehört im weiteren Sinn zur künstlerischen Therapie. Bei richtig ausgewählter Lektüre vermittelt das Lesen dem Kranken das Gefühl, nicht allein mit seinen Schwierigkeiten zu stehen. Er lernt, daß alle Menschen solche Lebenskrisen und Konflikte durchstehen müssen und andere auch mit hoffnungsloseren Situationen schon fertig wurden. Das kann die Selbstheilungskräfte erheblich stärken.
Künstlerische Therapie bedeutet also nicht bloße Beschäftigung mit Kunst, sondern stellt ein vom erfahrenen Fachmann sorgfältig auszuwählendes Therapieprogramm dar. Es dient weit mehr als die bloße Beschäftigungstherapie der Heilung des seelisch Kranken und kann unter Umständen die Grundlagen für andere psychotherapeutische Heilverfahren schaffen. Auf Einzelheiten der Behandlung muß hier nicht weiter eingegangen werden, weil nur der Fachmann den richtigen Zeitpunkt und die richtige Form dieser Therapie erkennen kann.

Elektroschock und Gehirnchirurgie

Die Elektroschock(Elektrokrampf)therapie steht seit einiger Zeit im Kreuzfeuer der Kritik. Zwar hat sie heute, im Zeitalter der Psychopharmaka, viel an Bedeutung verloren, aber es gibt immer noch genügend psychiatrische Kliniken, die diese Form der Behandlung bei Depressionen und manchen Formen der Schizophrenie anwenden.

Die Behandlung erfolgt immer unter Narkose, um Knochenbrüche und andere Schäden zu vermeiden, die bei den heftigen Krämpfen des ganzen Körpers auftreten können. Zur Durchflutung des Gehirns mit elektrischem Strom werden seitlich vom Kopf zwei Metallplatten als Elektroden angelegt. Dann läßt man den Strom drei bis fünf Sekunden einwirken. Gewöhnlich wird heute in „Dreierperioden" behandelt, das heißt drei Tage nacheinander Elektroschock, dann eine Pause von zwei bis vier Tagen und wieder drei Tage ununterbrochen Schockbehandlung. Die Dauer hängt von den individuellen Reaktionen ab.

Zahlreiche wissenschaftliche Untersuchungen ergaben, daß die Elektrokrampftherapie bleibende Schäden am Gehirn verursacht, die von der Behandlung abhängig sind. Das räumen inzwischen sogar einige der Therapeuten ein, die selbst mit Elektroschock arbeiten. Andere gehen sogar soweit, die Behandlung als Körperverletzung zu verurteilen, die im Grunde keine nennenswerte, dauerhafte Besserung bringt, sondern nach einiger Zeit das Befinden insgesamt eher noch verschlechtert. Grundsätzlich ist Elektroschock deshalb abzulehnen. Es mag noch einzelne Fälle geben, in denen er sich als letzter Versuch eignet, weil keine andere Form der Therapie mehr anspricht. In der Regel stehen die Folgen aber in keinem Verhältnis zur Wirkung. Angehörige und Betroffene (soweit möglich) sollten daher sehr kritisch abwägen, ob sie ihre Zustimmumg zur Elektrokrampfbehandlung erteilen wollen. Meist wechselt man besser den Therapeuten, als diesem Verfahren zuzustimmen.

Ähnliche Bedenken gelten auch für die Insulinschocktherapie. Dabei werden die Krämpfe durch das Bauchspeicheldrüsenhormon Insulin hervorgerufen. Normalerweise hält es den Blutzuckerspiegel im Gleichgewicht oder dient zur Behandlung der Zuckerkrankheit. In der Psychiatrie ruft man durch Injektion von Insulin einen Blutzuckermangelzustand mit gefährlichem Schock (hypoglykämisches Koma) hervor. Im allgemeinen umfaßt eine Behandlungsserie 30 bis 40 solcher Schocks, verteilt auf zwei bis drei Monate. Die Methode, die von zahlreichen Nebenwirkungen begleitet werden kann, wird vorwiegend bei endogenen Depressionen und Schizophrenie verordnet. Zum Glück verlor sie inzwischen aber dank der Psychopharmaka auch viel an Bedeutung.

Als drittes umstrittenes Verfahren kennen wir die ebenfalls wenig bewährte chirurgische Behandlung (Psychochirurgie) durch Eingriffe am Gehirn. Dabei werden verschiedene Nervenbahnen im Gehirn durchtrennt. Als Folge kommt es immer zu Veränderungen des Wesens der Patienten, vor allem zu schweren Störungen des Antriebs. Der Erfolg läßt sich auch nicht annähernd zuverlässig abschätzen. Nicht selten behält der Patient seine Beschwerden und leidet zusätzlich noch unter den Folgen der Operation. Im Durchschnitt kann nur jeder fünfte der operierten Patienten wieder ins normale Leben außerhalb der Klinik eingegliedert werden, ohne deshalb geheilt zu sein. Die Sterblichkeit bei der Operation liegt mit zwei bis sechs Prozent relativ hoch. Blieb der Eingriff erfolglos, läßt sich nichts mehr rückgängig machen. Deshalb hat die chirurgische Behandlung von Psychosen (Leuko-, Lobotomie) heute die Bedeutung verloren. Sie muß wirklich jenen Fällen vorbehalten bleiben, in denen Psychopharmaka und Psychotherapie auch nach Langzeitanwendung zu keinem Ergebnis mehr führen. Aber selbst dann gilt es, zunächst noch sorgfältig abzuwägen, ob der Daueraufenthalt in der Klinik nicht der humanere Weg wäre. Die mißlungene Psychochirurgie bleibt mit ihren Auswirkungen endgültig, während bei der stationären Dauerpflege immer noch die Chance der Selbstheilung bestehen kann.

Andere Möglichkeiten und Grenzen der Selbsthilfe

Als Lebenskrisen erfordern seelische Störungen grundsätzlich immer die aktive Mitarbeit des Kranken an der Behandlung. Ausgenommen davon sind nur jene Krankheiten, die auf organischen Störungen beruhen.
Ob diese Selbsthilfe in eigener Verantwortung oder ausschließlich nach Anweisung des Therapeuten durchgeführt werden kann, läßt sich nur im Einzelfall entscheiden. Im allgemeinen verbietet sie sich von selbst bei akuten Psychosen, wenn die Kranken dazu überhaupt nicht mehr in der Lage sind, oder bei Selbstmordgefährdung. Dann muß erst durch gezielte Psychotherapie, wenn nötig vorübergehend unterstützt durch Psychopharmaka, für Besserung gesorgt werden, die es dem Patienten ermöglicht, auch selbst wieder aktiv zu werden.
Ziel jeder Behandlung bleibt auch in scheinbar aussichtslosen Fällen die Resozialisierung, das heißt Wiedereingliederung ins normale, weitgehend selbständige und von Arzneimitteln möglichst unabhängige Leben. Jahre können vergehen, bis dieses Ziel erreicht wird, aber die möglichen Rückschläge dürfen von der konsequenten Fortführung der Therapie nicht abhalten. Neue Denkansätze in der Psychiatrie bieten heute Chancen, von denen noch vor wenigen Jahren niemand zu träumen gewagt hätte. Insbesondere die Laientherapie kann in der Seelenheilkunde der Zukunft eine große Rolle spielen. Es scheint nämlich, daß es nicht so sehr darauf ankommt, nach welcher „Schule" die Patienten behandelt werden, sondern daß sich die gesunde Mitwelt überhaupt ihrer annimmt und die traditionellen Vorurteile und Hemmungen überwindet.
Dazu bedarf es vor allem der Aufklärung, denn nur wenn die Gesunden das Wesen und die Ursachen seelischer Krankheiten verstehen, können sie den seelisch Kranken ohne Maske mit uneingeschränkter Zuwendung gegenübertreten.
In diesem letzten Kapitel lernen wir noch einige Möglichkeiten der Vorbeugung und Selbsthilfe in leichteren Fällen kennen. Vor allem die verschiedenen therapeutischen Möglichkeiten der Naturheilkunde, die bei guter Wirksamkeit frei von Nebenwirkungen bleiben, wollen wir genauer untersuchen.

Heilpflanzen gegen Angst und Depression

In leichten bis mittelschweren Fällen können Heilpflanzen mit guten Erfolgsaussichten gegen Angst und Depressionen verabreicht werden. Auch bei Langzeitgebrauch führen sie nicht zu unerwünschten Nebenwirkungen oder suchtartiger Abhängigkeit.
Als wichtigste antidepressive Droge kennen wir das Johanniskraut *(Hypericum perforatum)*. Es wirkt auf Mittel- und Zwischenhirn, jene Gehirnregionen also, deren Funktionen bei depressiven Zuständen oft gestört sind. Da sich im Zwischenhirn auch die obersten Zentren des vegetativen Nervensystems befinden, reguliert die Heilpflanze gleichzeitig vegetative Begleiterscheinungen von Angst und Depression und bessert das Allgemeinbefinden deutlich. Die antriebssteigernde, antidepressive und harmonisierende Wirkung tritt gewöhnlich zwischen dem 10. und 14. Tag der Behandlung ein.
Anwendungsgebiete der Droge sind leichte bis mittelschwere endogene Depressionen, depressive Verstimmungen als Reaktion auf äußere Einflüsse oder in Pubertät und Wechseljahren, depressive Zustände mit Störungen vor allem im vegetativen Nervensystem, Erwartungsangst, ängstliche Unruhe und Gereiztheit oder Erschöpfungsdepressionen.
Johanniskraut sollte stets in fertiger Zubereitung verabreicht werden, denn im Gegensatz zum Tee garantiert sie gleichbleibende (standardisierte) Wirkstoffmengen. Das kann für den Behandlungserfolg von großer Bedeutung sein. Manche der fertigen Spezialitäten sind noch mit den „Nervenvitaminen" der B-Gruppe oder anderen Heilpflanzen kombiniert, um je nach Einzelfall eine stärker beruhigende, ausgleichende oder anregende Wirkung zu erzielen.
Die Dosierung ergibt sich aus der Gebrauchsanweisung der einzelnen Mittel. Die Behandlung sollte nach Besserung noch einige Wochen fortgesetzt werden, um die Wirkung zu stabilisieren. Nebenwirkungen und Gegenanzeigen sind bei sachgemäßer Anwendung nicht bekannt. Auf Sonnenbäder, Höhensonne und Solarium muß während und kurze Zeit nach der Behandlung verzichtet werden. Die Droge bewirkt nämlich eine Überempfindlichkeit der Haut gegen Sonnenlicht und künstliche UV-Strahlung, die sich durch Ausschläge und Entzündungen bemerkbar machen kann.
Gut bewährt sich Johanniskraut auch bei jenen Depressionen, die als Folge von Leberleiden entstanden sind. Das Kraut wirkt günstig auf die Funktionen des „Zentrallabors" unseres Körpers.
Klassische Heilpflanzen zur allgemeinen Beruhigung, Dämpfung von Angst und Spannungen und für besseren Schlaf sind Baldrian, Hopfen und Melisse. Sie wirken am Tag beruhigend und fördern das Einschlafen und Durchschlafen. Auf diese Weise wird in vielen Fällen die Selbstheilungskraft der Seele so gesteigert, daß sie die Krankheitsursachen allmählich beseitigt und dauerhaft die Funktionen des vegetativen Nervensystems harmonisiert. Die Wirkung tritt langsam ein. Deshalb kann zu Beginn der Behandlung in akuten, schwereren Fällen durchaus einmal der Einsatz chemischer Psychopharmaka erforderlich werden, die massiv die Symptomatik unterdrücken. Danach sollte man allerdings (Psychosen ausgenommen) zur Langzeitbehandlung auf die milden pflanzlichen Psychopharmaka umstellen.

Es gibt zahlreiche gut bewährte fertige Zubereitungen der genannten Heilkräuter. Deshalb wollen wir darauf verzichten, die einzelnen hervorzuheben. Am besten läßt man sich vom Therapeuten oder Apotheker fachmännisch beraten. Die Dosierung richtet sich nach den Beipackzetteln, die den einzelnen Mitteln beiliegen. Überdosierung führt bei Baldrian und Hopfen zu unerwünschten Nebenwirkungen. Deshalb wäre es falsch, durch zu hohe Dosen eine raschere, stärkere Wirkung erzwingen zu wollen. Die Nebenwirkungen hinterlassen allerdings keine bleibenden Schäden.
Manche pflanzlichen Mittel enthalten zusätzlich Haferextrakt. Er kann aber auch allein in fertiger Zubereitung aus der Apotheke verabreicht werden. Hauptsächlich wirkt Hafer harmonisierend auf das vegetative Nervensystem und dämpft so die Folgen von Ängsten und Depressionen. Da die Wirkung aber langsamer als bei der Behandlung mit Johanniskraut eintritt, empfiehlt sich Hafer eher zur zusätzlichen oder Anschlußtherapie über längere Zeit. Bei kurmäßiger Einnahme über mindestens drei Monate hellt Haferextrakt die Stimmung deutlich auf und steigert den Antrieb. Nervöse Erschöpfungszustände, Angst, Reizbarkeit und Unruhe werden zuverlässig gelindert. In leichteren Fällen kann der Hafer auch bei Depressionen allein ausreichend wirken.
Zwei alte, heute zu Unrecht fast vergessene Volksheilmittel seien noch empfohlen, die sich oft durch erstaunlich gute Wirkung auszeichnen: Basilikum und Borretsch.
Basilikum stand schon im antiken Ägypten und Griechenland in hohem Ansehen. Im Mittelalter wurde es als „Hirnkraut" gegen Epilepsie und Psychosen verabreicht. Heute verwenden wir es fast nur noch als Gewürz. Die Wirkung auf die Gehirn- und Nervenfunktionen wurde bisher noch nicht genauer untersucht, ergibt sich aber zweifelsfrei aus der Erfahrung. Anwendungsgebiete sind Angstzustände, Schlafstörungen und allgemeine Unruhe. Die Zubereitung erfolgt mit 1 Teelöffel getrocknetem Kraut auf 1 Tasse kochendes Wasser. Als Tagesdosis nimmt man kurmäßig längere Zeit nach jeder Mahlzeit 2 bis 3 Tassen ein.
Auch der Borretsch, besser bekannt als Gurkenkraut, war schon in der Antike bekannt. Der griechische Arzt Hippokrates, der als „Vater" der modernen Heilkunde gilt und dem wir unter anderem die Lehre von den Temperamenten verdanken, empfahl ihn bereits bei Melancholie und Traurigkeit. Außerdem normalisiert Borretsch nervöse Störungen und lindert die vielfältigen Beschwerden und seelischen Verstimmungen während der Wechseljahre. Der Tee wird wie Basilikum zubereitet und mit 2 bis 3 Tassen am Tag über längere Zeit eingenommen.
Wie gut Basilikum manchmal wirkt, demonstriert ein Fall aus der Praxis.

Fall 16
Die Patientin litt zeitweise unter so starken Angstzuständen, daß sie nicht einmal mehr aus dem Fenster sehen konnte. Alle bisher verabreichten chemischen Psychopharmaka blieben ohne anhaltende Wirkung. Sie erzeugten nur noch eine weitere Angst – die Angst vor der Abhängigkeit von diesen Mitteln. Aber auch die homöopathische Behandlung konnte

die Patientin nicht so weit stabilisieren, daß eine gezielte Psychotherapie möglich gewesen wäre.
Deshalb wurde eine selbst zusammengestellte Mischung aus Johanniskraut, Vitaminen der B-Gruppe und Basilikum in der Apotheke bestellt. Vorher waren Johanniskraut und Vitamin B bereits in fertiger Zubereitung zusammen verabreicht worden, die Wirkung konnte aber nicht befriedigen. Erst in der Kombination mit Basilikum entfalteten sie nun ihre optimale Wirkung. Innerhalb von knapp vier Wochen war die Angst deutlich gemildert, und eine gezielte Verhaltens- und Gesprächstherapie konnte beginnen, die im Verlauf eines halben Jahres zur vollständigen Heilung führte.

Manchmal erzielt man bessere Ergebnisse mit homöopathisch zubereiteten Heil- und Giftpflanzen. Die Homöopathie beruht auf der Beobachtung, daß schwache Reize körperliche und seelische Funktionen anregen und harmonisieren, während starke Reize hemmend wirken. Deshalb verdünnt sie die Wirkstoffe in Zehnerpotenzen (D 1 = 1:10, D 2 = 1:100 und so weiter) oder Hunderterpotenzen (C 1 = 1:100, C 2 = 1:10 000 und so fort). Gerade bei den Regulationsstörungen im Hirn- und Nervenstoffwechsel, die vielen Depressionen zugrunde liegen, erzielt man dadurch selbst dann noch erstaunlich gute Wirkungen, wenn andere Arzneimittel und/oder psychotherapeutische Maßnahmen versagen.
Homöopathische Mittel sind mit Sicherheit frei von Nebenwirkungen. Trotzdem eignen sie sich nicht zur Selbstbehandlung, denn nur der erfahrene Therapeut kann die individuell angezeigten Mittel auswählen und die weitere Therapie den Reaktionen des Patienten anpassen. Es erübrigt sich deshalb, auf einzelne homöopathische Psychopharmaka einzugehen.
Heilpflanzen und homöopathisch zubereitete pflanzliche Wirkstoffe helfen zwar ohne Nebenwirkungen und erzeugen auch keine suchtartige Abhängigkeit, trotzdem dürfen sie nicht als „Lebenskrücken" mißbraucht werden. Sie entheben den Patienten nicht der zeitweise unbequemen und unangenehmen Aufgabe, seine seelischen Krisen durch Neu- und Umlernen aktiv zu überwinden. Dabei können sie ihn nur unterstützen.

Abhärtung für Körper und Seele

Die biologische Ganzheitsmedizin versteht Körper und Seele als Einheit. Immer häufiger beweisen die Erkenntnisse der psychosomatischen Medizin, daß dies tatsächlich zutrifft – jedenfalls ungleich mehr, als man bisher annahm. Die offizielle Medizin ignoriert solche Erfahrungen leider noch viel zu oft.
Aus dem zweifelsfrei nachgewiesenen Zusammenspiel von Körper und Seele erklärt es sich, daß seelische positive Einflüsse manchmal sogar scheinbar unheilbare körperliche Krankheiten bessern oder heilen können. Umgekehrt gilt das natürlich ebenfalls. Über die Normalisierung körperlicher Funktionen und Steigerung der körpereigenen Widerstandskraft läßt sich auch das Seelenleben günstig beeinflussen.

Noch vor einigen Jahrzehnten bildeten eiskalte Wasseranwendungen und ähnliche körperliche Torturen einen selbstverständlichen Bestandteil der klinischen Behandlung Geisteskranker. In der Sowjetunion, deren Machthaber die Psychiatrie für politische Zwecke mißbrauchen, sollen diese Formen der „Psychotherapie" noch heute gegen ideologische Gegner angewandt werden, die nur wegen ihrer abweichenden Meinungen für geistesgestört erklärt und zwangsweise in die Nervenkliniken eingewiesen werden. Bei uns schüttet man im Überschwang, den die Psychopharmaka hervorriefen, allerdings das Kind mit dem Bad aus, indem man ganz auf wohldosierte abhärtende Maßnahmen verzichtete. Sie können bei sachgerechter Anwendung durchaus die Behandlung unterstützen, ohne den Patienten zu quälen.
Es erübrigt sich, hier die Aussichten der Abhärtung bei Psychosen zu diskutieren, da sie stets fachmännische Therapie erfordern. Wir wollen die abhärtenden Maßnahmen vor allem in ihrer Bedeutung für die Vorsorge und Nachbehandlung nicht-psychotischer seelischer Störungen untersuchen. Abhärtung bedeutet dabei nicht Verhärtung gegen die Mitmenschen im Sinne der Gefühlsverarmung und Rücksichtslosigkeit, sondern Steigerung der seelischen Widerstandskraft gegen alle widrigen Einflüsse von außen über den Körper.
In der Naturheilkunde nimmt die Abhärtung eine bedeutende Stellung ein. Gerade heute wird sie immer unentbehrlicher, weil Bewegungsmangel, unzweckmäßige Bekleidung, überheizte Wohn- und Arbeitsräume und eine zwar zu reichliche, aber nicht vollwertige und überdies noch industriell verfeinerte Kost der Verweichlichung Vorschub leisten. Dadurch verkümmern die körperlich-seelischen Widerstandskräfte zusehends. Andere, subtilere Belastungen wie Vereinsamung, innere Leere und Ziellosigkeit, Existenzangst, räumliche Enge, Reizüberflutung, ungenügende Selbstverwirklichung am Arbeitsplatz und Dauerstreß, gegen die uns die Natur keine wirksamen Abwehrmechanismen mitgeben konnte, sind an die Stelle der natürlichen Reize getreten. Sie stören vor allem das vegetative Nervensystem, das eine Art Vermittler zwischen Körper und Seele darstellt.
Abhärtung bedeutet vor allem Reform falscher Lebens- und Ernährungsgewohnheiten. Dadurch werden die Widerstandskräfte systematisch und gezielt aktiviert und können den subtileren geistig-seelischen Beanspruchungen unserer Tage länger standhalten. Es ist nie zu spät, mit der Abhärtung zu beginnen. Am besten trainiert man die Widerstandskraft aber schon von Kindesbeinen an. Nicht angebracht ist der abrupte Wechsel, denn er belastet ebenso wie die vorher falsche Lebensweise. Vielmehr sollte man schonend, aber konsequent alle Fehler und eingeschliffenen Gewohnheiten ausmerzen und dann lebenslang nach den neuen Grundsätzen zu leben versuchen.
Ohne Reform der heute üblichen Ernährungsgewohnheiten kann Abhärtung nie zum bleibenden Erfolg führen. Man muß deshalb nicht gleich ins andere Extrem verfallen und zum fanatischen Vegetarier werden, obwohl eine ausgewogene vegetarische Kost der Gesundheit zuträglicher als die Fleisch-Pflanzen-Mischkost sein kann. Maßhalten beim Verzehr von Fleisch, Fett, Süßigkeiten und Gebrauch von Genußmitteln lautet die oberste Devise. Die Kost muß unbedingt ausreichend Rohkost (zu jeder Mahlzeit) enthalten, die dem Körper genügend

Vitamine, Mineralstoffe, Spurenelemente und für geregelten Stuhlgang unentbehrliche Schlacken zuführt. Gerade diese Vitalstoffe sind auch für unser seelisches Wohlbefinden unverzichtbar. Industriell bearbeitete (verfeinerte) Nahrungsmittel, die nur noch „leere Kalorien", aber kaum noch Vitalstoffe enthalten, sollten soweit wie möglich gemieden werden. Das gilt zum Beispiel für Weißmehl und daraus hergestellte Back- und Teigwaren, raffinierten Industriezucker und polierten Reis.

Außerdem sollte die Ernährung grob genug sein, damit das Verdauungssystem trainiert wird, und möglichst aus giftfreiem biologischem Anbau stammen, denn Umweltgifte können zur chronischen Vergiftung mit entsprechenden seelischen Symptomen führen. Im Buchhandel und in Reformhäusern erhält man zahlreiche Ratgeber für gesunde Ernährung mit wohlschmeckenden Rezepten für jeden Anlaß. Vollwertige Kost muß nicht fad schmecken, wie viele Menschen glauben. Richtig zubereitet kann sie auch geschmacklich die übliche Zivilisationskost übertreffen.

Der heutige Mensch verbringt den größten Teil seiner Zeit in geschlossenen Räumen. Das gilt besonders für die kühlere Jahreszeit. Deshalb muß auch das Raumklima stimmen. Ausreichende Belüftung ist sehr wichtig, um genügend Sauerstoff zuzuführen, sonst reagiert vor allem das Gehirn sehr empfindlich. Trotz Energieverteuerung sollte man mehrmals täglich einige Minuten lüften, um die verbrauchte Luft zu erneuern. Dabei kühlen die Räume kaum aus.

Die Temperaturen in den Wohn- und Arbeitsräumen sollten zwischen 18 und 21 Grad liegen. Das hängt auch davon ab, wie die einzelnen Räume genutzt werden. Im Wohnzimmer oder am Schreibtisch benötigt man eine etwas höhere Temperatur als in Räumen, in denen körperlich gearbeitet wird. Im Schlafzimmer, das auch nachts immer durch einen geöffneten Fensterflügel belüftet werden sollte, darf die Temperatur 16 Grad nicht übersteigen. Lediglich Rheumakranke benötigen oft eine etwas höhere Temperatur. Daneben darf man die ausreichende Luftfeuchtigkeit nicht vergessen, die gerade während der Heizperiode durch Verdunster oder elektrische Luftbefeuchter sichergestellt werden muß.

Oft vergessen wir das „Elektroklima" in den Räumen. Darunter versteht man die Luftelektrizität, die aus unterschiedlich langen Wellen besteht. Manche sind für unser Wohlbefinden, insbesondere auch für unsere Stimmung, von entscheidender Bedeutung. Die moderne Bauweise mit Stahlbeton schirmt diese Wellen weitgehend ab (Faradayscher Käfig), wie Untersuchungen der technischen Hochschule Graz/Österreich beweisen. Daraus können sich viele depressive Verstimmungen und nervöse Störungen erklären. Wer in ungünstigem Elektroklima wohnt und arbeitet, sollte den Kauf eines Raumluft-Ionisators nicht scheuen. Dieses Gerät erzeugt ein gesundheitsförderndes Elektroklima, das dem bei einem beständigen Schönwetterhoch im Freien entspricht. Allein dadurch lassen sich manche nervös-seelischen Störungen rasch ursächlich beseitigen. Zumindest wird aber das Leistungsvermögen gebessert und die körpereigene Abwehrkraft erhöht.

Die Kleidung sollte luftdurchlässig sein und aus natürlichen Fasern bestehen. Sie richtet sich nach der Witterung, darf also weder zu leicht noch zu schwer sein.

Weiter ist darauf zu achten, daß die Kleidungsstücke gut sitzen, denn zu enge Bekleidung behindert den Blutumlauf und kann zu Beklemmungszuständen führen. Abgesehen davon schwächt ungenügende Durchblutung auch lokal die Abwehrfunktionen. Natürlich muß man nicht auf modische Kleidung verzichten, der als seelischem „Ausdrucksfeld" auch große psychologische oder sogar therapeutische Bedeutung zukommen kann. Es gilt aber, einen vernünftigen Mittelweg zwischen Mode und Gesundheit zu finden.
Unentbehrlich zur Abhärtung ist die tägliche Bewegung an der frischen Luft bei jedem Wetter. Richtig bekleidet kann man jeder Witterung trotzen und dadurch die Widerstandskraft erhöhen. Auch für das seelische Wohlbefinden spielt der regelmäßige Kontakt zur freien Natur eine große Rolle. Ob man jeden Tag eine Stunde forsch spazierengeht, sich durch Trimm-Trab und Jogging abhärtet, im Freien spielt oder Gymnastik betreibt, vielleicht auch als Gartenbesitzer sinnvolle Arbeit im Freien leistet, ist nicht so wichtig.
Die körperlichen Aktivitäten müssen der Leistungsfähigkeit angemessen sein (keine Überbeanspruchung), sollen die Ausdauer trainieren (kein Leistungssport), mindestens ein Siebtel der Gesamtmuskulatur beanspruchen und vor allem auch Spaß bereiten. Wer tierisch ernst und verbissen trainiert, nur um seine Gesundheit zu erhalten, verkrampft sich zumindest seelisch, oft aber auch körperlich, und wird dann sehr leicht ein Opfer eines Sportunfalls.
Oft eignet sich Bewegung auch zur Pflege zwischenmenschlicher Kontakte, zum Beispiel beim Trimm-Trab mit Freunden. Auf die besondere Bedeutung des Dauerlaufs zur Psychotherapie der Depressionen geht das nächste Kapitel ausführlicher ein.
Morgens und abends sollte man zusätzlich zu diesem Training noch je etwa zehn Minuten Gymnastik am geöffneten Fenster absolvieren. Sie kann mit Yoga-Übungen verbunden werden, die das vegetative Nervensystem und Seelenleben zusätzlich gegen ungünstige Einflüsse abhärten. Autogenes Training eignet sich zwar gleichfalls zur unterstützenden seelisch-nervösen Abhärtung sehr gut, läßt sich aber nicht mit Gymnastik verbinden.
Schließlich gehört zur Abhärtung noch die Wasserbehandlung, das Freiluft- und Sonnenbad. Natürliches Sonnenlicht, Höhensonne oder Solarium stärken bei vernünftiger Anwendung die Widerstandskraft ganz erheblich und beeinflussen auch die Stimmung günstig. UV-Strahlen wirken auf unterschiedliche Weise, unter anderem durch lichtchemische Veränderungen des Bluts. Übertrieben angewendet können sie allerdings auch sehr viel Schaden anrichten, ja sogar das Hautkrebsrisiko deutlich erhöhen. Es kommt immer auf die richtige Dosierung an.
Freiluftbäder härten durch den Reiz der Luft auf den unbekleideten Körper sehr gut ab und können auch im Wechsel mit Sonnenbädern durchgeführt werden. Allerdings erfordern sie eine allmähliche Gewöhnung. Der Geübte kann selbst bei Frost für kurze Zeit mit unbekleidetem Körper ins Freie gehen. Der Kältereiz bewirkt als Reaktion eine deutliche Durchblutungssteigerung und harmonisiert auch die Funktionen des vegetativen Nervensystems.
Zu den abhärtenden Wasseranwendungen, die über die Blutgefäße, das vegetative Nervensystem und den Stoffwechsel gleichzeitig wirken, gehören die

„klassischen" Methoden Wasser-, Tau- und Schneetreten oder das einfache Barfußlaufen. Ferner kann man sich durch kalte Arm- und Fuß(Unterschenkel-) bäder, Oberkörper- und Ganzwaschungen mit kaltem Wasser trainieren. Alle diese Anwendungen wurden vor allem durch Pfarrer Sebastian Kneipp, dem „Gießkannenpfarrer" von Wörishofen, im letzten Jahrhundert zur heutigen Perfektion entwickelt und lassen sich sehr genau jedem Alter, jeder Konstitution und jedem therapeutischen Zweck anpassen. Wer die Mühe scheut, die mit der präzisen Durchführung solcher Maßnahmen verbunden ist, kann statt dessen auch die morgendliche Dusche zur Abhärtung nutzen, indem er abrupt von „warm" auf „kalt" umstellt, nochmals mit warmem Wasser abduscht und wieder mit einer kurzen kalten Dusche beendet. Danach müssen vor allem die Haare und Zwischenzehenräume (Fußpilzgefahr) sorgfältig abgetrocknet werden.

Kaltwassertherapie setzt voraus, daß der Körper in der Lage ist, ausreichend auf den Reiz zu reagieren, denn sonst kommt es zur Unterkühlung. Der Ungeübte muß sich allmählich an die Behandlung gewöhnen. Sofortige kalte Anwendungen könnten ihm unter Umständen erheblich schaden. Das gilt vor allem für geschwächte oder genesende Menschen und jene, die schon unter normalen Umständen leicht frieren. Ziel der Abhärtung bleibt es aber immer, im Lauf der Zeit zu Kaltwasseranwendungen überzugehen.

Ausführliche Anleitungen zur Wasserbehandlung nach Pfarrer Kneipp sind im Englisch-Verlag erschienen und erhältlich. Bei Bedarf wird die Therapie vorher mit dem Fachmann abgesprochen. Treten während der Anwendungen, die möglichst regelmäßig jeden Tag durchgeführt werden sollten, unerwartete Begleiterscheinungen auf, unterbricht man sofort, sorgt für rasche Erwärmung und wiederholt nicht eher, als bis der Therapeut die Ursachen geklärt hat.

Abhärtung gehört im Sinne der Ganzheitsmedizin zur täglichen Gesundheitsvorsorge für Körper und Seelenleben. Sie kann vor vielen Krankheiten schützen. Natürlich wird man bestehende ernstere seelische Störungen kaum allein durch Abhärtung beseitigen können, zur unterstützenden Behandlung ist sie aber fast immer gut geeignet. Gegen die häufigeren seelischen und nervösen Belastungen des Alltags dagegen, die im Lauf der Zeit krankmachen können, bietet die regelmäßige Abhärtung meist ausreichenden Schutz.

Dauerlauf zur unterstützenden Behandlung

Als vor einigen Jahren die Jogging-Welle aus Amerika auch auf die Bundesrepublik übergriff, ernteten die ersten Läufer meist nur mitleidiges Lächeln. „Typische amerikanische Überspanntheit", mag mancher gedacht haben, wenn ein übergewichtiger Jogger keuchend und schwitzend an ihm vorbeilief. Viele sahen in ihnen sogar „Spinner" oder „Masochisten", die sich lustvoll bis an den Rand der Erschöpfung quälten. Heute begegnet man ihnen schon so häufig in Parkanlagen, auf Waldwegen und in stillen Nebenstraßen, daß kaum jemand Notiz von ihnen nimmt.

Es leuchtet ohne weiteres ein, daß Lauftraining der Gesundheit der Muskeln, Gelenke und anderer Organe nützt, denn der verbreitete Bewegungsmangel läßt den Körper verkümmern und führt zu chronischem Sauerstoffmangel in den Geweben, verlangsamt den Stoffwechsel und trägt neben falscher Ernährung viel zum Übergewicht und anderen „Zivilisationsseuchen" bei. Was hat Jogging aber mit der seelischen Gesundheit zu tun?

Zunächst kann man eine positive Wirkung allein aus der Tatsache ableiten, daß Körper und Seele eine Einheit bilden und die verbesserte Sauerstoffversorgung beim Laufen auch die Gehirnfunktionen günstig beeinflußt. Damit erklärt sich aber nur die psychosomatische Wirkung. Dauerlauf bedeutet jedoch weit mehr als das. Der Normalbürger erlebt heute ja kaum noch direkt seine Einbindung in die Natur. Sorgfältig schirmt er sich gegen alle Unbilden der Witterung ab, erlebt das Wachsen und Sterben in den verschiedenen Jahreszeiten allenfalls noch beim kurzen Sonntagsspaziergang, nimmt die Landschaft am Steuer seines Fahrzeugs kaum noch wirklich wahr. Er hat das Gefühl für die gemeinsamen Wurzeln allen Seins verloren. Nicht zuletzt dieser geistig-seelische Verlust ist auch mit für den Raubbau an der Natur verantwortlich, der uns in die augenblickliche Wirtschafts-, Rohstoff- und Energiekrise trieb, mit der eine verbreitete tiefe Verunsicherung und Angst des Menschen einhergeht.

Beim Jogging wird die Naturverbundenheit wieder geweckt. Der Läufer erlebt bei regelmäßigem Lauftraining (und nur das verspricht Erfolg) den Wechsel der Jahreszeiten, die Gerüche und Geräusche, die Landschaft und das Wetter viel intensiver. Er fühlt sich wieder eingebunden in diesen ewigen Kreislauf von Vergehen und Entstehen, der Geborgenheit schenkt und neue Hoffnung gibt. Allein diese Sensibilisierung für die natürlichen Eindrücke und Reize der Natur führt auch im Alltag zu einem neuen, positiveren Lebensgefühl.

Auch gegen die verbreitete Langeweile, über die viele Menschen klagen und die am Anfang einer Depression stehen kann, hilft Jogging gut. Die Anstrengung, der Schmerz in wundgelaufenen Füßen, der Muskelkater und die Erschöpfung am Ende des Trainings, alle diese vorübergehenden Unlustgefühle erweitern die Skala unserer Empfindungsfähigkeit. Danach strebt der Läufer im Grunde, nicht nach perverser Befriedigung eines verirrten Sexualtriebs durch körperliche Qualen, wie Kritiker des Dauerlaufs gelegentlich behaupten.

Im Grunde wirkt Jogging also einem gerade beim heutigen Menschen verbreiteten Zustand entgegen, den der bekannte Verhaltensforscher Professor Konrad Lorenz als „Wärmetod des Gefühls" bezeichnet hat. Lorenz beschreibt diesen emotionellen „Wärmetod" mit folgenden Worten:

„Die heutzutage in ständigem Wachsen begriffene Unlust-Toleranz (Bereitschaft zum Ertragen unangenehmer Empfindungen) verwandelt die naturgewollten Höhen und Tiefen des menschlichen Lebens in eine künstlich planierte Ebene, aus den großartigen Wellenbergen und -tälern macht sie eine kaum merkbare Vibration, aus Licht und Schatten ein einförmiges Grau. Kurz: Sie erzeugt tödliche Langeweile."

Anders ausgedrückt heißt das: Nur wer bereit ist, die Tiefen des Lebens durchzustehen, kann auch seine Höhen intensiv erleben. Ein Dauerlauf in Wind, Regen, brütender Hitze oder eisiger Kälte trägt beim körperlich Gesunden ungemein dazu bei, die Unlust-Toleranz wieder zu steigern und damit auch die Lustgefühle intensiver als je zuvor auskosten zu können.

Schließlich führt der Dauerlauf auch zu einer neuen „Körperlichkeit", stellt also ähnlich wie die weiter vorne beschriebene Bioenergetik die Harmonie von Körper und Seele wieder her. Gewöhnlich spüren wir unseren Körper ja nur noch deutlich, wenn er schmerzt, weil seine Funktionen gestört sind. Beim Jogging erfährt der Läufer seinen Körper auf eine ganz neue Art. Nicht nur der Muskelkater macht ihm seine Körperlichkeit wieder bewußt, er lernt auch, die Funktionen des Körpers einzuschätzen und bewußt zu nutzen, spürt seinen Herzrhythmus und den tiefen Atem. Dieses erweiterte Körperbewußtsein – die „animalische Empfindung" des Körpers – bewirkt auch ein neues, vertieftes Selbstbewußtsein und trägt so wesentlich zur Erhaltung oder Wiederherstellung der seelischen Gesundheit bei.
So betrachtet versteht man eher, weshalb Jogging vor allem in USA bereits eine wichtige Rolle in der Psychotherapie zu spielen beginnt. Die Ergebnisse sprechen für sich. Wann immer aufgeschlossene Psychotherapeuten mit Gruppen ihrer Patienten zum Joggen in die freie Natur gehen, steigt die Heilungsquote. Selbst bei schweren endogenen Depressionen und apathischen Schizophrenen konnte man noch Besserung oder Heilung durch Bewegung im Freien erzielen, nachdem keine andere Form der Therapie mehr ansprach.
Diese Wirkung basiert auf dem gleichen Prinzip, das schon die alten Griechen in der Antike anwandten. Sie rissen sich in seelischer Not die Kleider vom Leib, rauften die Haare und schlugen den Körper, um durch intensivere körperliche Empfindungen von der Tauer und dem seelischen Leid abgelenkt zu werden. Dem heutigen Menschen sind solche Ausdrücke seelischer Schmerzen durch Erziehung und Sitten verboten (siehe auch Kapitel Trauerarbeit). Indem der depressive Jogger sich eine Stunde lang durch schwieriges Gelände quält, erzeugt er ein ähnliches körperliches Unlustgefühl, das stärker als seine seelischen Konflikte werden kann. Hinzu kommt sein Erfolgserlebnis, wenn er durchgehalten hat. Alles das kann entscheidend zur Besserung oder Heilung beitragen.
Die Erfahrung beweist, daß sich bei depressiven Jogger-Gruppen vor Beginn des Lauftrainings unterstützend eine Art „Urschrei-Therapie" empfiehlt. Dazu dringen sie ins Unterholz neben den Trimmpfaden ein und stoßen dort laute Tierschreie aus. Das kann zusätzlich ungemein befreiend und heilungsfördernd wirken.
Wie jede Form des körperlichen Trainings setzt auch Jogging eine allmähliche Steigerung der Leistungsfähigkeit und Ausdauer voraus. Wer sich zu früh zu viel zumutet, wird häufig unter erheblichen Nebenwirkungen zu leiden haben, die eine Fortsetzung des Joggens auf lange Zeit nicht zulassen oder gar bleibende Schäden an Knochen, Gelenken und Muskeln erzeugen. Zur Vermeidung solcher Schäden ist es auch unbedingt erforderlich, auf richtiges Schuhwerk und gute Lauftechnik zu achten. Am besten trainiert man (zumindest anfangs) unter der Anleitung eines erfahrenen Joggers. Vor Beginn des Lauftrainings sollte eine ärztliche Generaluntersuchung vorgenommen werden. Zwar gibt es kaum eine Krankheit, die Lauftraining auf Dauer verbietet; vielleicht wird der Arzt im Einzelfall aber doch einige Sicherheitsvorkehrungen beim Training empfehlen.
Lauftraining zur Selbsthilfe eignet sich natürlich vor allem vorbeugend und zur

Nachbehandlung. Wenn erst einmal eine seelische Störung vorliegt, muß der Therapeut im Einzelfall entscheiden, ob Jogging zur unterstützenden oder vielleicht sogar alleinigen Therapie in Frage kommt. Leider stehen die Chancen schlecht, in der Bundesrepublik nach Verordnung eines Psychotherapeuten Lauftraining betreiben zu können. Es gibt erst wenige, die zur Gruppentherapie mit ihren Patienten ins Freie gehen.

Trainieren sollte man dreimal wöchentlich. Nach drei bis sechs Monaten schiebt man einen vierten Trainingstag ein, nach Ende des ersten Jahres sollte man dann bei möglichst fünf bis sieben Tagen pro Woche angekommen sein und dieses Laufpensum dann regelmäßig lebenslang beibehalten. Die empfohlenen Tagesleistungen sollen von Anfängern nicht überschritten werden, auch wenn ihnen die Belastung zu gering erscheint. Es kommt beim Training vor allem auf die langsame, aber konsequente Steigerung der körperlichen Ausdauer an.

In der ersten Woche beginnt man mit 6mal 300 m Laufen, nach je 300 m unterbrochen durch 100 m Gehen. In der zweiten Woche wird auf 8mal 300 m Laufen oder 20 Minuten Wechsellauf mit jeweils 100 m Gehen und 100 m Laufen im Wechsel gesteigert. In der dritten Woche wird man bereits 10mal 300 m Joggen können. Sinngemäß erhöht sich die Belastung dann Woche um Woche weiter, bis man nach einem Jahr – in der 52. Woche – mühelos 45 bis 60 Minuten Dauerlauf absolvieren kann.

Durch lebenslangen Dauerlauf können wir vielen Krankheiten des Körpers und der Seele im wahrsten Sinn des Wortes „davonlaufen" und bis ins hohe Alter hinein körperliche Rüstigkeit und geistige Frische erhalten.

Sinnvolle Freizeit- und Urlaubsgestaltung

Die Bedeutung der Selbstverwirklichung für die seelische Gesundheit wurde weiter vorne schon erläutert. Viele Menschen finden dazu heute nur noch in der Freizeit und im Urlaub Freiräume. Trotzdem werden die zahlreichen Möglichkeiten zur sinnvollen Freizeit- und Urlaubsgestaltung viel zu wenig genutzt.

Das Freizeitverhalten des heutigen Menschen kann in zwei Extreme unterteilt werden. Häufig neigt er dazu, sich das Leben ins Haus zu holen. Bequem im Fernsehsessel sitzend läßt er seine Stellvertreter auf dem Bildschirm leben und die Abenteuer bestehen, von denen er nur träumt, zu denen er sich aber nicht aufraffen kann. Dadurch tritt eine zunehmende Entfremdung von der eigenen Persönlichkeit, ihren Anlagen, Fähigkeiten und Bedürfnissen ein. Die Kreativität, die auch zur Lösung von Konflikten durch neue Wege unentbehrlich ist, verkümmert zunehmend. Das kann der erste Schritt in eine Depression oder unbestimmte, quälende Existenzangst sein.

Nichts gegen Fernsehen, wenn es nicht zum Ersatz für Eigeninitiative wird – wenn man nicht den Knopf zum rechtzeitigen Abschalten vergißt. Leben aus zweiter Hand, wie wir es am Bildschirm miterleben, kann niemals auf Dauer soziale Kontakte, eigene Erlebnisse und Selbstverwirklichung ersetzen.

Aber auch das andere Extrem schadet der seelischen Gesundheit. Wer nicht allein sein kann, um ein gutes Buch zu lesen, Musik zu hören, ein Hobby zu pflegen oder ganz einfach zu meditieren, sondern ständig die Gesellschaft anderer braucht, gibt damit bereits eine seelische Störung zu erkennen. Oft flieht er vor innerer Leere und Einsamkeit in die Hektik oberflächlicher, unverbindlicher und häufig wechselnder Bekanntschaften. Sie lenken ab, können aber nicht befriedigen.

Nichts gegen Partys, Diskotheken und andere Formen der Freizeitgestaltung mit anderen, wenn sie nicht zur Flucht vor sich selbst mißbraucht werden. Gerade bei jüngeren Menschen erlebt man das heute sehr oft. Solange solche Vergnügungen nur einen Teil der Freizeit ausfüllen, können sie nützlich sein. Bestimmen sie aber die gesamte freie Zeit, kommt es im Lauf der Zeit zu einer ähnlichen Entfremdung von sich selbst, wie sie auch der Dauer-Fernsehkonsument erlebt.

Es gibt keine Rezepte für eine individuell richtige Freizeitgestaltung. Jeder muß den ihm persönlich angemessenen Weg selbst finden. Hüten sollte man sich vor rasch eingeschliffenen und nur schwer wieder zu verlernenden Gewohnheiten. Sie blockieren zahlreiche andere Chancen und Möglichkeiten, weil sie den Blick dafür verstellen und die notwendige Eigeninitiative lähmen. Auch die Suche nach Anerkennung durch die Umwelt außerhalb des Berufs, die ein legitimes Ziel der Freizeitgestaltung sein kann, darf nicht übersteigert werden. Im Übermaß wird auch das Vernünftige, Sinnvolle zum Krankheitsfaktor.

Wer sich in seiner Freizeit unausgefüllt, unzufrieden und allein fühlt, sollte sich zunächst bewußtmachen, was ihm fehlt. Sobald er zu dieser Selbsterkenntnis gelangt ist, muß er konsequent darangehen, seine ureigensten Wünsche, Neigungen und Bedürfnisse zu befriedigen, auch wenn er damit tiefgreifende Veränderungen in seinem Leben vornehmen muß.

Der Geistesarbeiter findet oft Entspannung und Befriedigung bei praktischen Verrichtungen, die seine einseitige Beanspruchung im Beruf ausgleichen. Vielleicht restauriert er antike Möbel, bastelt, töpfert oder läßt auf andere Weise mit den Händen etwas entstehen. Natürlich muß er deshalb nicht auf seine geistigen außerberuflichen Interessen verzichten – auf die harmonische Mischung kommt es an. Wer vorwiegend körperlich arbeitet, wird dagegen eher Ausgleich und Befriedigung in Literatur, Kunst und Wissenschaften finden, ohne deshalb ganz auf manuelle Beschäftigung verzichten zu müssen.

In jedem von uns schlummern Fähigkeiten, Neigungen und Talente, die im Beruf zu kurz kommen. Sie gehören zu unserer Persönlichkeit und warten nur darauf, geweckt und gepflegt zu werden. Mancher fand auf diese Weise sogar einen neuen, eher befriedigenden Beruf. Der praktische Nutzen darf aber keine Rolle spielen.

Sinnvolle Freizeitgestaltung wird durch eine gewisse Planung erleichtert. Sie darf aber nicht in ein enges Korsett strenger Zeiteinteilung gezwängt werden, sonst leidet vor allem die Spontaneität darunter. Wer am Wochende Lust hat, die Zeit vorwiegend faulenzend im Bett zu verbringen, sollte sich möglichst durch nichts und niemanden davon abhalten lassen, diesem spontanen Einfall nachzugeben. Zu strenge Planung verkrampft und bedeutet schädlichen Streß. Davon haben wir im Berufsalltag schon mehr als genug. Selbstdisziplin und konsequente Einhaltung des Programms sind lediglich beim körperlichen Training und bei Übungen zur Entspannung und seelischen Gesundheitsvor-

sorge (wie Autogenes Training, Yoga) notwendig, weil der erhoffte Erfolg sich dabei nur durch regelmäßiges Üben einstellen kann.
Wer an dieser Stelle darüber nachzudenken beginnt, wie er seine Freizeit sinnvoller und befriedigender gestalten kann, hat damit bereits den ersten Schritt getan. Die Weichenstellung kann ihm niemand abnehmen, Fehler und Enttäuschungen keiner ersparen. Aber erst dieses Risiko, das mit jedem neuen Anfang verbunden ist, schafft die Grundlagen für ein erfüllteres Leben.
Ähnlich wie die Freizeitgestaltung wirft auch der Urlaub für viele Menschen erhebliche Probleme auf. Deshalb füllen sich Jahr für Jahr nach der Urlaubszeit die Sprechzimmer der Psychotherapeuten mit Menschen, die enttäuscht aus der „schönsten Zeit" des Jahres zurückkehrten – vielleicht zerstritten mit dem Lebenspartner, Freunden oder Bekannten – und mit diesen negativen Erfahrungen allein nicht fertig werden.
Analysiert man die Ursachen dieser Frustrationen und Aggressionen, stellt man häufig wiederkehrend zwei Faktoren fest: Unzulängliche Vorbereitung und übersteigerte Erwartungen. Viele der Betroffenen machten sich nicht rechtzeitig klar, wie ihr Urlaub ablaufen soll. Sie wählten das Urlaubsziel nach verheißungsvollen Fotos in Prospekten, guten Erfahrungen aus früheren Jahren am gleichen Urlaubsort, Empfehlungen von Freunden und Bekannten oder einfach aus der Laune des Augenblicks. Das kann alles gutgehen, birgt aber in höherem Maße als der sorgfältig geplante Urlaub die Gefahr der Enttäuschung in sich. Planung bedeutet dabei kein strenges Gerüst, an das man sich unter allen Umständen halten muß. Lediglich über die grundsätzlichen Wünsche und Bedürfnisse muß man sich Klarheit verschaffen. Das beginnt mit der Auswahl der Urlaubsbegleiter und der Abstimmung ihrer unterschiedlichen Interessen und Wünsche auf einer von allen akzeptierten Kompromißebene. Dabei müssen auch die Kinder zu Wort kommen, denn unzufriedene Kinder können den gesamten Urlaub verderben.
Einigkeit muß auch über das Reiseziel und die Gestaltung des Urlaubs herrschen. Wenn es einen Partner zum Badeurlaub in den sonnigen Süden zieht, während der andere zum Wandern ins Mittelgebirge möchte und ein dritter vor allem nach Sehenswürdigkeiten und sozialen Kontakten strebt, dann entstehen selbst bei vorheriger Einigung zwangsläufig Konflikte. Läßt sich keine für alle tragbare Alternative zu den auseinanderstrebenden Wünschen finden, dann empfiehlt es sich meist, den Urlaub getrennt zu verbringen.
Vielfach wird heute von Reiseunternehmen der „Aktiv-(Erlebnis-)Urlaub" propagiert. Schluß mit dem Faulenzen in der prallen Sonne, das doch nur die vergängliche Urlaubsbräune „zum Vorzeigen" beschert, hinein in sportliche und gesellschaftliche Aktivitäten, die oft schon von „Animateuren" des Reiseveranstalters gesteuert werden, weil vielen Menschen offenbar selbst nichts mehr einfällt. Grundsätzlich spricht nichts gegen einen solchen Urlaub, solange er den eigenen Bedürfnissen gerecht wird und nicht zu neuen Zwängen ausartet. Wenn der Aktiv-Urlaub jedoch einzig von Erlebnishunger bestimmt wird, wenn man soviel wie möglich hineinpacken will, dann bleibt er ähnlich unbefriedigend wie das wochenlange „Braten" am Strand. Es gilt, das richtige Maß zu finden, das individuell verschieden irgendwo zwischen den beiden Extremen

liegt. Pauschale Rezepte für alle gibt es auch dazu nicht, Selbsterkenntnis und Entscheidung kann uns niemand ersparen.
Andere Menschen suchen im Urlaub Entschädigung für alles, was sie im Lauf des Jahres entbehren müssen: Anregungen, Abenteuer, zwischenmenschliche Kontakte, Freundschaft und Liebe. Sie erwarten von diesen wenigen Wochen zu viel und kehren enttäuscht zurück. Es ist eben unmöglich, in 20 Tagen alles nachzuholen, was im Alltag zu kurz kommt. Man kann sich nur auf das Wesentliche konzentrieren und muß versuchen, daraus das Beste zu machen. Den großen Rest an Bedürfnissen und Neigungen, Wünschen und Träumen sollte man zukünftig durch sinnvollere Freizeitgestaltung zu verwirklichen suchen. Je erfüllter die freien Abende und Wochenenden während des Jahres, desto geringer ist der Nachholbedarf im Urlaub, und desto eher wird man auch Zufriedenheit und Erholung finden können.
Ein Wort noch zum Abschluß für Eheleute, Verliebte und andere Menschen, die einander gefühlsmäßig enger verbunden sind. Unter den Belastungen des Alltags kommen ihre Gefühle füreinander häufig zu kurz, und manchmal mag es scheinen, als seien sie abgekühlt. Eine gewisse Gleichgültigkeit hat sich eingeschlichen, man lebt mehr nebeneinander als miteinander. Der Urlaub kann zur Chance werden, frei vom Streß des Alltags wieder zueinander zu finden. Er kann aber auch dazu führen, daß man sich vollends auseinanderlebt. Verständlicherweise, aber psychologisch unklug, versuchen viele der Betroffenen, durch dauernde Nähe das Defizit an Gemeinsamkeiten wieder auszugleichen. Sie rücken so eng aneinander, daß keinem der Partner mehr Raum für Eigeninitiative bleibt, weil sie gewaltsam die menschliche Nähe, Geborgenheit und das Miteinander wieder herstellen wollen. Das ist auf diese Weise aber nur „akut Verliebten" möglich, also zu Anfang einer Gefühlsbeziehung. Später braucht jeder Partner wieder seinen persönlichen Freiraum. Diese Distanz, die keineswegs mit Gleichgültigkeit oder abkühlenden Gefühlen verwechselt werden darf, stellt ein Urbedürfnis des Menschen dar und muß auch im Urlaub respektiert werden. Nur dann kann sich die erstrebte tiefere menschliche Nähe und gefühlsmäßige Geborgenheit und Sicherheit wie von selbst wieder einstellen. Sonst „klebt" man ständig aneinander, behindert den Partner und sich selbst und schafft damit die Grundlagen für Aggressionen, depressive Verstimmungen, Streit, Enttäuschungen und Unzufriedenheit.
Sinnvoller als der Versuch, im Urlaub nachzuholen, was im Alltag zu kurz kommt, ist es dagegen, ein Stück der wieder gewonnenen emotionalen Nähe in den Alltag hinüberzuretten. Dann kann der Urlaub der erste Schritt in eine bessere partnerschaftliche Beziehung werden.
Freizeit und Urlaub bilden das Gegengewicht zu vielen Enttäuschungen, Belastungen und Versagungen, die uns das Leben auferlegt. Wir sollten das vorher nie gekannte Maß an Freizeit und Urlaub bewußt und gezielt nutzen, um unsere seelische und körperliche Gesundheit zu pflegen oder wieder herzustellen.

Gute zwischenmenschliche Kontakte

Als Sozialwesen bedarf der Mensch der zwischenmenschlichen Beziehungen, die sich nicht in oberflächlicher Geselligkeit erschöpfen dürfen. Wer viele Menschen kennt, verfügt deshalb noch lange nicht über befriedigende soziale Kontakte. Er kann sich so einsam und verlassen fühlen, daß er immer wieder in zahlreiche neue Beziehungen flieht, so daß man sich überhaupt nicht vorstellen kann, wie es in Wirklichkeit um ihn steht. Gerade bei den zwischenmenschlichen Beziehungen kommt es in erster Linie auf die Qualität, nicht auf Quantität an.

Das Bedürfnis nach echten menschlichen Beziehungen ist individuell unterschiedlich ausgeprägt. Dem einen genügen vielleicht ein oder zwei Menschen, mit denen ihn eine tiefe Freundschaft verbindet, während der andere sich erst im Kreis vieler guter Freunde wohl fühlt. Vorhanden ist das Bedürfnis nach den anderen aber bei jedem Menschen, auch und gerade – obwohl nicht immer erkennbar – beim seelisch Kranken.

Viele Menschen klagen heute über Vereinsamung und Isolierung. Darin wurzeln zahlreiche seelische Störungen, unter anderem auch Depressionen und Angstzustände. Umgekehrt bilden befriedigende soziale Kontakte ein Bollwerk gegen psychische Krankheiten und spielen für die Nachbehandlung und zur Vorbeugung von Rückfällen eine wichtige Rolle.

Die Ursachen der Vereinsamung sind vielschichtig. Individuelle negative Lebenserfahrungen lassen viele Menschen vor tieferen menschlichen Bindungen zurückschrecken. Verstärkt wird das durch die unter dem rasanten sozialen Wandel der letzten Jahrzehnte ins Wanken geratenen Ideale und Wertvorstellungen sowie die Hektik und Reizüberflutung unseres Alltags.

Während und nach dem letzten Weltkrieg erlebten wir nicht nur im besonders hart betroffenen Deutschland, sondern auch bei vielen anderen Völkern ein starkes Zusammengehörigkeitsgefühl der Menschen. Materielle und seelische Not machen nicht nur erfinderisch, sie lassen die Menschen auch enger zusammenrücken. Mit dem Wirtschaftsaufschwung, der gleichfalls nicht nur auf die Bundesrepublik beschränkt blieb, ging es damit rapide bergab. In allen Industrienationen geht es heute den meisten Menschen besser als je zuvor; daran konnte die weltweite augenblickliche Wirtschaftskrise bisher wenig ändern. Dieser relative Wohlstand befreit einerseits von der Sorge um das Existenzminimum. Andererseits beschwört er neue Ängste vor dem Verlust der materiellen Sicherheit herauf, macht träge und bequem. Die Bereitschaft für Toleranz, Respekt und Verständnis für den Mitmenschen – eine unverzichtbare Grundlage guter zwischenmenschlicher Kontakte – nimmt ab. An ihre Stelle tritt immer häufiger die Frage: „Was bringt mir der Kontakt mit diesem Menschen?" Aus dieser Anspruchshaltung können sich nur schwer für alle Beteiligten befriedigende soziale Beziehungen entwickeln. Diese basieren nämlich in erster Linie auf der Bereitschaft, den anderen etwas zu geben, ohne gleich auf Nutzen für sich selbst zu spekulieren.

Ein altes chinesisches Sprichwort sagt: „Wer immer gibt, wird immer genug besitzen!" Diese asiatische Weisheit sollten wir uns wieder mehr zu eigen machen, wenn wir mit anderen Menschen Umgang pflegen. Gerade die

kritische Jugend, die sich nicht mit Blick auf eine gute berufliche und soziale Stellung anpaßt, sondern ihrem Unbehagen aktiv durch neue Formen des sozialen Miteinanders zu begegnen sucht, weist uns neue Wege. So unausgegoren manche dieser Denkansätze auch sein mögen, wir müssen uns damit auseinandersetzen, um den verbreiteten Egoismus umzupolen in das Verantwortungsgefühl für den Mitmenschen und die Gemeinschaft. Natürlich soll damit nicht der Gewalt das Wort geredet werden. Ein Wandel der Einstellungen und Gesinnungen läßt sich nur auf geistig-seelischer Ebene bewirken, nicht mit Pflastersteinen. Aber man darf nicht vergessen, wie enttäuscht und hoffnungslos junge Menschen sein müssen, ehe sie sich zu solchen Gewaltakten hinreißen lassen. Polizei und Justiz können die Unruhen niederknüppeln und bestrafen, aber nicht den sozialen Sprengstoff beseitigen, der sich dahinter verbirgt. Das ist nur möglich, indem wir die realistischen Ansätze zu einer mitmenschlichen Gesellschaft, nach der sich die Mehrzahl der jugendlichen „Revolutionäre" sehnt, aufgreifen und zu verwirklichen suchen.
Zur mitmenschlichen, partnerschaftlichen Gesellschaft der Zukunft, in der die Vereinsamung und Isolation an Bedeutung verliert, gehört auch der Abbau des übersteigerten Konkurrenz- und Leistungsdenkens. Niemand sollte Leistungsstreben, Ehrgeiz und das Bedürfnis nach materieller Sicherheit pauschal verurteilen. Das alles gehört zu den ureigensten Bestrebungen des Menschen und fördert innerhalb vernünftiger Grenzen unsere seelische Gesundheit. Erst in der heute verbreiteten Übersteigerung werden solche Eigenschaften zur Gefahr. Die Ursachen der Fehlentwicklung normaler menschlicher Werte und Ziele wurzeln in den Gesetzmäßigkeiten, die unsere hochtechnisierte Industriezivilisation auszeichnen. Sie ist auf einen hohen Standard der fachbezogenen Ausbildung angewiesen. Daneben verliert die Bildung des ganzen Menschen an Bedeutung. Das böse Wort vom „Fachidioten", der menschlich verkümmert und ungebildet, aber brillant für ein Spezialgebiet geschult ist, entbehrt nicht einer gewissen Berechtigung.
Um ihr technisches und naturwissenschaftliches Potential weiter auszubauen, betreibt jede Industriegesellschaft eine unerbittliche Auslese. Das führt dazu, daß jeder im anderen einen Konkurrenten sieht, den er durch mehr Leistung oder mehr oder minder „unsaubere Manipulationen" aus dem Kreis der Mitbewerber um bessere berufliche und soziale Stellungen entfernen will. Tragischstes Beispiel dafür ist wohl der Numerus clausus an unseren Universitäten. Er wirkt sich heute bereits in die Grundschulklassen aus, wo acht- oder neunjährige Schüler ihren Banknachbarn bei Klassenarbeiten nicht mehr abschreiben lassen, nur um die Zahl der Mitschüler mit guten Noten so gering wie möglich zu halten. Wie soll sich aus diesem durch die Einstellung der Eltern geprägten kindlichen Konkurrenzdenken später, im ungleich härteren Berufsleben, je wieder die Fähigkeit zu mitmenschlichem Verhalten, zu Toleranz und Respekt für den anderen, zu Verständnis und Hilfsbereitschaft entwickeln?

Eine letzte Folge des Wohlstands mit zwiespältigen Auswirkungen sollte man nicht vergessen, die Verwischung der traditionellen sozialen Grenzen. Einerseits bedeutet es zweifellos einen sozialen Fortschritt, wenn die natürliche

Gleichheit aller Menschen dadurch hervorgehoben wird. Andererseits führt die Nivellierung der sozialen Schichtungen durch Massenwohlstand zu den mitunter komischen Versuchen, sich durch Statussymbole gegen die anderen abzugrenzen und voller Neid alles zu beobachten, was sich der Nachbar, Freund oder Arbeitskollege leisten kann. Augenfälligstes Beispiel dafür war und ist immer noch, wenn auch durch die enorm gestiegenen Energiekosten abgeschwächt, der Kult um das Statussymbol Auto. Er greift heute, da ein großer Wagen für viele unerschwinglich geworden ist, zunehmend in andere Lebensbereiche über. Es versteht sich von selbst, daß man mit Menschen, gegen die man sich durch Statussymbole abzugrenzen versucht und deren Statussymbole man selbst mit Neid oder Überheblichkeit betrachtet, nur schwer echte soziale Kontakte pflegen kann.
Zu den sozialen und individuellen Ursachen der Vereinsamung des heutigen Menschen gäbe es noch viel anzumerken. Aber bereits die Überwindung der hier diskutierten wichtigsten Faktoren könnte viel dazu beitragen, aus der krankmachenden Isolierung herauszufinden. Allerdings ist es nicht damit getan, die sozialen und individuellen Hindernisse bei der Anbahnung solcher sozialen Beziehungen aus dem Weg zu räumen. Einmal angeknüpft erfordern die Kontakte auch ständige Pflege durch alle Beteiligten. Wie oft erlebt man, daß im Keim aussichtsreiche Beziehungen allmählich im Sand verlaufen, weil jeder auf den ersten Schritt des anderen wartet und sich zu wenig Zeit nimmt. Da versprechen sich Menschen, die im Urlaub gute Freunde wurden, in Kontakt zu bleiben und bald wieder gemeinsam etwas zu unternehmen. Aber wie oft beschränkt sich der Kontakt bald nur noch auf den konventionellen Austausch kurzer Kartengrüße an den Festtagen, bis auch das vollends einschläft. Ähnliche Beispiele aus anderen Lebensbereichen ließen sich noch seitenlang fortsetzen.

Jeder muß von sich aus auf den Mitmenschen zugehen, wann immer sich eine Gelegenheit bietet. Ein freundliches Lächeln im Aufzug, ein Gruß auf dem Hausflur oder auf der Straße, solche und viele ähnliche Gesten, mit denen man sich nichts „vergibt", können die Hemmschwellen zwischen den Menschen abbauen, Mißtrauen und Vorurteile gegeneinander überwinden, vielleicht eine lebenslange Freundschaft begründen. Natürlich kostet das anfangs Überwindung und stößt – weil ungewohnt – bei der Mitwelt zunächst auf Erstaunen, Verwunderung und Skepsis. Aber je mehr Menschen sich so verhalten, je selbstverständlicher dieses Verhalten wird, desto rascher und besser kann das Problem der Vereinsamung und sozialen Isolierung verringert werden.
Respekt, Toleranz und Verständnis füreinander, auf diesen drei Pfeilern, abgesichert durch positive Gefühle, ruhen gute zwischenmenschliche Kontakte. In einem solchen partnerschaftlichen Klima können freimütig auch konträre Gedanken und kritische Bemerkungen ausgetauscht und gemeinsam die angenehmen wie die negativen Seiten unserer Existenz erlebt werden.

Gegenseitiges Geben und Nehmen macht den Wert einer guten sozialen Beziehung für unser seelisches Wohlbefinden aus, ohne die niemand auf Dauer gesund bleiben und Lebensfreude finden kann.

Intakte Ehe und Familie

Der soziale Wandel des 20. Jahrhunderts, insbesondere der Jahre nach 1960, ging auch an den Institutionen Ehe und Familie nicht spurlos vorüber. Daß dies dem Menschen nicht unbedingt nützte, verdeutlicht die steigende Zahl der Scheidungen.

Sicher kann man diese Entwicklung nicht pauschal als negativ betrachten. Die früher übliche unbedingte Erhaltung einer Ehe, deren Partner sich bei der Wahl getäuscht oder im Lauf der Zeit entfremdet hatten, enthielt ähnlich viele krankmachende Streßfaktoren wie eine Scheidung. Andererseits tragen aber auch die verminderte Bereitschaft des heutigen Menschen zum Durchleben von Krisen, seine Orientierungslosigkeit, Gleichgültigkeit und Intoleranz gegenüber anderen und die allgemeine Unsicherheit und Hektik mit dazu bei, daß man eine Partnerschaft schneller als früher aufgibt, anstatt an der gemeinsamen Krise zu reifen und wieder zueinander zu finden.

Intakte Familienverhältnisse bieten ähnlich wie gute soziale Kontakte zur Umwelt Schutz vor seelischen Störungen und Hilfe bei seelischen Erkrankungen. Fragen der Erziehung, also des Eltern-Kind-Verhältnisses, wollen wir hier nicht nochmals aufgreifen. Darüber und über die Probleme der Wechseljahre von Mann und Frau wurde weiter vorn ausführlich berichtet. An dieser Stelle interessiert das Zusammenleben der Partner in der Ehe oder einer vergleichbaren Form der Partnerschaft.

Viele Partner gehen noch immer mit falschen Erwartungen in eine Beziehung. Ihr Ziel ist mehr oder weniger bewußt die vollkommene Harmonie und ideale Ergänzung. Damit legen sie aber bereits zu Anfang den Grundstein späterer Enttäuschungen, Depressionen, vielleicht sogar der Trennung. Natürlich hoffen wohl die meisten Paare im Zustand „akuter Verliebtheit" auf lebenslanges, konfliktfreies Zusammenleben. Und in der Anfangsphase kann dieses Ideal oft auch weitgehend verwirklicht werden, weil das starke Gefühl über alle Probleme hinweghilft. Die auflodernde „Flamme" der jungen Liebe – psychologisch nach Sigmund Freud betrachtet ohnehin ein Zustand teilweiser Verrücktheit auf Zeit – sinkt aber irgendwann in sich zusammen. Man gewöhnt sich aneinander, entdeckt Fehler und Schwächen beim Partner, die zwar von Anfang an vorhanden waren, aber im Überschwang der Gefühle nicht wahrgenommen wurden, vermißt in der Beziehung manches, dessen Bedeutung man früher nicht ahnte oder verdrängte – kurzum, man kehrt auf den Boden der Tatsachen zurück, zollt der Realität wieder ihren Tribut. Jetzt muß es sich zeigen, ob die „Flamme" der jungen Liebe die „Glut" einer dauerhaften Gefühlsbindung entfachen kann, oder ob das Feuer erlischt.

Ganz entscheidend hängt dieser Übergang davon ab, wie man mit der eigenen Enttäuschung fertig wird. Manche reagieren darauf, indem sie fast alle eigenen Wünsche und Bedürfnisse, die der Partner nicht befriedigen kann, verdrängen und sich weitgehend anpassen. Andere brechen mehr oder weniger heimlich aus, suchen auf andere Art Befriedigung und leiden unter Schuldgefühlen, die der Beziehung ebenso wie die bedingungslose Anpassung schaden. Wer sich nicht anpassen will, aber auch den Mut zum Ausbrechen nicht aufbringt, wird vielleicht zum chronischen Nörgler oder flüchtet resignierend vor das Fernsehgerät, in den Verein oder ins Fußballstadion. Allen diesen häufigen Reaktionen auf die Ernüchterung, die fast keinem Paar erspart bleibt, liegen zwei grundsätzliche Fehler zugrunde:

- Enttäuschung, Zorn oder Resignation, weil eigene Erwartungen nicht erfüllt wurden. Im Grunde bedeutet das aber, daß man die Individualität des Partners nicht respektiert, sobald sie nicht mehr mit der eigenen identisch ist oder diese in idealer Weise ergänzt. Es werden also Eigenschaften vom Partner erwartet, über die er nicht verfügt, die man anfangs in ihn „hineinsah", und die er nur unter Vergewaltigung eines Teils seiner Persönlichkeit erwerben könnte. Das kann auch in einer so intimen zwischenmenschlichen Beziehung wie der Ehe nicht gefordert werden. Die Reaktion ist deshalb unangemessen, denn jeder Mensch hat das Recht auf Selbstverwirklichung und darf um seiner seelischen Gesundheit willen darauf nicht zugunsten seines Lebenspartners verzichten. Auf längere Sicht führte ein solcher Verzicht ohnehin doch zu ernsten Konflikten.
- Die Partner haben, teils wegen falscher Erwartungen, teils mangels Vorbild und Anleitung, nicht gelernt, offen über Konflikte zu reden, sich richtig zu streiten. Sie vermeiden den Streit, halten eine Fassade aufrecht, verbergen Frustrationen hinter den Potemkinschen Dörfern einer Pseudo-Harmonie, die schließlich nur noch aus leeren Formen besteht, wenn sie nicht irgendwann vorher schon durch einen doch noch ausgebrochenen, explosiven und damit unfruchtbaren Konflikt in sich zusammenfallen.

Es erhebt sich die Frage, wie diese beiden Faktoren, die wohl in jeder gescheiterten intimen Beziehung eine wichtige Rolle spielten, ausgeschaltet werden können.

Voraussetzung ist, daß man sich selbst genug kennt und seine eigenen Erwartungen klar vor sich selbst und vor dem Partner offenlegt. Auf dieser Grundlage kann man dann sicherer als bei einer Blitzheirat entscheiden, ob man so gut zusammenpaßt, daß die Beziehung wahrscheinlich von Dauer sein wird. Absolute Sicherheit gibt es natürlich nicht – das gilt generell für alle zwischenmenschlichen Beziehungen, das gilt für das Leben schlechthin.

Als zweite unverzichtbare Voraussetzung einer glücklichen, dauerhaften Partnerschaft ergibt sich aus dem oben Gesagten, daß sich die Partner respektieren und tolerieren müssen. Einfacher ausgedrückt: Sie sollten klären, ob sie einander ohne Wenn und Aber vorbehaltlos mit allen Aspekten ihrer individuell verschiedenen Persönlichkeiten annehmen können und wollen. Das geht nur, wenn man die Erwartungen und ihre Bedeutung kennt, die man selbst an den Partner richtet, und abschätzen kann, welche er erfüllen kann und welche unbefriedigt bleiben müssen. Das setzt ferner voraus, daß man die Freiheit des anderen uneingeschränkt akzeptiert, ihn nicht als eine Art Eigentum, Vater-, Mutter- oder Kindersatz oder ähnliches betrachtet. Das gelingt erfahrungsgemäß nur wenigen Partnern vollkommen und spielt deshalb bei Eifersuchtsszenen und vielen anderen Konflikten einer Ehe oder Partnerschaft eine zentrale Rolle.

Natürlich ist es bequemer, den Partner nach den eigenen Vorstellungen und Erwartungen verändern zu wollen. Und es bietet scheinbar besseren Schutz vor Vereinsamung, wenn man eifersüchtig darüber wacht, daß das „Eigentum" ja nicht in Versuchung geführt wird. Befriedigend kann eine solche Beziehung aber für keinen Partner werden. Wenn zwei Menschen aus freier Willensentscheidung zusammenbleiben, dann bedeutet das nicht, daß sie sich deshalb ihrer Persönlichkeit entäußern – im Gegenteil. Gerade eine von Gefühlen getragene zwischenmenschliche Beziehung gewinnt, wenn beide Teile sich individuell weiter entwickeln können, frei von Angst vor Sanktionen des anderen und ohne den Anpassungsdruck, den alle Industriegesellschaften auf ihre Mitglieder ausüben. Partnerschaft soll Freiräume für Selbstverwirklichung ohne Angst schaffen, von der letztlich beide nur bereichert werden.

Es ist schwierig, sich zu diesem relativ neuen, menschenwürdigen Verständnis einer intimen Zweierbeziehung durchzuringen, denn es weicht in vielen Punkten vom traditionellen Rollenverständnis ab. Echte Partnerschaft in einer stabilen Dauerbeziehung, die Geborgenheit und emotionale Sicherheit als seelische „Abwehrkräfte" gegen Krankheiten verleiht, läßt sich aber nur dann verwirklichen, wenn die Freiheit der Partner nicht durch gegenseitige Ansprüche und Erwartungen unzulässig beschnitten wird.

Während die bisherigen Forderungen von den meisten Menschen wohl noch akzeptiert werden – was nicht bedeutet, daß sie sich auch danach richten –, stößt die letzte sicher auf erhebliche Kritik. Schließlich geht man ja keine Partnerschaft ein, um sich zu streiten, sondern um harmonisch miteinander zu leben. Das klingt einleuchtend, verkennt aber völlig die psychologische Realität. Entscheidend für die Qualität einer Partnerschaft ist nicht, ob Streit ängstlich vermieden wird, sondern wie man streitet. Auch wenn man sich noch so gut versteht, in vielen Dingen „ideal" zueinanderpaßt, prallen doch immer wieder unterschiedliche Interessen, Meinungen, Vorstellungen und Wünsche aufeinander. Es gibt keine zwei Menschen, die sich in allen Punkten vollkommen ergänzen oder in jeder Beziehung völlig gleiche Bedürfnisse und Erwartungen haben. Die Hoffnung auf eine konfliktfreie Partnerschaft erweist sich also von vornherein als unrealistisch. Man kann die Augen davor verschließen, bis es zum großen „Knall" kommt, oder man kann lernen, sich richtig zu streiten.

Psychologen entwickelten verschiedene Techniken des richtigen Streitens zur Lösung von Konflikten. Wir können sie hier nicht ausführlicher besprechen. Allen gemeinsam ist aber, daß es beim Streit nicht darum geht, einen „Sieger" und einen „Verlierer" zu ermitteln. Beide Partner sollten als Sieger aus dem Streit hervorgehen, weil sie gemeinsam und offen ein Problem angegangen sind und einen Kompromiß fanden, der keinen unerträglich benachteiligt. So verstanden vertieft ein Streit die Partnerschaft und schafft neue Gemeinsamkeiten, auf denen die Beziehung weiter ausgebaut werden kann (siehe auch die Erläuterung zu „Ich-Botschaften" im Kapitel über die kleine Psychotherapie).

Konstruktiv streiten, ohne einander zu verletzen, den anderen vorbehaltlos annehmen, miteinander und nicht nur nebeneinander leben, alle diese und andere Grundlagen einer guten Partnerschaft kann man erlernen. Es gibt zahlreiche, teils konfessionelle oder staatliche, zum Teil auch private Eheberatungsstellen mit qualifizierten Fachleuten. Leider werden sie noch viel zu selten in Anspruch genommen – und wenn, dann häufig erst, wenn die Beziehung bereits akut gefährdet ist. Dabei könnte die rechtzeitige Beratung vielen Ehe- und Familienproblemen vorbeugen oder kleinere Konflikte beseitigen helfen, ehe daraus ein ernstes, den Bestand der Partnerschaft gefährdendes Problem geworden ist. Hier trifft man aber die gleiche Scheu, die auch viele seelisch Kranke lange Zeit davon abhält, einen Psychotherapeuten oder Psychiater zu konsultieren.

Zu den Hilfen, die Ehe- und Familienberatungsstellen anzubieten haben, gehören aufdeckende, klärende Gespräche, andere Formen der Familientherapie, Gruppentherapie sowie Beratung über Schwangerschaftsverhütung, legale Abtreibung und bei sexuellen Problemen.

Auf die Bedeutung eines erfüllten Sexuallebens für die seelische Gesundheit und eine funktionierende, positive Zweierbeziehung wollen wir nicht mehr weiter eingehen, das würde den Rahmen dieses Buchs sprengen. Nur soviel sei gesagt: Wenn die sexuellen Beziehungen in einer Partnerschaft gestört sind, ohne daß organische Ursachen vorliegen, dann deutet das immer auf ernstzunehmende Probleme hin. Vorübergehende Störungen können sich aus Überarbeitung, biorhythmischen und hormonellen Schwankungen erklären. Bestehen sie aber von Anfang an oder brechen allmählich in die Beziehung ein, deutet das entweder auf neurotische Fehlhaltungen eines oder beider Partner oder weist auf aktuelle Konflikte in der Partnerschaft hin. Es empfiehlt sich in solchen Fällen, nach gründlicher organischer Untersuchung gemeinsam psychotherapeutische Hilfe in Anspruch zu nehmen. Zwar kann und darf eine Partnerschaft nicht allein auf sexueller Bedürfnisbefriedigung aufgebaut werden, anhaltende Frustration des Sexualtriebs zerstört im Lauf der Zeit aber jede intime Zweierbeziehung.

Über Probleme der Partnerschaft und Sexualität wurden schon viele Bücher geschrieben. Sie sollten gemeinsam gelesen, diskutiert und dann – soweit angezeigt – in der eigenen Ehe oder Partnerbeziehung verwirklicht werden. Wohl in jeder Zweierbeziehung läßt sich manches verändern, positiver gestalten und gemeinsam besser erleben, wenn beide Teile bereit und fähig sind, die Partnerschaft zu analysieren, ihr Partnerverhalten offen in Frage zu stellen und aus dem Ergebnis richtige Konsequenzen zu ziehen. Dann wird die Ehe oder eheähnliche Gemeinschaft wieder zu einem wesentlichen Faktor seelischer Gesundheit und bietet Schutz vor vielen Krankheitsauslösern, die aus der Umwelt auf uns einwirken, Ängste und Depressionen erzeugen, einen Menschen vielleicht gar in den Selbstmordversuch treiben oder in die Wahnwelt einer Psychose fliehen lassen.

Die paradoxe Intention

Mit dieser im Prinzip verblüffend einfachen Selbsthilfetechnik gelingt es oft, Angstanfälle im Keim zu ersticken. Allein davon darf man natürlich keine Heilung erwarten. Die Erfahrung des seelisch Kranken, daß er seiner Angst nicht hilflos ausgeliefert ist, aktiviert aber zuweilen seine Selbstheilungskräfte so

stark, daß die Ursachen der Angst aus eigener Kraft überwunden werden. Bei schwereren Angstzuständen bedeutet es für den Patienten schon eine wesentliche Entlastung, wenn er durch paradoxe Intention den Anfall wenigstens mildern kann.
Paradoxe Intention (=Absicht) kann überall unauffällig angewendet werden. Sie geht von der Beobachtung aus, daß der ängstliche Mensch im allgemeinen versucht, seine Angst solange wie möglich willentlich zu unterdrücken. Dabei verkrampft er sich, die Angst nimmt zu und wird für die Umwelt noch offensichtlicher. Den seelischen Mechanismus, der diesem Phänomen zugrunde liegt, lernten wir weiter vorn bereits im Kapitel über positive Erwartungen kennen. Willensanstrengungen provozieren mächtige Gegenkräfte, die dem Ziel im Weg stehen.
Dieses Prinzip ist bei Angst aber auch umgekehrt hochwirksam. Wer seine Angst nicht mit dem Willen zu unterdrücken versucht, sondern paradoxerweise beim ersten Anzeichen von Angst mit aller Willenskraft versucht, sie zu verstärken, mobilisiert die entsprechenden Widerstände, und die Angst bricht in sich zusammen. Es kommt darauf an, diese paradoxe Absicht sofort anzuwenden, wenn sich ein Angstanfall ankündigt. Sobald die Angst erst ihren Höhepunkt erreicht hat, wird nämlich der Willen meist so stark gelähmt, daß die paradoxe Intention nicht mehr durchgeführt werden kann.
Die nachstehend beschriebene Krankengeschichte zeigt, wie gut die paradoxe Intention gerade bei Angstzuständen das quälende Symptom mildern kann.

Fall 17
Die Patientin klagte über massive Angstzustände mit Erröten bei sozialen Kontakten. Sie hatte bereits verschiedene Psychopharmaka eingenommen, die aber nur Gleichgültigkeit gegenüber anderen Menschen erzeugten. Da es der Patientin auf rasche Linderung der Angstanfälle ankam, weil sie eine neue Stellung antreten sollte, wurde sie zunächst in der Technik der paradoxen Intention unterrichtet. Sie lernte, sich bei den geringsten Anzeichen der Angst oder des Errötens mit aller Willenskraft eine Verschlimmerung herbeizuwünschen. Anfangs gelang ihr das nur mit mäßigem Erfolg, weil sie sich innerlich gegen diesen „Unsinn" sträubte. Nachdem sie aber einmal ganz intensiv erlebte, wie ein beginnender Angstanfall durch paradoxe Intention zusammenbrach, war es mit der Skepsis rasch vorbei. Zukünftig wandte sie die Technik bei jeder Gelegenheit an und gewann durch die positiven Erfahrungen zunehmend neues Selbstvertrauen. So bedurfte es dann nur noch weniger psychotherapeutischer Gespräche, um die Wurzeln der sozialen Ängste bewußt zu machen und vollends zu verarbeiten. Inzwischen kann die Patientin angstfrei mit anderen Menschen umgehen, ohne zu erröten.

Sinngemäß kann man durch diese Technik auch die bei Depressionen fast immer vorhandenen Schlafstörungen beeinflussen. Dazu strengt man sich mit aller Willenskraft an, das Einschlafen zu verhindern, gleitet aber gerade deshalb häufig unversehens in den Schlaf.

Ein letztes Anwendungsgebiet sind Hemmungen mit Erröten, die als Begleiterscheinung einer Depression vor allem während der Pubertät bestehen können. Sobald man spürt, daß man jetzt gleich errötet, nimmt man sich einfach willentlich vor, noch viel intensiver rot zu werden. Auch danach erlebt man meist als paradoxe Reaktion, wie der erste Anflug von Röte rasch wieder aus dem Gesicht weicht, noch ehe die Umwelt das Erröten überhaupt registriert hat. Als Universalmittel bei seelischen Krankheiten darf man die paradoxe Willensabsicht allerdings nicht mißverstehen. Unter Umständen kann sich ein depressiver Mensch durch die falsch angewendete Technik noch weiter in seine Schwermut oder in seine Selbstmordgedanken und Schuldgefühle hineinsteigern. Deshalb sollte die paradoxe Intention nur in leichteren Fällen in eigener Verantwortung durchgeführt werden. Bei seelisch schwerer gestörten Menschen oder beim Ausbleiben der Wirkung muß der Therapeut entscheiden, ob und wann die Methode angezeigt ist, und den Patienten wenn nötig dazu anleiten.

Akupressur gegen Angst und Depression

Die mit der chinesischen Akupunktur (durch Nadelung bestimmter Hautpunkte) verwandte Akupressur geht davon aus, daß bei Ängsten und Depressionen der Energiefluß im Körper wieder harmonisiert werden muß. Das leuchtet ein, wenn man bedenkt, daß Antrieb und Lebenskraft durch Angstzustände und depressive Verstimmungen immer erheblich in Mitleidenschaft gezogen werden. Da dies aber nur Auswirkungen, nicht Ursachen der seelischen Krankheit sind, kann man von Akupressur mit den Fingerkuppen zwar Besserung der Symptome, aber keine unmittelbare Heilung erwarten. Ähnlich wie bei der paradoxen Intention führt die Linderung der Symptomatik aber zur Entlastung des Patienten, und seine seelische Selbstheilungskräfte können unter Umständen aus eigener Kraft die Ursachen der Störungen beseitigen.

Am besten wendet man Akupressur zusammen mit Heilkräutern als Alternative zu den chemischen Psychopharmaka in leichteren Fällen (vor allem reaktive depressive Verstimmungen) oder unterstützend neben der Psychotherapie an. Wenn die erhoffte Wirkung nicht bald eintritt, wurden vielleicht die Behandlungspunkte nicht richtig getroffen. Dann empfiehlt es sich, beim Fachmann mit Hilfe eines elektronischen Punktsuchgeräts die genaue Lage der Punkte ermitteln zu lassen und die Akupressur zu wiederholen.

Die Hauptpunkte gegen Angst und Depressionen wollen wir nun genauer beschreiben.

Angstzustände:

Die beiden Hauptpunkte befinden sich an der seitlich unterhalb der Kniescheiben außen befindlichen Vertiefung. Wenn man die Handflächen auf die Kniescheiben legt, ruhen die Spitzen der Ringfinger im allgemeinen unmittelbar über den Punkten, die von den chinesischen Ärzten als „Punkte des göttlichen Gleichmuts" bezeichnet werden. Man massiert sie kreisförmig von oben nach unten. Die beiden anderen wichtigen Angstpunkte liegen an der Körpervorderseite auf einer theoretischen Mittelinie, die vom Nabel über Bauch und Brust zur Kinnspitze zieht. Der erste Punkt befindet sich genau an der Kinnspitze unten auf dem Knochen, der zweite am unteren Ende des Brustbeins. Beide werden von unten nach oben in kreisender Bewegung beeinflußt.

Zusätzlich kann man bei Bedarf den Anregungspunkt für Herz und Seele am inneren Nagelfalzwinkel (auf der Ringfingerseite) des kleinen Fingers behandeln. Die Massage erfolgt von innen nach außen quer unterhalb des Nagels nacheinander an beiden Kleinfingern.

Gewöhnlich wird die Akupressur einmal täglich fünf Minuten lang durchgeführt. Treten akute Angstanfälle auf, kann man zusätzlich – vielleicht kombiniert mit paradoxer Intention – etwa eine Minute lang kräftiger die Punkte beeinflussen.

Depressionen:

Grundsätzlich kommen zunächst die gleichen Punkte wie gegen Angst in Betracht. Wenn deren Wirkung nicht ausreicht, sucht man auf der Kleinfingerseite etwa zwei fingerbreit oberhalb des Handgelenks (dort wo man auch den Puls fühlt) den druckempfindlichen Punkt. Er wird Richtung Handgelenk massiert.

Antriebsmangel beseitigt die Pressur des Energiepunkts in der Mitte des Unterbauchs etwa zwei bis drei Fingerbreit unter dem Nabel. Er wird nach oben hin behandelt. Zusätzlich kann man von innen nach außen mit den Fingerkuppen Zentimeter um Zentimeter die Ellbogenbeuge massieren und den inneren Nagelfalzwinkel der großen Zehe Richtung Fußrücken kräftig in kreisender Bewegung pressen.

Die Behandlung erfolgt am besten morgens und abends für je fünf bis zehn Minuten, bei Bedarf auch öfters am Tag.

Natürlich beschränkt sich chinesische Medizin nicht auf diese einfachen Anwendungen. Akupunktur mit Nadeln oder die schmerzfreie Elektroakupunktur bleiben aber dem Fachmann vorbehalten.

Grenzen und Risiken der Selbsthilfe

Psychotherapie bedeutet streng genommen immer Selbsthilfe. Die Hauptarbeit leistet stets der Patient, der seine Einstellungen und Erwartungen revidiert, zum Teil schmerzhafte Einsichten in seine Persönlichkeit gewinnt und unangenehme Lernprozesse vollzieht, sich selbst in Frage stellt und aktiv an seiner geistig-seelischen Reife arbeitet. Das kann unter Anleitung eines Psychotherapeuten geschehen, aber auch mit Unterstützung nahestehender Menschen ohne psychologische Ausbildung oder in echter Selbsthilfe.

Wie bei organischen Krankheiten sind auch der echten Selbsthilfe bei seelischen Störungen Grenzen gesteckt. Ein depressiver Patient, der sich völlig in seine Schwermut und Schuldgefühle zurückgezogen hat, die Nahrung verweigert und „erstarrt" ist (depressiver Stupor), kann sich natürlich ebensowenig selbst helfen wie der Angstneurotiker, der aus Angst vor der Angst keinen klaren Gedanken mehr fassen kann. In diesen und ähnlichen schweren Fällen muß zunächst der

Fachmann Hilfe zur späteren Selbsthilfe leisten, oft in Form von Psychopharmaka, später dann durch andere psychotherapeutische Techniken. Die leichteren depressiven Störungen und Angstzustände bekommt der Fachtherapeut oft überhaupt nicht zu sehen. Sie werden nach einiger Zeit durch die psychischen Selbstheilungskräfte überwunden – oder sie entwickeln sich zu ernsten seelischen Krankheiten fort. Das kann durch gezielte Selbsthilfe nach den Anleitungen dieses Buches oft verhindert werden.

Rechtzeitig zur Vorsorge eingesetzt schützt Selbsthilfe vor vielen seelischen Störungen. Angesichts der ständig wachsender Zahl psychisch Kranker in allen Industrienationen sollten elementare psychologische Kenntnisse und wirksame Selbsthilfetechniken eigentlich schon an den Schulen vermittelt und durch Kurse der Volkshochschulen und anderer gemeinnütziger Institutionen zur Weiterbildung auch Erwachsenen zugänglich gemacht werden. Vor allem autogenes Training, Aufklärung über Partnerschaftsfragen und Erziehungsberatung bieten sich dazu an. Ob dieses Anliegen, das auch der „Vater" des autogenen Trainings, Professor Schultz, schon vergeblich zu realisieren versuchte, freilich jemals Wirklichkeit wird, kann heute noch nicht abgeschätzt werden. Vermutlich muß die Zahl seelisch gestörter Menschen erst noch weiter zunehmen, ehe man (vielleicht) endlich die vorbeugende Bedeutung der Psychohygiene anerkennt und daraus die sozial- und erziehungspolitischen Konsequenzen zieht.

Inzwischen sind die Fachleute aller Richtungen aufgerufen, soweit wie möglich und vertretbar die Selbsthilfe zu fördern. Die Motivation in der Bevölkerung ist zweifellos vorhanden – das beweisen nicht zuletzt die in den vergangenen Jahren wie Pilze aus dem Boden geschossenen Selbsthilfegruppen. Sie leisten wertvolle Arbeit, die aktive Unterstützung der Fachtherapeuten verdient. Erst die Zusammenarbeit von Laien- und Fachtherapeuten kann die Flut seelischer Krankheiten eindämmen.

Selbsthilfe hat dann hinter der fachmännischen Behandlung zurückzustehen, wenn sie mit unwägbaren Risiken verbunden ist. Das gilt für unklare Grenzfälle zwischen neurotischen Störungen und Psychosen und alle mit akuter Selbstgefährdung verbundenen Erkrankungen.

Die Hoffnung auf eine (wohl ewig utopische) Gesellschaft ohne krankmachende Konflikte, von der manche träumen, enthebt uns nicht der Verpflichtung, dem psychisch Kranken jetzt so gut wie möglich zu helfen. Dazu will dieses Buch einen Beitrag leisten.

Test: Neigen Sie zu Angst und Depression?

Ängste und Depressionen verbergen sich oft hinter unklaren Beschwerden. Sie sprechen kaum auf Arzneimittel an, lassen aber auch nicht an eine seelische Ursache denken. Ehe die Betroffenen in solchen Fällen jahrelang falsch behandelt werden, sollte ein Persönlichkeitstest durchgeführt werden. Sein Ergebnis kann mit einiger Sicherheit Auskunft über mögliche seelische Ursachen geben. Standardisierte Fragebogentests erfordern zur Beurteilung keine vertiefte psychologische Ausbildung, lassen sich deshalb auch in der allgemeinmedizinischen Praxis zur Orientierung durchführen. In schwereren Fällen muß der Fragebogentest aber durch eine psychiatrische Untersuchung vervollständigt werden. Das klärende Gespräch zwischen Arzt und Patient kann ein Test nie ersetzen.
Der folgende Text wurde als Psychiatrisches Standard-Interview (PSI) von der Firma Hoffmann-La Roche entwickelt und vom Autor so modifiziert, daß er sich auch zur Selbsterkenntnis eignet. Wenn das Testergebnis auf eine seelische Störung hinweist, sollte der Leser daraus die Konsequenzen ziehen und bei leichteren Beschwerden zur Selbsthilfe nach der Anleitung dieses Buches greifen, bei einer ernsteren Störung aber so bald wie möglich mit einem Arzt oder Psychotherapeuten sprechen.

Testanweisung

Bei diesem Test gibt es keine richtigen oder falschen, sondern nur individuelle Antworten. Für die Beantwortung steht unbegrenzt viel Zeit zur Verfügung, da hier ja keine Leistung gemessen, sondern Aufschluß über seelische Zustände gewonnen werden soll. Der Test kann unter Umständen wiederholt werden, um das erste Ergebnis abzusichern oder zu ergänzen.
Jede Aussage, auch wenn sie lapidar erscheinen mag, hat ihren Sinn. Lassen Sie deshalb keine aus und grübeln Sie nicht über den möglichen Sinn nach, sondern antworten Sie möglichst spontan und aufrichtig. Lesen Sie jede Feststellung aufmerksam durch. Entscheiden Sie dann, ob diese Aussage auf Ihre Situation zutrifft. Wenn ja, dann kreuzen Sie das Kästchen daneben an, andernfalls gehen Sie gleich zur nächsten Aussage weiter. In Zweifelsfällen überlegen Sie sorgfältig, ob die Feststellung annähernd Ihren Empfindungen entspricht (dann ankreuzen) oder den Kern kaum trifft (dann nicht ankreuzen).
Füllen Sie den Fragebogen allein und in Ruhe aus. Lesen Sie vorher nicht die Auswertung am Schluß, sonst wird das Ergebnis verfälscht und wertlos.
Da wir uns vorwiegend auf Angst und Depression beschränken, schließt ein negatives Testergebnis nicht aus, daß eine andere Form seelischer Störung besteht. Im Zweifel befragen Sie immer den Therapeuten. Ein positives Ergebnis legt den dringenden Verdacht nahe, daß eine depressive oder angstbeladene seelische Störung vorliegt, die überwunden werden muß.
Beginnen Sie jetzt, nachdem Sie die Testanweisung verstanden haben, mit dem Ausfüllen des Fragebogens.

1 Fast jeden Tag erlebe ich etwas, das mich erschreckt. ☐

2 Ich habe fast immer Sorgen um etwas oder um jemanden. ☐

3 Ich habe Angst vor der Zukunft. ☐

4 Ich werde ängstlich und aufgeregt, wenn ich für kurze Zeit von zu Hause fort muß. ☐

5 Ich spüre dauernd unbestimmte Angst, ohne eigentlich zu wissen, warum. ☐

6 Ich kann mir nicht vorstellen, jemals so unbefangen und heiter zu sein, wie viele Leute zu sein scheinen. ☐

7 Ich habe Angst, von hohen Orten hinunterzuschauen. ☐

8 Vielleicht bin ich doch ein bißchen zu ängstlich. ☐

9 Ich habe kein Selbstvertrauen. ☐

10 Es kommt gelegentlich einmal vor, daß mich etwas beunruhigt oder aufregt. ☐

11 Ich kann das beunruhigende Gefühl, ständig durch irgendwen oder irgend etwas bedroht zu sein, einfach nicht loswerden. ☐

12 nicht mehr ertrage. ☐

13 Manchmal denke ich, daß ich zu überhaupt nichts tauge. ☐

14 Es ist heute wirklich niemandem mehr zu trauen. ☐

15 Fast jeden Tag erlebe ich, daß mich etwas erschreckt. ☐

Erratazettel

Seite 162

„Test" Frage 12:
Leider ist eine Zeile verlorengegangen.

Sie lautet:
Ich habe regelrecht Angst vor Feiertagen, weil ich das Alleinsein (nicht mehr ertrage.)

16 Bei Leuten, die etwas freundlicher sind, als ich erwarte, bin ich gleich auf der Hut. ☐

17 Die Angst, etwas nicht zu schaffen, hält mich meist davon ab, etwas ganz Neues anzufangen. ☐

18 Es fällt mir schwer, bei einer Tätigkeit den Anfang zu finden. ☐

19 Ich bin immer sehr nervös und unsicher, wenn ich mit Vorgesetzten sprechen muß. ☐

20 Ich habe oft Angst, mich zu blamieren oder lächerlich zu machen. ☐

21 Ich habe oft das Gefühl, daß Fremde mich kritisch betrachten. ☐

22 Es fällt mir schwer, vor einer größeren Gruppe von Menschen zu sprechen. ☐

23 Ich habe Angst, den Verstand zu verlieren. ☐

24 Ich setze mich in einem Lokal äußerst ungern an einen Tisch zu anderen Leuten. ☐

25 Ich werde schnell ungeduldig mit anderen. ☐

26 Ich habe gewisse Hemmungen beim Umgang mit dem anderen Geschlecht. ☐

27 Ich denke oft darüber nach, was andere Menschen wohl von mir halten. ☐

28 Ich bekomme Angst in einer dichtgedrängten Menschenmenge. ☐

29 Ich habe Angst, wenn ich mich allein in einer Kammer oder einem kleinen geschlossenen Raum befinde. ☐

30 Ich kann mir vorstellen, wie einem zumute ist, wenn man Angst hat. ☐

31 Ich bin sehr pünklich und gewissenhaft. ☐

32 Ich fürchte mich vor manchen Tieren (wie Spinnen, Mäuse, Schlangen usw.). ☐

33 Ich erröte bei jeder Gelegenheit und es quält mich sehr, nichts dagegen tun zu können. ☐

34 Ich fürchte mich, allein in einer weit offenen Gegend zu sein. ☐

35 Ich lege größten Wert auf gepflegte, korrekte äußere Erscheinung in jeder Lebenslage. ☐

36 Es macht mir große Schwierigkeiten, Straßen zu überschreiten. ☐

37 Ich kann nicht allein über einen großen Platz gehen. ☐

38 Ich respektiere Vorgesetzte und vermeide Konflikte mit allen Menschen. ☐

39 Beim Gang zu Behörden ist mir immer „mulmig" zumute. ☐

40 Ich ekle mich sehr, mit jemandem gemeinsam aus einer Tasse zu trinken, auch wenn es sich um einen nächsten Angehörigen handelt. ☐

41 Mein Haushalt/Arbeitsplatz ist immer sorgfältig aufgeräumt. ☐

42 Ich habe große Angst davor, im Dunkeln allein zu sein. ☐

43 Ich arbeite regelmäßig immer mehr als andere und habe dann ein gutes Gewissen. ☐

44 Beim Anfassen von Geld oder Türklinken habe ich Angst vor Bazillen. ☐

45 Manchmal habe ich Angst, ich hätte eine bestimmte Krankheit oder könnte sie bekommen. ☐

46 Ich habe Angst vor dem Gebrauch von Messern oder anderen scharfen und spitzen Gegenständen. ☐

47 Ich habe die Angewohnheit, unwichtige Dinge zu zählen. ☐

48 Manchmal werde ich von völlig verrückten Gedanken geplagt. ☐

49 Ich befürchte, manchmal etwas ganz Bestimmtes gegen meinen Willen tun zu müssen. ☐

50 Ein gewisses Maß an Ordnung halte ich doch für notwendig. ☐

51 Ich habe große Angst vor tiefem Wasser. ☐

52 Manchmal spüre ich den starken Drang, etwas Verletzendes, Anstößiges oder Unanständiges zu tun. ☐

53 Ich habe große Angst vor Gewittern. ☐

54 Ich lerne oft unwichtige Zahlen auswendig. ☐

55 Ich spüre Beklemmung, wenn ich von hohen Bergen oder Türmen in den Abgrund schauen soll. ☐

56 Ich habe Angst vor dem Fliegen. ☐

57 Manchmal habe ich Angst, ich hätte das Licht brennen, die Tür oder den Gashahn offen gelassen, Briefe nicht frankiert oder adressiert oder nicht zugeklebt oder sie seien nicht richtig in den Kasten gelangt; ich muß dann immer wieder nachschauen. ☐

58 Manchmal kann ich einen Gedanken, eine Melodie oder eine Vorstellung einfach nicht mehr loswerden. ☐

59 Es fällt mir schwer, eine einmal angefangene Arbeit auch nur für kurze Zeit zu unterbrechen. ☐

60 Die geringste Unordnung kann mich zur Verzweiflung treiben. ☐

61 Meine schwersten Kämpfe habe ich mit mir selbst auszutragen. ☐

62 Manche Leute meinen vielleicht, ich übertreibe etwas mit meinem Sauberkeits- und Ordnungsbedürfnis. ☐

63 Es gibt gewisse Dinge, die ich unter innerem Zwang immer wieder tun muß. ☐

64 Öfters habe ich das Bedürfnis, in bestimmter Weise über Steine oder Treppen zu gehen. ☐

65 Ich glaube, ich bin krank. ☐

66 In letzter Zeit ist mir manches auf den Magen geschlagen. ☐

67 Mein Herz und mein Kreislauf machen auch nicht mehr mit. ☐

68 Wenn ich mich aufrege, schlägt mein Herz bis zum Hals. ☐

69 Oft habe ich Magenschmerzen. ☐

70 Im Winter habe ich manchmal kalte Hände und Füße. ☐

71 Manchmal fühle ich mein Herz stolpern, jagen und ganz unregelmäßig schlagen. ☐

72 Gelegentlich fühle ich Schmerzen oder Stiche in der Brust. ☐

73 In aufregenden Situationen bleibt mir schon mal die Luft weg, so daß ich richtig Mühe habe beim Durchatmen. ☐

74 Manchmal bekomme ich Hitzewallungen, Blutandrang zum Kopf oder eine Art Pochen und Pulsieren in den Adern. ☐

75 Wenn ich mich zu schnell aufrichte, wird mir leicht schwindlig oder schwarz vor den Augen. ☐

76 Ich habe öfters Kopfschmerzen. ☐

77 Ich bin sehr wetterfühlig. ☐

78 Öfters spüre ich Kribbeln oder Prickeln in Armen oder Beinen, und Hände oder Füße werden wie taub. ☐

79 Manchmal habe ich so ein komisches Kloßgefühl im Hals. ☐

80 Ich habe schon mal verschlafen. ☐

81 Beim Anzünden einer Zigarette oder beim Halten der Tasse zittern meine Hände. ☐

82 Ich fühle mich wohler, wenn ich eine Sonnenbrille trage. ☐

83 Ich habe immer wieder tagelang anhaltende Kreuzschmerzen. ☐

84 Manchmal habe ich rheumaartige Schmerzen in den Armen, Beinen, Nacken oder Schultern. ☐

85 Ich leide öfters unter singenden Geräuschen im Ohr. ☐

86 Ich fühle mich so schwach. ☐

87 Manchmal plagt mich Juckreiz. ☐

88 Ich schwitze sehr stark. ☐

89 In letzter Zeit wird mir oft übel. ☐

90 Gelegentlich muß ich mich sogar erbrechen. ☐

91 Ich empfinde zeitweise dauernden Drang zum Harnlassen. ☐

92 Ich habe einige merkwürdige Hautveränderungen an mir wahrgenommen. ☐

93 Ich muß oft aufstoßen. ☐

94 Beim Schreiben verkrampft sich manchmal mein Arm oder die Hand. ☐

95 Ich leide unter dauerndem Hustenreiz. ☐

96 Manchmal fühle ich mich ganz benommen. ☐

97 Ich habe oft kalte Hände oder Füße. ☐

98 Zeitweise hab ich Schmerzen im Unterleib. ☐

99 Nach kurzer Anstrengung fühle ich mich meist schon fix und fertig. ☐

100 Ich habe in letzter Zeit stark abgenommen. ☐

101 Ich werde nachts mehrmals wach, weil ich auf die Toilette gehen muß. ☐

102 Ich kann mich zu nichts mehr entschließen. ☐

103 Es gibt Zeiten, in denen sich meine Stimmung plötzlich auffallend stark ändert, von himmelhoch jauchzend bis zu Tode betrübt. ☐

104 Ich bin in letzter Zeit ausgesprochen pessimistisch. ☐

105 Ich fühle mich den Aufgaben nicht mehr gewachsen. ☐

106 Ich habe seit einiger Zeit eigentlich an nichts mehr richtig Freude. ☐

107 Manchmal habe ich das Gefühl, ich kann einfach nicht mehr. ☐

108 Obwohl ich mich völlig fertig fühle, schlafe ich sehr schlecht. ☐

109 Es geht mir ständig so viel im Kopf herum. ☐

110 Ich bin nicht gerade immer bester Laune. ☐

111 Ich habe auch das Gefühl, schlecht auszusehen und mich überhaupt zu meinem Nachteil verändert zu haben. ☐

112 Es macht mir wirklich Mühe, mich zu etwas aufzuraffen. ☐

113 Ich schlafe schlecht, nur wenige Stunden und sehr unruhig. ☐

114 Ich werde mit meinen täglichen Problemen einfach nicht mehr fertig. ☐

115 Mein Appetit ist schlecht. ☐

116 Besonders elend fühle ich mich morgens, abends geht es mir meist erwas besser. ☐

117 Es gibt einige schwere Probleme, an die ich ständig denken muß. ☐

118 Manchmal erscheint mir die Welt ganz düster, wenn ich mir alles so überlege. ☐

119 In Gesellschaft fühle ich mich meist unwohl, traurig und allein. ☐

120 Ich bin viel vergeßlicher geworden. ☐

121 Manchmal ist mein Kopf ganz leer. ☐

122 Im allgemeinen fühle ich mich miserabel und niedergeschlagen. ☐

123 Es ist mir alles verleidet. ☐

124 Ich bin immer so traurig und kann nichts dagegen tun. ☐

125 Ich fühle mich mutlos in bezug auf meine Zukunft. ☐

126 Ich weiß wirklich nicht mehr, wie alles weitergehen soll. ☐

127 Ich habe schon manchmal daran gedacht, Schluß zu machen, aber ich werde es doch nicht tun. ☐

128 Ich habe in letzter Zeit häufig geweint. ☐

129 Allein ohne Hilfe kann ich kaum etwas tun. ☐

130 Manche Fernsehsendungen und Filme interessieren mich, manche nicht. ☐

131 Ich habe an nichts mehr Interesse. ☐

132 Was in Zeitungen und Illustrierten steht, interessiert mich überhaupt nicht mehr. ☐

133 Meine Gedanken kreisen immer nur um ein Thema. ☐

134 Das Leben ist mir eine Qual. ☐

135 Ich bin sehr unglücklich. ☐

136 Meine Zukunft ist hoffnungslos. ☐

137 Ich würde mich umbringen, wenn ich den Mut dazu hätte. ☐

138 Ich kann nicht mal mehr weinen, selbst wenn ich es möchte. ☐

139 Alles ist mir total gleichgültig. ☐

140 Ich bin unfähig, auch nur das geringste zu tun. ☐

141 Ich schlafe so gut wie gar nicht mehr. ☐

142 Ich esse und trinke kaum noch etwas. ☐

143 Alles ist mir zuwider. ☐

144 Alles, was mich gewöhnlich ärgerte, berührt mich seit einiger Zeit überhaupt nicht mehr. ☐

145 Ich habe mir schon einmal überlegt, wie ich Schluß machen würde. ☐

146 Ich weiß eigentlich garnicht, warum ich so unglücklich bin. ☐

147 Ich wünschte, ich wäre tot. ☐

148 Ich glaube, ich habe im Leben wenig zustande gebracht, was einen Sinn hat. ☐

149 Ich habe das Gefühl, als hätte ich etwas Böses oder Falsches getan. ☐

150 An meinem Schicksal bin ich selbst schuld. ☐

151 Ich bin kein guter Mensch. ☐

152 Ich habe das Gefühl, die Leute merken mir an, daß ich ein schlechter Mensch bin. ☐

153 Ich mache mir selbst Vorwürfe für alles, was nicht klappt. ☐

154 Ich fühle mich völlig überflüssig. ☐

155 Ich habe komplett versagt. ☐

156 Ich grüble viel über alles nach, was ich falsch gemacht habe. ☐

157 Ich bin für meine Umgebung eine Last. ☐

158 Ohne zu wollen und ohne etwas dafür zu können bin ich an vielem schuld. ☐

159 In einer entscheidenden Situation habe ich versagt. ☐

160 Gelegentlich tue ich schon mal etwas, was ich hinterher bereue. ☐

161 Ich begreife jetzt, daß ich im Leben vieles falsch gemacht habe. ☐

162 Ich habe oft sehr starke Gewissensbisse. ☐

163 Ich bin an vielem Unglück schuld. ☐

164 Ich habe mich versündigt. ☐

165 Ich glaube, ich kann meiner gerechten Strafe nicht entgehen. ☐

166 Ich glaube, daß ich am Ende meiner Tage vor Gott nicht bestehen kann. ☐

167 Ich glaube, daß es für das, was ich getan habe, keine Verzeihung geben kann. ☐

168 Ich verdiene für das, was ich getan habe, eine strenge Strafe. ☐

169 Es wäre für alle eine Erlösung, wenn ich nicht mehr da wäre. ☐

170 Ich hasse mich. ☐

171 Jemand ist mir feindlich gesinnt. ☐

172 Ich glaube, man hat sich gegen mich verschworen. ☐

173 Ich glaube, man spioniert mir nach. ☐

174 Ich weiß, wer an den meisten meiner Schwierigkeiten schuld ist. ☐

175 Jemand versuchte, mich zu vergiften. ☐

176 Es ist sicherer, niemandem zu trauen. ☐

177 Ich habe oft das Gefühl gehabt, daß Fremde mich kritisch betrachten. ☐

178 Ich glaube bestimmt, daß man über mich spricht. ☐

179 Wenn man nicht immer so gegen mich eingestellt wäre, wäre vieles ganz anders geworden. ☐

180 Es ist mir nicht völlig gleichgültig, was andere von mir denken. ☐

181 Man hat beleidigende und gemeine Dinge über mich gesagt. ☐

182 Manchmal bin ich sicher, daß andere Leute erraten können, was ich denke. ☐

183 Man hat mich betrogen. ☐

184 Es gibt Leute, die mir schaden wollen. ☐

185 Ich kämpfe für eine gerechte Sache, auch wenn alle gegen mich sind. ☐

186 Man intrigiert gegen mich. ☐

187 Manchmal merke ich ganz genau, daß man über mich redet. ☐

188 Manchmal habe ich das Gefühl, als sähen mich die Leute so vielsagend an. ☐

189 Ich habe manchmal das Gefühl, man verfolgt mich. ☐

190 Man wirkt auf meinen Körper ein, um mich zu schädigen. ☐

191 Manchmal können andere meine Gedanken lesen. ☐

192 Die Leute beobachten mich. ☐

193 Es gibt Leute, die mir Böses wollen. ☐

194 Ich möchte mit Menschen nichts zu tun haben, man kann keinem mehr trauen. ☐

195 Alle sind gegen mich. ☐

196 Die meisten Menschen hassen mich. ☐

197 Ich glaube, ich verfüge über Fähigkeiten, die andere Menschen nicht besitzen. ☐

198 Ich habe auf dieser Welt noch eine besondere, große Aufgabe zu erfüllen. ☐

199 Manchmal sehe und höre ich alles so sonderbar klar und überdeutlich. ☐

200 Ich habe etwas ganz Großartiges vor. ☐

201 Ich habe oft so viele großartige Ideen, daß ich sie gar nicht alle aussprechen, geschweige denn ausführen kann. ☐

202 Ich fühle mich den meisten Menschen gegenüber als überlegen. ☐

203 Ich glaube, ich bin das, was man als Glückskind bezeichnen könnte. ☐

204 Durch meine Schlagfertigkeit werde ich in der Unterhaltung mit jedem fertig. ☐

205 Es macht mir großen Spaß, Leute zum Lachen zu bringen und zu unterhalten. ☐

206 Viele Menschen wissen, daß ich eine besondere Mission in meinem Leben zu erfüllen habe. ☐

207 Mich bewundern jetzt mehr Menschen als je zuvor. ☐

208 Manchmal habe ich Lach- oder Weinanfälle, die ich nicht beherrschen kann. ☐

209 Ich halte mich für eine bedeutende Persönlichkeit. ☐

210 An manchen Tagen habe ich das Gefühl, heute bin ich besonders guter Laune. ☐

211 Ich bin meistens glücklich. ☐

212 Manchmal macht es mir Spaß, den Leuten etwas vorzuspielen, vorzusingen oder eine Rede zu halten. ☐

213 Manchmal eilen meine Gedanken schneller voraus, als ich sie aussprechen kann. ☐

214 Ich habe mich in meinem Leben nie besser gefühlt als jetzt. ☐

215 Ich habe Zeiten, in denen ich mich ohne besonderen Grund außergewöhnlich froh fühle. ☐

216 Zeitweise fühle ich mich so voller Energie, daß ich tagelang keinen Schlaf zu brauchen scheine. ☐

217 Ich habe eine wichtige Entdeckung gemacht. ☐

218 Ich kann die Gedanken anderer Menschen lesen. ☐

219 Die Menschen sind oft neidisch auf mich. ☐

220 Ohne Schlaftabletten kann ich einfach nicht schlafen. ☐

Auswertung

Der vorliegende Fragebogentest enthält eingebaute „Kontrollen", die Aufschluß darüber geben, wie konzentriert, gewissenhaft und ehrlich er durchgeführt wurde. Dabei handelt es sich um Aussagen, die normalerweise jeder Mensch bejaht, also ankreuzt. Prüfen Sie zunächst, ob Sie diese Kontrollfragen alle bejaht haben. Es waren die Ziffern 10, 30, 50, 70, 80, 110, 130, 160, 180 und 210. Wenn Sie sonst kaum eine andere Aussage angekreuzt haben, sollten möglichst alle zehn – mindestens aber acht – der Kontrollfragen angekreuzt sein, sonst ist das Ergebnis unsicher.

Der Test enthält Feststellungen, die für verschiedene seelische Störungen zutreffen. Sie wurden wie folgt gegliedert:

Ziffern 1 bis 27: Angstzustände, Ängste in sozialen Beziehungen.
Ziffern 28 bis 64: Phobien und Zwangsneurosen.
Ziffern 65 bis 101: Seelisch verursachte körperliche Funktionsstörungen.
Ziffern 102 bis 170: Neigung zu Depressionen, Depressionen mit Schuldgefühlen.
Ziffern 171 bis 220: Verfolgungsideen, manische Symptome.

Prüfen Sie jetzt nach, ob und in welchen dieser Gruppen Sie (außer den Kontrollfragen) noch Aussagen angekreuzt haben. Daraus können Sie dann den Verdacht auf eine bestimmte psychische Störung ableiten.

Beispiel:

Außer den Kontrollfragen wurden die Ziffern 4, 12, 23, 69, 82, 97, 100, 107, 123, 127, 142, 146, 151 und 153 angekreuzt. Das führt zum Verdacht auf Depressionen mit Angstzuständen und psychosomatischen Beschwerden.

Fragebogentests beruhen darauf, daß die Vielzahl der Aussagen Zufälligkeiten weitgehend ausschließt. Praktisch hat es noch nicht viel zu bedeuten, wenn Sie vielleicht in jeder der Zifferngruppen außer den Kontrollfragen noch zwei oder drei andere Feststellungen bejaht haben. Erst die Häufung von Ja-Antworten, unter Umständen vielleicht noch verbunden mit deutlichen Schwerpunkten in einer oder zwei der Zifferngruppen, erlaubt eine einigermaßen zuverlässige Verdachtsdiagnose.

Bedenken Sie bitte auch Ihre persönlichen Lebensverhältnisse. Es kann im Einzelfall durchaus richtig sein, wenn Aussagen wie 171 Jemand ist mir feindlich gesinnt, 183 Man hat mich betrogen, 207 Mich bewundern jetzt mehr Menschen oder 217 Ich habe eine wichtige Entdeckung gemacht, angekreuzt wurden. Das kann immer nur aus den individuellen Lebensumständen beurteilt werden. Nur wenn solche Aussagen ohne realen Hintergrund bejaht wurden, deuten sie auf psychische Störungen hin. Im Zweifel sollten Sie das Ergebnis mit dem Fachmann besprechen.

Es ist unmöglich, pauschal festzustellen, wann das Testergebnis Anlaß zur baldigen fachmännischen Beratung sein sollte. Grundsätzlich gilt: Je mehr Aussagen neben den Kontrollfragen angekreuzt wurden oder je deutlicher sich Schwerpunkte zeigen, desto notwendiger ist die fachmännische Nachuntersuchung.

Register